铁道车辆机械装置检修

主　编　曹　毅　周　帆

副主编　杨明明　邓　命　刘丽雯

主　审　黄　超

西南交通大学出版社

·成　都·

图书在版编目（CIP）数据

铁道车辆机械装置检修 / 曹毅，周帆主编. —成都：
西南交通大学出版社，2023.2
ISBN 978-7-5643-9092-1

Ⅰ. ①铁… Ⅱ. ①曹… ②周… Ⅲ. ①铁路车辆－机
械设备－车辆检修 Ⅳ. ①U279.3

中国版本图书馆 CIP 数据核字（2022）第 249012 号

Tiedao Cheliang Jixie Zhuangzhi Jianxiu
铁道车辆机械装置检修

主　编／曹　毅　周　帆　　　　责任编辑／李　伟
封面设计／吴　兵

西南交通大学出版社出版发行
（四川省成都市金牛区二环路北一段 111 号西南交通大学创新大厦 21 楼　610031）
发行部电话：028-87600564　　028-87600533
网址：http://www.xnjdcbs.com
印刷：四川森林印务有限责任公司

成品尺寸　185 mm×260 mm
印张　20.5　　字数　497 千
版次　2023 年 2 月第 1 版　　印次　2023 年 2 月第 1 次

书号　ISBN 978-7-5643-9092-1
定价　49.00 元

课件咨询电话：028-81435775
图书如有印装质量问题　本社负责退换
版权所有　盗版必究　举报电话：028-87600562

前　言

铁路交通是经济的脉络和文明的纽带，铁路运输具有安全、便捷、高效、绿色等特点。近年来，铁路技术不断突破创新，铁路运输成为中国现代化的开路先锋。为了对接现代铁路行业发展，推进职业教育发展，由武汉铁路职业技术学院资深教师与企业专家一起合编了现代高职铁道车辆检修专业教材《铁道车辆机械装置检修》。

本书立足于铁道车辆定期检修的核心岗位，围绕轮轴检修、转向架检修、车端连接装置检修、车体及车上典型设备检修四大核心技能，主要介绍铁道车辆段修所涉及的主型车辆及核心部件的构造、作用原理及检修，轮对及轴箱定位装置、车辆弹簧及减振器、转向架、车钩缓冲装置、车体检修，典型车辆零部件的检修方法、车辆检修制度、电磁探伤、超声波探伤的工作原理、操作方法及故障判别标准（含探伤仪器的结构及原理），从而培养学生车辆定期检修、车辆钳工、车辆检车员方面的职业能力和素养。

本书的主要特点有：① 在编写过程中，采用校企合作的编写模式，内容上突出能力目标，以任务为主要载体；② 在知识点的介绍上，以典型的案例引入，配有大量的实物图片和视频资源，便于学生更感性地认知；③ 以满足铁道车辆检修、运用部门对技术技能型人才的需求为根本，针对关键工作岗位的生产任务和作业流程、组织，分析岗位所需的职业知识与技能，以职业能力的培养为抓手设计模块化教育教学活动。

本书由武汉铁路职业技术学院曹毅、中国铁路武汉局集团有限公司襄阳车辆段周帆担任主编，武汉铁路职业技术学院杨明明、邓命、刘丽雯担任副主编，襄阳车辆段王杰、张建辉参与编写，武汉铁路职业技术学院黄超担任主审。具体分工如下：模块一由杨明明编写，模块二由王杰编写，模块三由曹毅、周帆编写，模块四由王杰、张建辉编写，模块五由邓命编写，模块六由刘丽雯编写。

本书在编写过程中，得到了襄阳车辆段、武昌客车车辆段、中车集团等单位的大力支持，在此表示深深的谢意。同时，编者参阅了大量专业书籍和杂志的专题文章，在此对相关作者表示衷心的感谢。

由于铁道车辆技术发展较快，书中有些数据和设备与实际情况可能存在个别差异，仅供参考。鉴于编者水平有限，书中难免存在不足之处，敬请广大读者批评指正。

编　者
2022 年 8 月

数字资源列表

序号	模块	二维码名称	资源类型	页码
1	模块一	课程模块任务活页	文本	1
2		任务一课前任务单	文本	1
3		定期检修及课程定位	视频	1
4		任务二课前任务单	文本	13
5		从预检到交验的过程	视频	13
6		任务三课前任务单	文本	22
7		任务四课前任务单	文本	34
8		车辆方位	视频	34
9	模块二	课程模块任务活页	文本	37
10		任务一课前任务单	文本	37
11		任务二课前任务单	文本	43
12		任务三课前任务单	文本	65
13		任务四课前任务单	文本	89
14		任务五课前任务单	文本	100
15	模块三	课程模块任务活页	文本	106
16		转向架的组成和分类	视频	106
17		任务一课前任务单	文本	107
18		任务二课前任务单	文本	118
19		基础制动装置	视频	122
20		任务三课前任务单	文本	125
21		CW-200K 型转向架结构	视频	126
22		轴箱装置	视频	133
23		任务四课前任务单	文本	138
24		铁道车辆系统振动原理	视频	138
25		减振器工作原理	视频	140
26		空气弹簧的工作过程	视频	142
27		空气弹簧原理图	视频	143
28		空气弹簧工作高度控制过程	视频	144
29		抗侧滚扭杆及其工作原理	视频	149
30		任务五课前任务单	文本	151
31		CW-200K 型转向架落成	视频	152

序号	模块	二维码名称	资源类型	页码
32	模块四	课程模块任务活页	文本	158
33		任务一课前任务单	文本	158
34		轮对结构及分类标记	视频	158
35		滚动轴承结构原理	视频	164
36		任务二课前任务单	文本	169
37		任务三课前任务单	文本	178
38		轮对检修常用工具	视频	179
39		不落轮镟床	视频	179
40		轮对探伤	视频	183
41		轮对尺寸测量	视频	187
42		轴箱检修标准化作业	视频	193
43		滚动轴承检修标准化作业	视频	197
44		任务四课前任务单	文本	203
45		轮对镟修及常见故障	视频	203
46		电磁探伤无损检测的工作原理	视频	203
47		任务五课前任务单	文本	227
48	模块五	课程模块任务活页	文本	231
49		任务一课前任务单	文本	231
50		车钩缓冲装置	视频	231
51		车钩作用力的传递	视频	232
52		任务二课前任务单	文本	244
53		车钩的三态	视频	248
54		任务三课前任务单	文本	258
55		任务四课前任务单	文本	266
56		车钩常见故障及处理方法	视频	270
57		风挡、车端阻尼装置检修	视频	270
58	模块六	课程模块任务活页	文本	271
59		任务一课前任务单	文本	271
60		车体底架	视频	272
61		任务二课前任务单	文本	274
62		任务三课前任务单	文本	297
63		软卧车厢	视频	303
64		客车设备	视频	315
65		任务四课前任务单	文本	315

目　录

模块一　车辆检修基本知识

课程模块任务活页

任务一　认识铁道车辆及车辆检修制度

一、铁道车辆

任务一课前任务单

铁道车辆是指铁道运输的运载工具，用于运送旅客和货物。广义地说，铁道车辆是指必须沿着专设的轨道运行的车辆。它一般没有动力装置，必须把车辆连挂成列，由机车牵引才能沿线路运行。

定期检修及
课程定位

铁道车辆与其他车辆的最大不同点，在于这种车辆的轮子必须在专门为它铺设的钢轨上运行。这种特殊的轮轨关系成了铁道车辆结构最大的特征，并由此产生出其他特点。

（1）自行导向：除铁道机车车辆之外的各种运输工具几乎全有操纵运行方向的机构，唯铁道车辆通过其特殊的轮轨结构——车轮只能沿轨道运行而无须专人掌握运行的方向。

（2）低运行阻力：除坡道、弯道及空气对车辆的阻力之外，运行阻力主要来自走行机构中的轴与轴承以及车轮与轨面的摩擦阻力。铁道车辆的车轮及钢轨都是含碳量偏高的钢材，轮轨接触处的变形较小，而且铁道线路的结构状态也尽量使其运行阻力减小，故铁道车辆运行中的摩擦阻力较小。

（3）成列运行：以上两个特点决定它可以编组、连挂组成列车。为了适应成列运行的特点，车与车之间需设连接、缓冲装置；且由于列车的惯性很大，每辆车均需设制动装置。

（4）严格的外形尺寸限制：铁道车辆只能在规定的线路上行驶，无法像其他车辆那样主动避让靠近它的物体，为此要制定限界，严格限制车辆的外形尺寸，以确保运行安全。

由于不同的运输目的、用途及运用条件，铁道车辆形成了各具特色的类型与结构，但均可以概括为由以下5个基本部分组成。

（1）车体：容纳运输对象的地方，又是安装与连接其他4个组成部分的基础。现代的车体以钢结构或轻金属结构为主，尽量使所有的车体构件承受载荷，以减轻自重。绝大部分车体均有底架，视需要添加端墙、侧墙及车顶等，其中底架是车体的基础，一般由各种纵向梁、横向梁、辅助梁和地板等组成。

（2）走行部：一般称它为转向架，它的位置介于车体与轨道之间，引导车辆沿钢轨行驶和承受来自车体及线路的各种载荷，并缓和动作用力，是保证车辆运行品质的关键部件。转向架一般都做成一个相对独立的通用部件，以适应多种车辆的需要。它主要由构架（侧架）、轮对轴箱装置、摇枕弹簧减振装置、基础制动装置等组成。一般客、货车的走行装置由两台二轴转向架组成。

（3）制动装置：保证列车准确停车及安全运行必不可少的装置，是车辆上起制动作用的零部件所组成的一整套机构的总称。制动装置由空气制动机、电空制动机、人力制动机和基础制动（盘形制动）装置组成。由于整个列车的惯性很大，所以必须在每辆车上装设制动装置，才能使运行中的车辆按需要减速或在规定的距离内停车。车辆上常见的制动装置是通过列车主管中空气压力的变化使制动装置产生相应的动作。货车上的手制动机主要是在编组、调车作业中起停车与防溜作用，而其他车辆的手制动装置作为一种辅助装置以备急需。

（4）车钩缓冲装置：车辆要成列运行非借助连接装置不可，车辆的连接装置多为各种形式的自动车钩以及能储存和吸收机械能的缓冲装置。它是将机车与车辆或车辆与车辆之间互相连接、传递纵向牵引力及缓和列车运行中冲击力的装置，一般由车钩、缓冲器、解钩装置及附属配件等组成，安装于车体底架两端的牵引梁上。

（5）车辆内部设备：一些能良好地为运输对象服务而设于车体内的固定附属装置，如客车上的电气、给水、取暖、通风、空调、座席、卧铺、行李架等装置。货车由于类型不同，内部设备也因此千差万别，一般来说比客车简单。如棚车中的拴马环、床托等分别为运送大牲畜及人员所设。其他如保温车、家畜车等各有其特殊的内部设备。

铁道车辆按用途可分客车和货车两大类，如图 1-1 所示。

图 1-1　货车车体和客车车体

（一）货　车

货车是运送货物的车辆，原则上编组在货物列车中使用。货车类型很多，按其用途可分为通用货车、专用货车和特种货车。

1. 通用货车

通用货车适合装运各种不同类型的货物，主要有下列 3 种：

（1）敞车——其车体两侧及端部均设有 0.8 m 以上的固定墙板，无车顶，又称高边车，主要用以装运散粒货物，如煤、焦炭等；可装运木材、集装箱等无须严格防止湿损的货物；也可加盖篷布，运输怕湿损的货物；还可装运质量不大的机械设备。因此，敞车具有很大的通用性，其数量约占我国铁路货车总数的 56%。

（2）棚车——车体设有车顶、侧墙、端墙和门窗，用以装运各种需防止湿损、日晒或散失的货物，如布匹、粮食、化肥、棉纺织品和仪器等。除运送货物外，大部分棚车还可以临时代替客车运送旅客。

（3）平车——底架承载面为一平面，通常两侧设有柱插，有的平车还设有可活动下翻式的矮端墙和侧墙，可用来装运矿石、砂土等块粒状货物。平车一般用于装运钢材、木材、集装箱、汽车、拖拉机、机器设备及军用装备等较大的货物。

2. 专用货车

专用货车专供运送某些种类的货物，主要有如下几种：

（1）罐车——设有圆筒形罐体，专用于装载液体、液化气体或粉末状货物的车辆。罐车按货物品种可分为轻油罐车、黏油罐车、沥青罐车、食油罐车、水罐车、化工品罐车、粉状货物罐车、液化气罐车等，按卸货方式可分为上卸式罐车和下卸式罐车。

（2）保温车——车体设有隔热材料，车内设有降温和加温设备，用以装运易腐货物，如肉类、水果等；也可以装运对温度有特殊要求的货物。根据保温设备的不同，保温车可分为加冰冷藏车、机械冷藏车和冷藏加温车等。

（3）集装箱车——底架承载面与平车相同但无地板，车体上设有固定集装箱的设备，用以装运集装箱的车辆。采用集装箱车运输可大大提高装卸车效率，加速车辆的周转。

（4）矿石车（也称自翻车）——车体有固定的侧、端墙和卸货用的特殊车门，车体比容积小于 1 m³/t，主要用以运送各种矿石、矿粉。有的整个车体能借助液压或空气压力向一侧倾斜，并自动开启侧门，把货物倾泻出来。

（5）长大货车——特长和特重货物无法用一般的铁路货车来装运，必须使用专门的长大货物车，如车辆长度一般在 19 m 以上的长大平车；纵向梁中部做成下凹而呈元宝形的凹底平车；底架中央部分做成空心，货物通过支撑架坐落在孔内的落下孔车；将车辆制成两节，货物钳夹在两节车之间或通过专门的货物承载架装载在两节车之间的钳夹车等。

（6）漏斗车——车体上设有一个或数个带盖或不带盖的具有一定斜坡的装货斗的车辆，通常借助货物的自重从漏斗口卸货。

（7）毒品车——专供运送有毒物品的车辆，如运输农药等。

（8）家畜车——车体与棚车相似，设有通风设备、给水设备、押运人员乘坐空间及饲料堆放间，有的还装有饲料槽，用以运送牛、马、猪等活家畜。根据运送家畜大小的不同，车体内还可加装隔板分层。

（9）水泥车——车体为圆柱形罐体，上部有装入水泥的舱孔，下部有漏斗式开门，专供运送散装水泥的车辆。还有一种气卸式水泥车，下部设有引进压缩空气的进风口及卸货口，压缩空气与水泥混合后由卸货口通过卸货软管输入存储水泥的库中。使用散装水泥车，可节约大量包装材料及工时。

3. 特种车

特种货车是具有特殊用途的车辆，主要有下列 5 种：

（1）救援车——供列车发生颠覆或脱轨事故时，排除路线故障及修复线路故障使用的车辆，一般编成救援列车，包括起重吊车、修复线路的工具车、材料车、救援人员的食宿车等。

（2）检衡车——用于鉴定轨道平衡（大型专用地秤）性能的车辆，设有砝码或同时设有操作机器，具有 30 t、40 t、50 t 等几种类别。

（3）发电车——设有动力机械驱动发电设备的车辆，有单节的，也有由发电车、机修车及发电人员生活用车等合编成的电站式车列，可称为电站车组，用于给列车供电，能作为铁路线上流动的发电厂，供缺电处所用电。

（4）除雪车——供扫除铁道上积雪之用。车辆上部装有铧犁式的专用除雪板，一般由机车推动前进，主要在我国寒冷的东北地区清扫轨道积雪之用。

（5）无缝钢轨输送车——用于运送、回收 250 m 的超长钢轨，一般由多种车辆组合而成。此外，还有电路维修车、锅炉车等。

（二）客　车

客车可分为运送旅客的车辆、为旅客服务的车辆和特殊用途的车辆 3 种。

1. 运送旅客的车辆

（1）硬座车——旅客座位为半硬制品（如泡沫塑料）或木制品，相对的两组座椅中心距离在 1 800 mm 以下的座车。

（2）软座车——旅客座位及靠垫设有弹簧装置，相对的两组座椅中心距离在 1 800 mm 以上的座车。

（3）硬卧车——卧铺为三层，铺垫为半硬制品（如泡沫塑料）或木制品，卧室为敞开式或半敞开式的卧车。

（4）软卧车——卧铺为两层，铺垫有弹簧装置，卧室为封闭式单间，单间定员不超过四人的卧车。

（5）合造车——一辆车上同时设有两种或两种以上用途车内设备的车辆，如软硬座合造车、行李邮政合造车等。

（6）双层客车——设有上、下两层客室的座车或卧车。

（7）简易客车——设有简易设备的客车。

（8）代用客车——用货车改装的代替客车使用的车辆，如代用座车、代用行李车等。

2. 为旅客服务的车辆

（1）餐车——供旅客在旅行中饮食就餐用的车辆，车内设有厨房、餐室及储藏室（同时还有小卖部）等。

（2）行李车——供运输旅客行李及物品的车辆，车内设有行李间及办公室等。

3. 特种用途的车辆

（1）邮政车——供运输邮件使用的车辆，设有邮政间及邮政员办公室等，常固定编挂于旅客列车中。

（2）公务车——供国家机关人员到沿线检查工作时办公用的专用车辆。

（3）卫生车——专供运送伤病员使用的车辆，车内设有简单的医疗设备。

（4）医疗车——到铁路沿线为铁路职工及家属进行巡回医疗使用的车辆，车内设有医疗设备。

（5）试验车——供科学技术试验研究使用的车辆，车内设有试验仪器设备。

（6）维修车——供检查和维修铁道线路设备的车辆，车内有必要的维修检查装备。

（7）文教车——为沿线铁路职工进行文艺演出、文化教育和技术教育使用的车辆，车内设有必要的文娱和教育用器具及设备。

（8）宿营车——供列车上乘务人员休息使用的车辆。

此外，还有轨道检查车、轨道探伤车、隧道摄影车、限界检查车等特殊用途的车辆。

二、我国现行的铁道车辆检修制度

计划预防修是根据损伤情况确定零部件的使用期限，再在此基础上确定合理的检修循环结构和检修周期，使车辆零部件在运用中产生的损伤尚未达到极限损伤时，就能有计划地加以修复。状态修是一种按需性预防维修方式，按车辆的技术状态而进行必要的修理工作，状态修的实施，根据对运用车的日常检查，以及监测与检测仪器提供的故障部位，而随时进行必要的修理工作。目前，我国铁道车辆的检修制度是以计划预防修为主，状态修为辅的检修制度，即在计划预防修的前提下，逐步扩大实施状态修、换件修和主要零部件的专业化集中修。

计划预防性检修制度分为定期检修和日常维修两大类。我国现有客货车辆运用情况不同，定期检修的修程也不同。

（一）定期检修

定期检修是车辆每运用一定时间或达到一定走行公里对车辆的全部和部分零件进行一定程度的检修。在车辆尚未发生故障之前就对车辆进行修理，消除零部件的缺陷和隐患，预防故障的发生。

1. 货车定期检修

铁路货车定期检修周期分为以时间和走行公里结合时间两种。以时间确定定期检修周期的铁路货车分为厂修、段修两级修程。以走行公里结合时间确定定期检修周期的铁路货车分为 A 级修（大修）、B 级修（全面检查修）两级修程。以走行公里结合时间确定定期检修周期的铁路货车，满足二者之一视为到期。各级修程同时到期时，按高级修程施修，段修过期至距厂修到期不足 4 个月时，按厂修施修。

段修任务是维护货车的基本性能，减少运用故障，提高车辆使用效率，一般在铁路局集团公司（以下简称"铁路局"）车辆段检修车间进行。段修作业包括分解、检测、修理、组装、试验等主要检修过程和运输、储存等辅助过程，专业上涵盖焊接、铆接、机械加工、热处理、调修、装配等工艺方法和目视检查、量具检查、无损检测、自动检测等检查技术。中国国家铁路集团有限公司（以下简称"国铁集团"）公布的《铁路货车段修规程》规定了铁路货车段修技术标准和管理要求，对铁路货车段修工艺文件、生产布局、工装配置、场地设施、人员素质、生产组织、材料配件、管理制度等各项工作提出了明确要求，是现阶段中国铁路货车段修工作的主要依据。

厂修是对铁路货车各部装置按规定进行全面分解、检查和彻底修理，全面恢复铁路货车的技术性能，一般在车辆工厂进行，也可以在有条件的铁路局车辆段进行。厂修作业包括分解、检测、探伤、修理、组装、试验、油漆等主要检修过程和运输、储存等辅助过程，专业上涵盖焊接、铆接、机械加工、热处理、调修、装配、油漆等工艺方法和目视检查、量具检查、无损检测、自动检测等检查技术。国铁集团公布的《铁路货车厂修规程》规定了铁路货车厂修技术标准和管理要求，对铁路货车厂修工艺文件、生产布局、工装配置、场地设施、人员素质、生产组织、材料配件、管理制度等各项工作提出了明确要求，是现阶段中国铁路货车厂修工作的主要依据。

A 级修也称大修，仅名称上区别于以时间确定定期检修周期的铁路货车厂修，其作业场所、作业内容及任务与厂修一致。B 级修也称全面检查修，仅名称上区别于以时间确定定期检修周期的铁路货车段修，其作业场所、作业内容及任务与段修一致。

1）货车定期检修周期

铁路货车定期检修周期见表 1-1。

表 1-1 铁路货车定期检修周期

车种	车 型	厂修（A 级修）	段修（B 级修）	备 注
棚车	P$_{80}$	第一次 10 年，第二次 8 年	2 年	
	P$_{70}$、P$_{70H}$	8 年	2 年	
		9 年	2 年 3 个月	实施修程修制改革的国铁货车
	P$_{70A}$、P$_{70B}$	8 年	2 年	
	P$_{65}$	6 年	1 年	
	P$_{64AK}$、P$_{64AT}$、P$_{64GH}$、P$_{64GK}$、P$_{64GT}$、P$_{64K}$、P$_{64T}$	9 年	1 年 6 个月	
		10 年	1 年 8 个月	实施修程修制改革的国铁货车（2000 年及以后新造出厂）
	P$_{62NK}$、P$_{62NT}$、P$_{63K}$、PT	9 年	1 年 6 个月	
	P$_{62N}$、P$_{64}$	9 年	1 年 6 个月	
	P$_{62K}$、P$_{62T}$、P$_{66K}$、P$_{66H}$	6 年	1 年 6 个月	
	P$_{62}$	6 年	1 年 6 个月	
	P$_{61}$	5 年	1 年	
	PB	5 年或 80 万千米	1 年	
敞车	C$_{70}$、C$_{70H}$、C$_{70E}$、C$_{70EH}$、C$_{70E-A}$、C$_{70EH-A}$	8 年	2 年	
		9 年	2 年 3 个月	实施修程修制改革的国铁货车
	C$_{70F}$、C$_{70A}$、C$_{70AH}$、C$_{70C}$、C$_{70EF}$、C$_{100A}$、C$_{100AH}$	8 年	2 年	
	C$_{70B}$、C$_{70BH}$	12 年	2 年	
	C$_{80B}$、C$_{80BH}$	8 年或 160 万千米	2 年或 40 万千米	
		9 年	2 年 3 个月	实施修程修制改革的国铁货车（非配属）
	C$_{76}$、C$_{76H}$、C$_{76A}$、C$_{76B}$、C$_{76C}$、C$_{80}$、C$_{80H}$、C$_{80A}$、C$_{80AH}$、C$_{80BF}$、C$_{80C}$、C$_{80CA}$	8 年或 160 万千米	2 年或 40 万千米	

车 种	车 型	厂修（A级修）	段修（B级修）	备 注
敞车	C_{80E}、C_{80EH}、C_{80EF}	第一次10年，第二次8年	2年	
	C_{64K}、C_{64H}、C_{64T}、C_{64AT}	9年	1年6个月	
		10年	1年8个月	实施修程修制改革的国铁货车（2000年及以后新造出厂）
	C_{62BK}、C_{62BT}、IC_{6GK}	9年	1年6个月	
	C_{63}、C_{63A}	6年	1年	
	C_{62B}	9年	1年6个月	
	C_{62AK}、C_{62AT}（车号为45字头开始）	6年	1年6个月	
	C_{62A}（车号为45字头开始）	6年	1年6个月	
	C_{62AK}、C_{62AT}（车号为14、44字头）、C_{16K}、C_{16AK}	5年	1年	
	C_{62A}（车号为14、44字头）、C_{62}、C_{62M}	5年	1年	
	CFK	6年	1年	
	CF	6年	1年	
罐车	GF_{70}、GF_{70H}	8年	2年	
	酸碱类罐车、液化石油气罐车、液氯罐车、黄磷罐车等	4年	1年	
	其他型罐车	5年	1年	
	GH_{65K}	5年	1年	
矿石车	KF_{70}、KM_{70}、KM_{70H}、KM_{70A}、KZ_{70}、KZ_{70H}、KZ_{70A}、KF_{60H}、KF_{60AK}、KF_{60Q}（耐候钢）	8年	2年	
	KM_{70B}	12年	2年	
	K_{13AK}、K_{13AT}、K_{13NAK}、K_{13NK}、K_{13NT}、K_{13BK}、K_{14T}、K_{18AK}、K_{18AT}、K_{18BK}、K_{18DFK}、K_{18DK}、K_{18DT}等型提速耐候钢矿石车	8年	1年	
	K_{13N}、K_{13NA}、K_{13B}、K_{13D}、K_{14E}、K_{16}、K_{16A}、K_{18AE}、K_{18D}、K_{18DA}、K_{18DF}、K_{18DG}、K_{18DJ}、$KF-60N$、KF_5、$KG-2$、KG_2、KH等型非提速耐候钢矿石车	8年	1年	

车种	车型	厂修（A级修）	段修（B级修）	备注
矿石车	K$_{13K}$、K$_{13T}$、KF$_{60QK}$（普碳钢）、K$_{18DK}$（普碳钢）	5年	1年	
	K$_{13}$、K$_{18}$、K$_{18F}$、KF$_{60}$等型普碳钢车	5年	1年	
水泥车	U$_{70}$	8年	2年	
	U$_{61WK}$、U$_{61WT}$、U$_{61WZK}$	9年	1年6个月	
	U$_{61W}$、U$_{61WE}$、U$_{61WZ}$	9年	1年6个月	
	U$_{60WK}$	5年	1年	
	U$_{60}$、U$_{60W}$、U$_{15}$	5年	1年	
集装箱平车	X$_{70}$、X$_{2H}$、X$_{2K}$、X$_{4K}$	8年	2年	
		9年	2年3个月	实施修程修制改革的国铁货车
	X$_{6K}$	8年	2年	
	X$_{3K}$	9年	1年6个月	
	X$_{6AE}$	6年	1年	
	BX$_{1K}$、X$_{6BK}$、X$_{6BT}$、X$_{6CK}$、X$_{6CT}$	6年	1年6个月	
平车、平车-集装箱共用车	N$_{30}$、NP$_{70}$	8年	2年	
	其他型平车、平车-集装箱共用车	5年	1年	
小汽车运输专用车	JSQ$_{3K}$	9年	1年6个月	
	JSQ$_{4K}$、JSQ$_5$	6年	1年6个月	
	JSQ$_6$	6年	2年	
	JSQ$_7$运输汽车-普货两用车	8年	2年	
粮食车	L$_{70}$、L$_{18}$	8年	2年	
	L$_{17}$	5年	1年	
	L$_{17K}$	5年	1年	
毒品车	W$_{70S}$	8年	2年	
	W$_{5SK}$、W$_{6S}$	5年	1年	
	W$_5$	5年	1年	

车种	车型	厂修 （A级修）	段修 （B级修）	备注
长大货物车	D_{12}、D_{22G}	9年或90万千米	3年或30万千米	
	D_{10A}	8年或80万千米	2年或20万千米	
	D_{15B}、D_{28}	9年或90万千米	3年或30万千米	
	D_{11}、D_{2A}、D_{22}、D_{23G}、D_{25}、D_{26}、D_{26B}、D_{30A}	8年或80万千米	2年或20万千米	
	D_5	5年	1年	
	D_{15A}、D_{32}、D_{5A}、DK_{29}、DK_{36}、DL_1、DNX_{17K}	8年或80万千米	2年或20万千米	
	D_{9A}、D_{22A}、D_{32A}、D_{45}、DA_{21}、DA_{25}、DA_{26}、DA_{37}、DK_{17A}、DK_{23}、DK_{36A}、DQ_{35}、DQ_{45}	10年或100万千米	2年或20万千米	
	D_{15}、D_{17A}、D_{26A}、D_{26AK}、D_{30G}、D_{38}	8年或80万千米	2年或20万千米	
	D_2、D_{2G}、D_{18A}、D_{25A}	8年或80万千米	2年或20万千米	
	D_{70}	9年或90万千米	3年或30万千米	
	D_{12K}	9年或90万千米	3年或30万千米	
	D_{10}	9年或90万千米	3年或30万千米	
特种车	T_6、T_{6D}	6年	1年6个月	
	T_{6DK}	6年	1年6个月	
	T_{6FK}、T_7、TP_{11}、T_8、T_{8P}、T_{8D}	8年	2年	
	TP_{10}	8年	1年	
	NJ_1、NJ_2、NJ_3、NJ_4、NJ_5、NJ_6、NJ_7、NJ_8、NJ_9、NJ_{10}型铺轨（架桥）机组车辆	8年	2年	
	其他型铺轨（架桥）机组车辆	5年	1年	
	长钢轨车、60 t的凹型车	5年	1年	
	其他特种车、专用车	8年	2年	

注：① 专用车指救援车、机械车、线桥工程车、宿营车、发电车、磅秤修理车、生活供应车、战备车等按照车辆型号合格证和制造许可证生产的车辆（不含未经国铁集团车辆主管部门批准的改造部分）。

② 按走行公里检修的铁路货车检修周期以走行公里为主，兼顾运用时间，实行"先到为准"的原则。

车辆每隔一定时间，进行一定修程的修理，如此循环地进行就构成了车辆定期修理循环结构。货车中常见车型定期修理循环结构如图 1-2 所示。

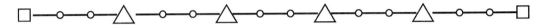

图 1-2   货车定期修理循环结构图

2）货车定期检修的主要任务

厂修：一般在车辆工厂施行。按规定对车辆的各部装置进行全面分解检查、彻底修理，并进行必要的技术改造工作。对于底架、车体钢结构，各梁、柱、板的腐蚀及变形按厂修限度进行修理，将各主要配件恢复原有性能，保持其应有的强度，以保证车辆在长期运用中技术状态良好。经过厂修，车辆各部装置得到全面恢复，使之与新造车基本上接近。修竣后涂打厂修标记。

段修：在车辆段施行。段修的主要任务是分解检查车辆的转向架、车钩缓冲装置及制动装置等部件，检查并修理车辆（包括车体及其附属装置）的故障，保证各装置作用良好，防止行车事故，以提高车辆的使用效率。修竣后涂打段修标记。

2. 客车定期检修

客车的定期检修是客车车辆每运用一定时间或里程对客车车辆的全部和部分零部件进行一定程度的检修，在客车车辆未发生故障之前就对客车车辆进行修理，消除客车车辆零部件的缺陷和隐患，预防故障的发生。

为规范客车基础管理，不断提升客车运用维修质量，根据《铁路技术管理规程》规定车辆修程，车辆实行定期检修，并逐步扩大实施状态修、换件修和主要零部件的专业化集中修。客车和特种用途车实行以"走行千米为主、时间周期为辅"的计划预防修制度。

1）客车定期检修周期

客车修程分为 A5、A4、A3、A2、A1 修，具体规定如表 1-2 所示。

表 1-2   客车检修周期表

A5 修周期 （大厂修）	A4 修周期 （小厂修）	A3 修周期 （大段修）	A2 修周期 （小段修）	A1 修周期 （辅修）
运行（480±24）万千米或距上次 A4 修：常用客车 8 年，不常用客车可延长到 10 年	运行（240±24）万千米或距新造或大厂修：常用客车 8 年，不常用客车可延长到 10 年	运行（120±12）万千米或距上次 A2 修：常用客车 2 年，不常用客车 2.5 年	运行（60±6）万千米或距上次 A2 修以上修程：常用客车 2 年，不常用客车 2.5 年。新造后首次 A2 修走行周期允许为（60±10）万千米	运行（30±3）万千米或距上次 A1 修以上修程 1 年

备注：① 走行里程和时间周期以先到者为准，A1 修时间周期计算到日，其余计算到月。
② 不常用客车是指年均走行不足 10 万千米的客车。
③ 国际联运客车及局管路用车、封存客车的检修周期按有关规定执行。

A5 修：即 480 万千米大厂修。

A4 修：即 240 万千米大修，A4 修一般在车辆工厂施行。按规定对车辆的各部装置进行全面分解检查、彻底修理，并进行必要的技术改造工作。经过 A4 修，车辆各部装置的性能得到全面恢复，使之与新造车基本上接近。

A3 修：即 80 万千米段修，通过对客车重点部位实施大范围的换件检修，确保客车运行安全；对车辆上部实施高标准的状态维修，以全面恢复客车上部设施的功能。A3 级修程在车辆段（厂）内进行架车检修，对换下的部件进行异地检测和专业化集中修，以压缩修时，提高台位利用率；在状态修中更换的配件检修时执行换件修标准。

A2 修：即 40 万千米段修，通过对零部件实施分单元、分部位的换件修和状态修，使车辆上部、下部基本恢复其技术状态，在保证客车安全的同时，提高客车使用效率。A2 级修程采用均衡维修方式，利用库停时间分次在整备线、临修线上或段修库内进行检修，对换下配件按 A3 级检修要求进行集中检修，保证检修质量；在状态修中更换的配件检修时执行换件修标准。

A1 修：即安全检修，按照客车运用安全要求，对安全关键部件实施换件修，其他部位实施状态修，对故障部位进行处理，恢复其基本性能和要求，保障客车运行安全。A1 级修程在列车整备线上实施，在状态修中换下的配件检修时执行换件修标准。

（二）日常维修

日常维修又称运用维修（日常保养），其基本任务是保证在运用中的车辆具有良好的技术状态，及时发现和处理车辆中发生的一切故障，保证行车安全。

1. 货车的日常维修

货车的日常维修在铁路沿线的列车检修所（简称列检所）进行，列检所一般设在货车编组站、区段站、尽头站、国境站和厂矿交接站等处。对到达、始发和中转的货物列车进行技术检查，发现故障时能在列车队中修复的，及时修复。为加强车辆周转，应在列车队积极开展快速修工作。

在列车队修理故障影响解体作业或正点发车时，可摘车送入专用修车线或修车库内施修。施修时必须做到全面检查，施修部分应保证到段修或辅修期，其他部分须符合编组站列检所的检修质量标准。修竣后应按规定涂打摘车修标记。

2. 客车的日常维修

客车的日常维修主要基地是库列检，要充分运用客车在库内停留的时间，认真检查，彻底修理，消除故障，维护质量，以保证列车往返运行区间不因车辆故障发生晚点和事故。

客车技术整备所（简称客整所），又称运用车间，是运用客车维修与保养的重要基地，具有列车的 A1 修、辅修、日常检修、专项检修、专项检查整治、客车整修及临客整治等功能，设置有相应的整备线（库）、临修线（库）、存车线、站场照明、列车供电、车辆排污、污水处理、风水电路配件材料存放、消防设施及运输通道等生产设施。整备线（库）、存车线及相应的检修地沟、外接（地面）电源、上水、吸污设施等须满足本、外属客车检修整备需要。因客整所能力不足需将运用车底送外站停留时，停留场所应设置外接（地面）电源，并根据需要设置吸污设施。客整所须配备起重、运输、换轮、充电、试风、作业安全防护、通信等装备。

三、车辆检修限度

车辆检修限度是指车辆在检修时，对车辆零部件允许存在的损伤程度和零件位置允许变化的程度所规定的尺寸标准。它是一种极为重要的车辆规章制度，是车辆检修工作的依据。绝大部分的检修限度都是尺寸限度，例如车辆轮对最大碾宽限度 5 mm，货车空车车钩高度最高 890 mm，为保证车钩能够正常连挂，非刚性车钩最大钩高差 15 mm，其他损伤如磨耗、腐蚀、裂纹、变形等损伤均可用深度及长度的尺寸变化来表示其损伤程度，在日常维修中用检修限度来判断零件能否继续使用，在定期检修中用检修限度来判定零件是否修理及检修后质量是否合格。车辆检修限度规定得是否合理与车辆技术质量和车辆检修的经济效益关系非常密切。

制定车辆检修限度是一件十分复杂的工作。车辆检修限度是通过对零部件进行理论分析，并根据多年积累起来的实际运用经验来制定的，同时，检修限度本身也在实践中不断地进行修改和补充。为了便于理解、掌握车辆的检修限度，对制定车辆检修限度的主要原则简要加以说明。

车辆检修限度在不同修程中分为运用限度和定检限度。定检限度又可以分为厂修限度、段修限度和辅修限度三种。各种限度都是对零件的有关尺寸做的规定，尺寸单位为毫米（mm）。

1. 运用限度

运用限度，又称列检限度或最大限度，是允许车辆零部件存在损伤的极限程度，是零部件能否继续运用的依据。车辆在运用过程中，当零部件的损伤程度达到运用限度时，说明损伤已达到极限状态，该零部件就不能继续使用，必须进行修理或更换，才能保证行车安全。

2. 定检限度

定检限度是车辆进行各种定期检修时容许存在的零件损伤程度。厂、段修限度是车辆进行厂、段修时，零部件上允许存在的损伤程度的规定，也是检验损伤修复后是否合格的依据。由于各种修程对车辆修复程度的要求不同，因而有各种限度。如货车无辐板孔车轮轮辋厚度，厂修限度为 28 mm，段修限度为 28 mm，运用限度为 23 mm。

有些零件只规定有定检限度，没有运用限度，这种零件在列检中不需要检查其限度；有些零件只有高级修程的限度而无低级修程的限度，则该零件在低级修程中不做检修要求。如同一制动梁两端水平高度差，段修限度为 15 mm，在列检时不做要求。有的零件只有运用限度或低级修程限度，而无定检限度和高级修程限度，则说明该零件在定期检修或高级修程中不允许有这种缺陷。

在车辆进行轴检或临修时，更换轮对按轮对段修限度要求，其他重点检修部分按运用限度要求。

任务二 认识车辆检修站段

一、车辆段的功能概述

车辆段是铁路行车系统的重要组成单位之一，是承担铁路车辆段修及其管辖范围内的车辆运用维修管理任务的生产处所。车辆段负责铁路车辆的段修以及制造和修复段修车辆所需的部分零件，维修和保养车辆段的设备、工具，并领导管辖范围内的客车技术整备所、旅客列车检修所、货物列车检修作业场、站修作业场等车辆业务单位。

任务二课前任务单

按照修理车辆的类别，车辆段可以分为客车车辆段（简称客车段）、货车车辆段（简称货车段）、机械保温车车辆段（简称机保段）。

从预检到交验的过程

本任务主要分客车段、货车段两个部分进行介绍。

1. 客车段主要机构

客车车辆段设置客车段修生产场所、客车技术整备所、旅客列车检修所等作业处所和机构。

（1）客车段修生产场所。

承担客车的段修（包括提速客车的 A2、A3 修）和加装改造，客车的部分事故性临修，段管范围内设备、机具的小修，部分设备的中修及日常维护保养。

（2）客车技术整备所（库列检）。

承担始发、终到旅客列车的技术检查，客车乘务技术交接及作业，客车车辆摘车临修任务的生产处所。

（3）旅客列车检修所（客列检）。

承担旅客列车始发、通过、终到的技术作业，及对站折返、通过的旅客列车进行重点技术检查，排除危及行车安全故障等工作的生产处所；保证列车各部分安全运行到下一个负责检查该部位的列检所。

2. 货车段主要机构

货车车辆段设置货车段修生产场所、货物列车检修作业场、站修作业场等作业处所和机构。

（1）货车段修生产场所。

承担货车的段修及加装改造，供应段管范围内货车车辆设备需要的材料、配件，段管范围内设备、机具的小修及部分设备、机具的中修。

（2）货物列车检修作业场（列检作业场）。

承担货物列车技术检查、不摘车修理，扣修定检到期货车的运用维修处所。

（3）站修作业场。

承担货车摘车临修任务的生产处所。配属专列罐车时，还承担罐车整备任务。

二、客车车辆段

（一）客车段修生产场所

1. 客车车辆段检修库房

1）检修库

检修库如图 1-3 所示，又叫修车库，根据修车工作量、作业方式、检修工艺等因素及地形和气象条件等确定，两侧需敷设压缩空气管路和水管路。其修车作业方式分定位作业和阶段作业。目前多采用阶段作业修车。即在修车库的修车线上，第一个台位为架落车台位（也做一些修车作业)，目的是将转向架推出进行集中修理或将修竣的转向架在该台位落车。第二、三、四台位为各工种平行作业的修车台位。为了环保和工人的身体健康，客车的喷漆作业宜在单独的油漆库内进行。修车库每股修车线上的修车台位不宜超过六个，也不宜少于三个。检修库的设备配备如表 1-3 所示。

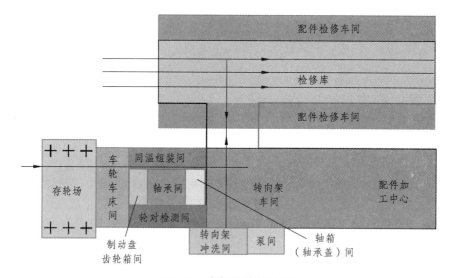

图 1-3　车辆段修检修库

表 1-4　修车库主要设备配备表

序号	设备名称	序号	设备名称
1	电动桥式起重机	7	车体油漆工作小车
2	电动架车机	8	内燃调机
3	蓄电池搬运车	9	转向架牵引机
4	弧焊整流器	10	电空单车试验器
5	钩缓装卸车	11	制动缸分解组装机
6	客车单车试验器	12	车体牵引机

2）转向架车间

转向架车间宜按定位作业检修工艺设计。该车间应设转向架冲洗、分解、除锈、检修、试验、组装等台位。

转向架车间应设与修车库相通的转向架走行通道、蓄电池搬运车走行通道，并应有与轮轴相通的轮对和人的走行通道。转向架车间中间设运输通道，通道两侧设检修台位，台位外侧放置备品架。为便于修车库和转向架间的采光和扩建，转向架车间宜与修车库平行布置，并留有适当的间距。该车间需敷设压缩空气管道和电焊二次线路。转向架车间的设备配备如表 1-4 所示。

表 1-4　转向架车间主要设备配备表

序号	设备名称	序号	设备名称
1	构架检测平台	7	转向架转盘
2	构架翻转装置	8	转向架牵引机
3	构架弹簧导柱检测装置	9	弹性定位拆装设备
4	零（配）件抛丸除锈装置	10	除尘式砂轮机
5	构架、零件喷漆装置	11	转向冲洗机
6	镶套机	12	平衡吊

3）轮轴间

轮轴间负责轮对、轴承和轴箱等的检修工作。轮轴间检修工艺布置应根据转向架间的工艺布置以及轮对、轴箱、轴承等检修工艺布置的组合形式比较确定。轮轴间应按作业流程设轴箱分解，轴箱检修，轮轴冲洗、除锈、检测、探伤等流水作业线及轮对机加工作业区和同温组装间等。轮轴间、同温组装间应铺设待修轮对和修竣轮对存放线，并与车轮车床间、存轮棚、转向架车间相通。同温组装间的室内温度应为 16～30 ℃，24 h 自然落尘量应小于 120 mg/m²，相对湿度不宜大于 60%。轮轴间的设备配备有轮对除锈冲洗机、轮对探伤装置、轮对轮辋探伤机等，如表 1-5 所示。

4）滚动轴承间

滚动轴承间负责轴承的分解、清洗、探伤、检测、组装和存放等工作。滚动轴承应与轮轴间和同温组装间相毗邻，设分解、清洗、探伤、检测、组装和存放等分间。

5）轮对存放棚（库）

轮对存放棚供存放备用良好轮对及待送厂修的不良轮对。棚内设轮对装卸线（一般为尽头式），以便车轮工厂取送轮对时装卸轮对之用。棚内还设有轮对存放线。

表 1-5　轮轴间主要设备配备表

序号	设备名称	序号	设备名称
1	电动单梁桥式起重机	17	电动悬挂起重机
2	轮对轴承故障诊断装置	18	电动单梁桥式起重机
3	轴箱轴承分解装置	19	轴颈清洗机
4	轮对除锈冲洗机	20	轴承喷淋机
5	轮对探伤装置	21	轴箱传送装置
6	轮对轮辋探伤机	22	轮对轴承轴箱组装装置
7	轴承感应加热器及控制屏	23	电热恒温干燥箱
8	轮对动平衡实验台	24	轮轴磨合试验台
9	（轮对）制动盘除锈装置	25	注油机
10	（轮对）齿轮箱清洗除锈装置	26	车轮车床
11	轴箱冲洗机	27	电动单梁桥式起重机
12	轴箱内孔除锈机	28	除尘式砂轮机
13	零件清洗机	29	轮对转镐
14	轴箱密封圈压装机	30	轮对牵引机
15	轴箱烘干机	31	平衡吊
16	轴箱传送装置		

2. 客车车辆检修主要检修间

1）客车空调机组检修间

空调机组检修间承担配属本段客车空调机组及电气控制系统等附属装置的段修工作。根据工作需要，空调机组检修间须设置空调机组分解、清洗、组装、试验及电气控制系统检修分间（区），以及空调机组存放区等，通常设置在修车库的边跨内。

2）钩缓装置检修间

钩缓装置检修间承担车钩、缓冲器的分解、检修、组装、试验及热处理等工作。钩缓装置检修间设待修、修竣成套钩缓装置存放区和配件存放区，其零配件的除锈、探伤、焊修、机加工等工作应与配件检修中的电子电器检修间分开。

3）电子电器检修间

电子电器检修间主要承担应急电源、电子防滑器、塞拉门电子控制装置、灯具、照明变换器、照明控制柜、轴温报警器、旅客信息服务系统等客车车辆电子电器设备的检修试验作业，需要敷设压缩空气管路。

4）制动装置检修间

制动装置检修间主要承担三通阀（分配阀）、制动软管、折角塞门和各种阀类等的检修和试验工作。制动装置检修间设三通阀（分配阀）外部清洗、分解检修、试验及存放等分间，软管和阀类分解检修以及闸调器分解检修等分间。根据检修需要设压缩空气管路和水管路。

5）客车车辆段配件检修中心

客车车辆段配件检修中心承担转向架配件、基础制动配件、钩缓配件及心盘的除锈、探伤、焊修和机加工等工作。

配件检修中心通常设置在转向架间的同一跨内或其附近。根据配件加修种类分别设置制动梁检修作业区、空气弹簧检修作业区、单元制动缸检修作业区、弹簧检修作业区、镶套作业区、配件除锈作业区、配件探伤作业区、配件焊修作业区和机加工作业区等。配件焊修作业区应设隔墙或挡光板及排烟除尘装置，需要同步敷设压缩空气管路。

3. 客车段股道设置

为了完成修车任务和满足运输材料、配件的需要，段内一般设置各种用途的股道。

1）修车线

为了完成客车检修，须设客车修车线。其库内部分长度依据在该股修车线上停修客车数量的多少、修车工艺、通道宽度及修车库的形式确定；其库外部分平直线段的长度（不含库前平过道的宽度和客车清、冲洗棚的长度）不得小于 35.0 m，并须铺设与修车库同宽的硬化地面。客车的设计长度为 26.5 m。修车库库外股道直线段主要是为了进行车辆的预检等作业。

2）存车线

为了停放待修车、修竣车和残车，段内设存车线，其有效长按 1.5～2.5 倍修车台位乘以车辆计算长度 26.5 m 确定。存车线不宜少于两条，股道间距为 5 m。存车线线路为平坡，确有困难时坡度不得大于 1.0‰。存车线尾部安全距离可按 10.0 m 计。

3）牵出线

牵出线的有效长度应根据修车台位数、车辆计算长度、调机长度和调车作业安全距离等因素确定。当条件允许时，可利用出入段线兼作牵出线。

（二）整备所

客车的整备作业，主要包括客车技术整备（技术检查和日常定期维修）和客运整备（洗刷、清扫、上水、上油、上下卧具、上下餐料）两部分，此外还包括电务部门对列车广播设备的检修和防疫部门对列车的消毒等。

客车技术整备所主要工作范围：

（1）承担本属旅客列车的检车乘务工作。

（2）承担客车车底或动车组取送（或到发）、改编、停留待发，公务车、备用车停留以及个别客车转向工作。

（3）承担本属客车的管理和日常维修（包括防寒、防暑和节日整修等）工作。

（4）承担本属客车辅修或 A1 修工作，原则上不承担客车零部件的修理。

（5）承担旅客列车的摘车临修工作。

（6）承担本属客车车电系统的定期检修。

（7）负责办理本属客车厂修、段修的接送和车辆技术状态的检查及备品的交接工作。

（8）根据需要承担本属客车 A2 修工作。

（9）为入所整备发电车的柴油发电机组补充燃料油、润滑油和冷却水。

根据我国客车整备的实际情况，除部分地区的更换卧具、上餐料等是利用列车在车站上的停留时间完成外，其余主要作业均在客车技术整备所内进行。

客车技术整备所设于客运站附近，客车技术整备所与客运站的相互位置应能满足车站的通过能力，减少咽喉区的交叉干扰，缩短客车车底的走行距离，如图 1-4 所示。出入所线路应避免切割正线，并结合城市规划、地形、地质条件及远期发展等因素经比选后确定。

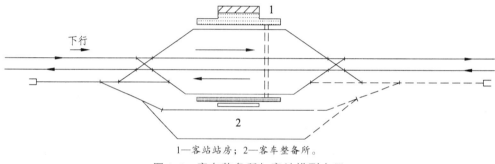

1—客站站房；2—客车整备所。

图 1-4　客车整备所与客站横列布置

（三）旅客列车检修所

旅客列车检修所（以下简称客列检）是确保旅客列车安全运行的重要部门，承担对本站始发、终到、通过的旅客列车走行部进行重点技术检查，及时排除危及行车安全故障等工作。

《旅客列车运用维修规程》对客列检的具体工作范围和职责作了以下规定：

（1）对始发旅客列车，负责机车与机后第一辆客车的软管、车端电器连接线的连接，并进行制动机简略试验。

（2）对终到旅客列车，负责机车与机后第一辆客车的车钩摘解及软管、车端电气连接线的摘解。对不入客车技术整备所（库列检）检修的站折返列车，按库列检技术检查作业范围检修，并进行制动机全部试验。

（3）通过旅客列车的技术检查作业范围：

① 列车车辆技术状态交接；

② 轴温异常时检查；

③ 车轮缺损、踏面剥离、擦伤检查；

④ 摇枕悬吊装置、基础制动装置检查；

⑤ 轴箱弹簧、摇枕弹簧、空气弹簧装置检查;

⑥ 配件丢失、脱落或损坏检查;

⑦ 车钩、制动软管、总风管的连接状态检查;

⑧ 按规定施行列车制动机试验。

（4）通过旅客列车的不摘车修范围:

① 更换轴箱弹簧、摇枕弹簧;

② 处理基础制动故障;

③ 处理空气制动机故障;

④ 更换钩舌、钩舌销、调整钩差;

⑤ 更换处理牵引拉杆故障;

⑥ 处理配件丢失、脱落或损坏故障。

（5）客列检对发现或预报的车辆故障必须修复或妥善处理，保证行车安全。故障车辆是否摘车由客列检确认并负责。

（6）经客列检处理的故障，属于不摘车修范围的，应保证安全运行到终点站;属于检查范围的，应保证安全运行到下一个客列检。

三、货车车辆段

货车车辆段设在有大量编组作业、空车集结且便于扣车的编组站上，如图 1-5 所示。在大量装卸作业和聚集空车的车站（口岸站、港口及厂矿工业站等），且货车段的行政管辖区段的货车保有量较多时，新建货车段应考虑全国既有货车段的布局、修车任务量，以及新建段在路网中的位置作用、保有量和扣车条件等因素，进行充分研究比较，以便合理地设置车辆段。

货车车辆段主要工作有完成货车的段修及加装改造，部分事故性临修，段管范围内设备、机具的小修及部分设备、机具的中修，供应段管范围内货车车辆设备需要的材料、配件等。

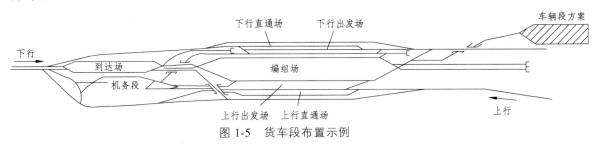

图 1-5　货车段布置示例

（一）货车段生产场所

货车段包括修车库、转向架车间、钩缓间、铆焊间、配件检修中心、配件配送中心、轮轴间、轮对存放棚、滚动轴承间、制动间等。段内各生产房屋应以修车库和转向架车间为中心，根据工艺流程按系统布置。与修车库和转向架车间关系密切的检修间，宜布置在其侧跨或靠近的地点。此外，还应设有材料仓库、化验室、含有压缩空气站变配电所等的动力车间等。

1. 修车库

修车库对货车车体进行架、落车作业，从车体上分解转向架、车钩缓冲装置、制动装置等部件，并将各部件送往有关车间，修竣后送回修车库进行组装和试验。对货车车体进行检查、修理、试验作业，主要包括货车的车体、底架及空气、人力制动装置的检修，车体及附属件的气割、焊修及铆接，空气制动机的微机控制或微机集中控制单车试验，闸瓦间隙自动调整器现车分解、试验，车钩缓冲装置的装卸和车辆标记的涂打，以及调整车钩高度等。

2. 转向架车间

转向架车间主要完成转向架分解、组装及落成作业，对转向架构架进行清洗、分解、检查、修理及组装作业，包括构架清洗，构架分解，交叉支撑装置、横跨梁、滑槽磨耗板检修，侧架立柱磨耗板检修及安（铆）装，摇枕、侧架正位及翻转检查，摇枕八字面检修，下心盘拆装，导框摇动座检修，摇动座拆装，下旁承拆装，交叉杆拆装，转向架正位检测，基础制动拆装，横跨梁拆装检修，构架组装及落成作业；从转向架上分解轮轴、制动梁、三小件（承载鞍、枕簧、斜楔）等部件，将各部件转运至相关车间，检修后返回转向架车间组装。

3. 钩缓检修间

钩缓检修间主要承担钩缓装置的分解、检修、组装及车钩三态作用试验，主要包括车钩缓冲装置分解、组装及车钩三态试验，钩尾框、钩舌、钩腔内部配件抛丸除锈作业，钩体、钩舌、钩尾框检修作业，钩舌、钩尾框探伤作业，缓冲器分解、检修、组装作业，钩缓配件焊修、热处理、机加工作业。

4. 铆焊间

铆焊间主要承担车体检修过程中拆卸下来的梁、柱及其他较大配件的铆工调修和焊修作业，并承担修车所需板材的下料工作。

5. 配件检修中心

配件检修中心承担转向架配件、心盘、基础制动、车门等配件的抛丸除锈、探伤、焊修、机加工作业，锻制配件及其他配件的加热调修、焊后热处理作业，货车木质配件的制作作业等。主要包括以下内容：

制动梁检修：制动梁检测，滚子轴、滑块除锈，滚子轴、滑块探伤，滚子轴更换焊修，磨耗套更换，支柱焊修、更换，闸瓦托检修，闸瓦托更换，制动梁拉力试验，闸瓦装配等。

转向架配件检修：承担转向架配件的检查、抛丸、探伤、焊修、机加工等作业，包括下心盘检修，下心盘磨耗盘检测，承载鞍检测，斜楔检测，摇枕弹簧（减振弹簧）检测及选配，弹性旁承检测，摇动座检测、探伤以及固定杠杆、固定杠杆支点、移动（游动）杠杆、下拉杆、中拉杆、制动圆销等基础制动配件的检修等。

车钩缓冲装置检修：钩腔内配件检修，包括钩舌销、钩尾销抛丸、探伤，钩舌销、钩尾销检修，从板检修，配件焊修等。

制动装置检修：制动轴链裂损焊修、拉力试验，各风缸裂纹焊修、水压试验，拉杆焊修、拉力试验等。

车门整修：车门检修包括切割、整形、焊接等。

锻制配件加工：锻制修车需要的配件，加修从车辆拆下需要锻修的配件，包括校正、调直和锻接作业，零配件焊后的热处理以及制造部分设备维修所需配件等。

机械钳工加工：加修从车辆上拆下需要进行机械加工的零件，包括车制、钻孔、刨制和配修零件等；新制需要换新的部分零件，主要工作包括各种轴箱螺栓的修制，各种圆销、各种销套及车钩销的加修和新制，各种零件、槽铁、压铁等钻孔，并对各种零部件进行钳工修配、分解和组装等。

木质配件加工：承担木材机械加工，车辆木质配件、垫板等的制作。

焊修作业：承担所有送入配件检修中心的车辆零配件、材料的集中焊修作业。

6. 轮轴间

轮轴间承担轮对的检查、测量、除锈、探伤、镟轮、机加工以及滚动轴承退卸和压装等作业。轮对检修工艺线应能满足各主型货车轮对的检修和轴承的退卸、压装工艺要求，主要内容包括轮对收入检查，轴承退卸，辐板孔检查、打磨，轴承故障诊断，轮对清洗除锈，磁悬液探伤，微机控制超声波探伤，多通道超声波探伤；车轮加工（镟修），轴承与轴颈选配工艺，后挡与防尘板座选配，标志板刻打，轴承压装、检测，轴承磨合测试，轮对涂漆，轮对修竣、支出检查，轮对储存、运输。

7. 轮对存放棚

轮对存放棚供存放备用良好轮对及待送厂修的不良轮对。

8. 滚动轴承间

滚动轴承间承担轴承的分解、清洗、检查、检测、组装等作业，主要作业内容包括轴承清洗及干燥，轴承分解及编号，轴承零部件清洗干燥，外圈除锈、探伤及喷淋，外圈检测，内圈检测，滚子外观检查，保持架检测，密封罩检测，密封座检测，中隔圈检测，轴承零部件检修，中隔圈选配，轴向游隙及装配检测，轴承一般检修标记刻写，轴承组件喷淋、干燥，油封组装，密封罩压装，密封罩扭矩测试，填注油脂及称重，轴承包装及储存，轴承前盖、后挡清洗、检测，换装塑钢保持架，工作环境检测等。

9. 制动间

制动间承担三通阀、分配阀、控制阀、塞门、软管及其他阀类等制动配件的检修和试验作业，单车、列车试验器的检修和试验作业，闸调器的检修、试验作业。每个铁路局指定 1 个车辆段，作为全局闸调器的段修、试验基地。

（二）列检作业场

列检作业场一般设置在路网性和区域性编组站的到达、始发等车场；列车编组作业量较大以及大量装卸货物的其他编组站、区段站的车场；列车编组作业量较小且中转列车较多的区段站、中间站。装卸作业量较大的战略装卸车点和路企直通作业量较大车站须设置列检作业场时，由各铁路局根据作业量情况确定。在接近长大下坡道区间的车站，对列车自动制动机试验及制动检修有特殊要求的，可根据需要设置列检作业场。

列检作业场主要完成：货物列车的到达检修、出发检修及中转列车检修；本站没有站修作业场时，对危及行车安全的、在列车中修理不了的故障车辆实施摘车临修；本站没有客车列检作业场或整备所时，对在本站始发、折返的旅客列车实施检修；向车辆修理工厂、车辆段及站修作业场扣送检修车等工作。

（三）站修作业场

站修作业场是铁路运输车辆的重要检修基地，是货车日常维修中的一个重要组成部分，对及时修复故障车辆、加速车辆周转有一定的作用。

站修作业场主要进行货车的摘车临修。设有编组站列检作业场的车站必须设站修作业场，设有区段站列检作业场的车站可根据具体情况设置站修作业场或临修线。

对于区段站上设置站修作业场的问题，可以从以下三个方面进行分析：一是该区段站列检作业场离邻近站修作业场的距离；二是按通过该站车流总数计算的摘车临修任务量及按相邻站修作业场划分服务范围内，货车保有量计算临修任务量；三是通过该站作业车和装卸车数量的多少。若该站与邻近站修作业场距离较近，作业及装卸车数较少，计算所得临修辆数少于 3 辆时，可考虑设临修线，或回送到邻近的站修作业场修理。

对货车符合列检摘车施修范围的故障进行修理，其他部分进行检查和维修，使之符合车辆运用质量标准。主要工作内容有：施行货车摘车临修，修复破损程度较轻的事故车，整备配属专列货车。

任务三　车辆常用标记

为便于对客、货车辆的运用和管理，在车辆指定部位"涂打"的用于标明车辆的配属、用途、编号、主要参数、方向、位置等的文字、数字和代号称为车辆标记。《铁路技术管理规程》规定：车辆应有识别的标记，如路徽、车型、车号、制造厂名及日期、定期修理的日期及

任务三课前任务单

处所、自重、载重、容积、换长等；车辆应有车号自动识别标签；客车及固定配属的货车上应有所属局段的简称；客车还应有车种、定员、最高运行速度标记；罐车还应有容量计表标记；电气化区段运行的客车、机械冷藏车等应有"电化区段严禁攀登"的标识。

车辆标记一般归纳为车型车号标记、产权制造标记、运用标记、检修标记、性能标记五类。

一、车型车号标记

车型车号标记简称车号。为了对车辆识别与管理，特别对于全国铁路用微机联网管理的需要，必须对运用中的每一辆车都进行编码，且每辆车的代码是唯一的。

车辆代码如图 1-6 分车种、车型、车号三段，三段完整的车号是指某辆具体的车。车种代码原则上在该车汉语拼音名称中选取一个或两个大写字母构成，具体可见表 1-6、表 1-7，其中客车用两个字母，而货车仅用一个字母。

图 1-6　车辆代码标记

表 1-6　客车基本型号表

客　　车					
序 号	车 种	基本型号	序 号	车 种	基本型号
1	软座车	RZ	9	公务车	GW
2	硬座车	YZ	10	医疗车	YL
3	软卧车	RW	11	卫生车	WS
4	硬卧车	YW	12	试验车	SY
5	行李车	XL	13	维修车	WX
6	邮政车	UZ	14	特种车	TZ
7	餐车	CA	15	救援车	JY
8	空调发电车	KD			

注：双层客车各车种的基本型号在相应车种前加"S"。

表 1-7　货车基本型号表

货　车					
序号	车　种	基本型号	序号	车　种	基本型号
1	敞　车	C	9	长大货物车	D
2	棚　车	P	10	毒品车	W
3	平　车	N	11	家畜车	J
4	罐　车	G	12	水泥车	U
5	冷藏车	B	13	粮食车	L
6	集装箱平车	X	14	特种车	T
7	平集两用车	NX	15	双层小汽车运输车	SQ
8	矿石车	K			

　　车型代码又称辅助型号，代表车辆的构造形式，用阿拉伯数字表示，附加在基本型号的右下方。如 YW_{25} 中的"25"、C_{70} 中的"70"，即表示该车为 25 型硬卧车和 70 型敞车的结构。

　　车型代码必须与车种代码连用，它是为区分同一车种中结构、装载量等的不同而设的，一般用 1~2 个数字构成，必要时其后还可再加大写拼音字母。车型代码作为车种代码的后缀，原则上两代码合在一起不得超过五字符。举例如下：

C_{70A}	C（车种）	70（顺序系列）	A（结构区别）
P_{62T}	P（车种）	62（顺序系列）	T（结构区别）
YZ_{25G}	YZ（车种）	25（车长系列）	G（结构区别）

　　在国铁线路上运营（不含一次性过轨）的车辆车号由国铁集团运输局统一配发，具有唯一性，车号代码均为数字，因车种、车型不同，区分了使用数字的范围，表示按预先规定的规则而编排的某一车种的顺序号码。用以区分同一类型的不同车辆，用大阿拉伯数字表示，记在基本型号和辅助型号的右侧。客车须按规定安装电子标签。新造客车出厂前，由制造工厂通过铁路客车管理信息系统（以下简称 KMIS）向国铁集团运输局申请客车车号，并填报客车技术卡片。客货车基本型号如表 1-8、1-9 所示。

表 1-8　货车基本型号表

车种	基本型号	车号范围
棚车	P	3000000~3499999
敞车	C	4000000~4899999
平车	N	5000000~5099999
罐车	G	6000000~6309999
保温车	B	7000000~7231999
集装箱车	X	5200000~5249999
矿石车	K	5500000~5531999

车种	基本型号	车号范围
长大货物车	D	5600000～5699999
毒品车	W	8000000～8009999
家畜车	J	8010000～8039999
水泥车	U	8040000～8059999
粮食车	L	8060000～8064999
特种车	T	8065000～8074999
守车	S	9000000～9049999

表 1-9 客车基本型号表

车种	基本型号	车号范围
软座车	RZ	110000～199999
双层软座车	SRZ	
硬座车	YZ	300000～499999
双层硬座车	SYZ	
软卧车	RW	500000～599999
硬卧车	YW	600000～799999
行李车	XL	200000～299999
邮政车	UZ	7000～9999
餐车	CA	800000～899999
合造车	HZ	100000～109999
公务车	GW	900000～999999
试验车	SY	

例如，客车车号标记示例：$RZ_{25K}118888$。

其中，RZ 表示基本型号（软座车）；25K 表示辅助型号（25 型快速空调客车）；118888 表示客车制造顺序号码。客车的车号标记涂打在车体两侧外墙板靠车门处，并在客车内部两内端门上方各安装一块带定员的"车内车号牌"。

货车车号标记示例：$C_{70}1565539$。

其中，C 表示基本型号（敞车）；70 表示车型号（载重 70 t 的货车）；1565539 表示货车制造顺序号码。货车应在车体两侧侧墙上或活动墙板上涂打大车号，在底架侧梁或侧墙下缘涂打小车号，如侧梁为鱼腹梁，仅在侧梁涂打大车号。

二、产权制造标记

1. 国徽标记

凡参加国际联运的客车，须在车体侧墙中部悬挂特制的国徽，表示中华人民共和国的车辆，国徽标记如图 1-7 所示。

2. 路　　徽

凡产权归我国国铁集团的车辆，均应在侧墙或端墙适当部位涂打路徽标记，路徽标记如图 1-8 所示，我国的路徽含有人民铁道之意。在货车侧梁的适当部位还应装有人民铁道路徽的产权牌（用金属制作的椭圆形的路徽标志牌）。其他国家或公司所属的铁道车辆也有各自的标志。参加国际联运的货车虽无国徽，一旦离开产权所有国，可凭路徽标志回送至产权国而不会混淆使用。

图 1-7　国徽标记

中华人民共和国铁路路徽

图 1-8　路徽标记

3. 制造标记

新造客车、货车应安装金属的制造厂铭牌，其内容包括制造厂名和制造年份，式样由制造单位确定，如图 1-9 所示。货车的制造标记安装在侧梁（或中梁）的二位或三位，客车的制造标记安装在车体二位或三位脚蹬上。实行寿命管理和有制造质量保证期的新制配件，须有制造时间和制造厂代号标记。

图 1-9　制造标记

此外，车辆的主要零部件，如车轮、车轴、转向架、车钩及制动分配阀等，在其上一般均有该零部件生产厂家的某种代号，锻件常打出数码代号，铸件常铸出铸造代号。这些标记基本无广告作用，仅在发生事故后可据此追查责任。

4. 配属标记

凡配属给指定局、段和有关单位管理的客车，在车体两端外墙板左侧应涂打有配属单位简称的"配属标记"，如图 1-10 所示。如配属给北京铁路局北京车辆段的客车应涂打"京局京段"字样的配属标记。

图 1-10　路徽标记和配属标记

对于货车，凡有指定使用区间和要求回送或指定配属的专用货车，在车体两侧中部应涂打配属标记。例如"某站—某站间专用""运用后返回某站""某单位专用车"等。凡配属各局的石油直达油罐列车，应在罐体一、二位端板中心加温套上檐涂打"罐车配属局、段简称及车组号"标记。

三、运用标记

（一）性能标记

客车的性能标记包括自重、载重、全长、换长、定员、容积（只用于行李车、邮政车），涂打在客车车体外端墙板左侧，如图 1-11 所示。

图 1-11　车辆运用标记

货车的性能标记包括自重、载重、容积、换长、冰重（只用于冰冷藏车）、整备重（只用于机械冷藏车组的发电乘务车），涂打在车体两侧外墙板右上角。

（1）自重：空车时车辆自身具备的质量称为车辆自重，以吨（t）为计量单位，保留一位小数。

（2）载重：车辆标记中所注明的货物或旅客和行李包裹的质量（包括整备品质量和乘务人员的质量）称为车辆的载重，以吨（t）为计量单位，保留一位小数。

（3）容积：车辆内部可容纳货物的体积称为车辆的容积，以车体内部长、宽、高的乘积表示，以 m^3 为计量单位，保留一位小数。容积下面附括号，在括号内列出"内长×内宽×内高"（m^3），保留一位小数。

敞车在括号内仅涂打长、宽标记。棚车、冷藏车、通风车、家畜车等在括号内涂打长、宽、高标记。平车、砂石车、长大货物车不涂打容积标记，仅涂打长、宽标记。罐车在容积标记下方应涂打编号容量计表标记，如 A436 表示容量计算表的号码。除规定的淘汰型罐车和路用水槽车外，罐车还应在罐体一位端板上涂打"容量计表"标记。行李、邮政车在载重标记下方涂打"容积"标记。

（4）车辆长度（全长）：车辆不受纵向外力影响时，该车两端车钩在闭锁位置时两钩舌内侧面之间的距离称为车辆的全长，以米（m）为单位，保留一位小数。

（5）换长：车辆长度（m）除以标准长度（m）所得之值称为车辆的换长。它是车辆长度换算标记，保留一位小数，尾数四舍五入。以解放初期 C_1 型敞车的车辆长度 11 m 为标准长度，将现车的车辆长度换算成 C_1 型敞车的倍数，即以车辆长度除以 11 m 所得之数字，就是该现车的换长。采用换长主要是为了简化计算列车的编组长度，其表达式为：换长=车辆全长÷11。

（6）定员：每辆车上允许乘坐、站立或睡眠的旅客人数称为定员，如图 1-12 所示。

图 1-12　车辆定员标记

（7）整备重：机械冷藏车组的发电乘务车等车辆，为保证编组车辆的正常工作而必须具备的食品、燃料、水、工具等的质量之和称为整备重。整备重以吨（t）为计量单位，"整备重"标记涂打在自重标记下方。

（二）特殊标记

1. 集中载重标记

标明货车中部一定尺寸范围内允许承受装载重量的标记。载重大于（或等于）60 t 的平车、长大货物车和需要标明集中载重的货车应按长大货物车、平车集中载重表在车底架侧梁中部涂打"集中载重"标记。

2. 货车结构特点标记

（1）⟨入⟩：具有车窗、床托、烟囱座等设备，必要时输送人员使用的棚车应涂打"入"标记，涂打在车体两侧性能标记的下方。

（2）⟨关⟩：货车活动墙板及其他活动部分翻下超过车辆限界者，必须关闭完好后才准运行，应在每扇门内侧及侧梁中部涂打"关"字标记。

（3）⟨特⟩：允许运输特殊货物的车辆应涂打"特"标记，涂打在车体两侧性能标记的下方。

（4）⟨禁⟩：禁止通过机械化驼峰的车辆应涂打"禁止上驼峰"标记，涂打在车体两侧性能标记的下方。如长大货物车、压缩气体或液化气体的罐车、自翻车、底开门式车、无自动制动机的车辆。

（5）⟨MC⟩：符合参加国际联运技术条件的货车应涂打联运标记。涂打在车体两侧性能标记下方。但下列车辆不得涂打"MC"标记：守车、企业自备铁路货车、租出车、由国外租入车、新技术试验车和专用车（如工程车、救援车、除雪车）等特种车，临时指定禁止参加国际联运的车辆。

（6）⟨卷⟩：敞车、煤车、矿石车等侧梁端部装有卷扬机挂钩（牵引钩）者，必须在车辆一、四牵引钩上方涂打"卷"标记。

（7）⟨超⟩：货车某部分结构超出车辆限界时，但未超出图 1-13 中的三处规定时，应在该部分明显处涂打"超"标记。

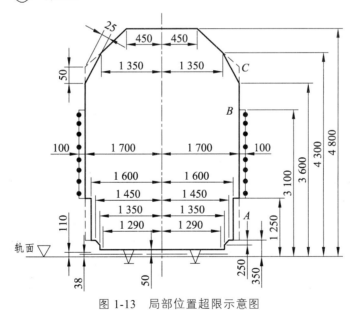

图 1-13　局部位置超限示意图

注：① 距轨面 350～1 250 mm 处宽度在 3 260 mm 以内，如图 1-13 中 A 所示。

② 在列车信号接近线路的限界以内，如图 1-13 中 B 所示。

③ 距轨面 3 600～4 300 mm 处，每侧超限宽度不大于 25 mm，高不大于 50 mm，如图 1-13 中 C 所示。

（8）⟨D⟩：客车滚动轴承采用新结构涂打的标记，打在滚动轴承的轴箱盖上。

3．运用特殊标记

（1）长大货物车的"限速"和"限制运行曲率半径"等标记，按有关规定执行。

（2）罐车应在性能标记上方涂有装载液、气体分类名称（如"黏油""轻油"），并附有汉语拼音字母。

（3）救援车、酸碱类罐车及危险品专用车的车体（或罐体）中部四周涂有宽 300 mm 的颜色带，其中救援车为白色；毒品车为黄色；装有爆炸品为红色，并在专用车的色带中部，涂打"危险"字样标记。如车体为黄色时，不涂色带，仅在两侧中部涂"危险"字样标记。

（4）PD$_3$、PD$_4$型毒品专用车在车号下面涂"毒品专用车"字样，在车门左侧有毒字标记，如图 1-14 所示。

（5）⚓：表示必须在该指定部位吊装作业的标记。

（6）定员：客车以座位或铺位计算乘坐旅客的数量，涂在车体两外端墙下方及在车厢内两端上方有定员牌。

图 1-14　毒品车标记示意图

除上述标记外，在客车的车体两侧中部设有运行区间牌（如上海—北京）；货车在车体两侧端部下方设有货票插、色票插及特种票插等，专供运输部门放置货票和色票等用。

车辆试验标记根据试验项目，临时规定涂打，打在车号标记的下面。

车辆上一般涂打的标记应使用油漆涂打，除另有规定者外，根据涂打处所的颜色分别按表 1-10 选定标记颜色。

表 1-10　车辆标记涂打要求

涂打标记处色别	标记颜色	涂打标记处色别	标记颜色	涂打标记处色别	标记颜色
绿或蓝	淡黄	白、黄或银色	黑	黑	白

四、车辆检修标记

车辆检修标记分为定期检修标记、摘车修标记以及与检修有关的标记。

（一）货车检修标记

货车定期检修分为厂修、段修。货车厂、段修标记如图 1-15 所示。横线上部为段修标记，下部为厂修标记。左侧为下次检修年、月，右侧是本次检修的年、月和检修单位简称。由厂、段修标记可反映出厂修和段修的周期。货车的厂、段修标记涂打在车体两侧墙左下角。

21.01.11	07.11	江岸

图 1-15　货车检修标记

　　第一次临修单位须在车体两端端梁右侧按图 1-16 所示涂打临修标记栏，距下端梁上边缘向下 20 mm 处横向涂打，内容包括空重别、临修日期、临修单位。空、重车分别涂打"K"或"Z"，临修日期涂打修理年、月、日，临修单位须涂打站修作业场简称，字号均为 20 号；下次临修单位清除上次临修标记后涂打本次临修标记。

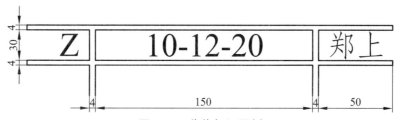

图 1-16　临修标记图例

（二）客车检修标记

　　客车和特种用途车实行以走行公里为主、时间周期为辅的计划预防修。客车修程分为 A1、A2、A3、A4、A5 修。

　　（1）客车检修标记。

　　客车在车体的二位端涂打检修标记，如图 1-17 所示。A1、A2、A3、A4、A5 五级修程，A1 修检修时间须涂打年、月、日，A2、A3、A4、A5 修只须涂打年、月。

修程	时间	检修段、厂	
A1			50
A2			50
A3			50
A4			50
A5			50
75	212	90	

图 1-17　客车检修标记

（三）车辆检修有关标记

（1）延：车辆允许延期检修标记，涂打在厂修标记的左侧。

（2）车辆方位：分别表示车辆的第一位端和第二位端，用阿拉伯数字"1"和"2"表示。货车涂打在两侧梁右端下角；客车涂打在脚蹬的外侧面和车内两端墙上部。

（3）车钩中心线：沿车钩钩舌外侧及钩头两侧，在钩身横截面高度 1/2 处用白色油漆涂打一宽度为 5 mm 的水平直线，即为车钩中心线。车钩中心线距轨面的距离应符合规定。

（4）钩型：在钩头侧面涂有车钩型号（阿拉伯数字）标记，以示识别。

（5）：表示客车架车作业时，指定顶车部位。

五、车辆主要技术参数

车辆的主要技术参数是指车辆技术规格的某些指标，是从总体上表征车辆性能和结构特点的一些数字，一般包括性能参数和主要尺寸两类。

（一）性能参数

1. 自　重

空车时，车辆自身具备的质量称为车辆的自重，即车体和转向架本身结构以及附于其上的所有固定设备和附件质量之和。在保证车辆具有足够的强度、刚度情况下，车辆的自重越小越经济。

2. 载　重

车辆标记中所注明的货物或旅客和行李包裹的质量（包括整备品和乘务人员的质量）称为车辆的载重，即车辆所允许的最大装载量，它表明车辆的装载能力。

3. 总　重

车辆的自重与载重之和称为车辆的总重。对于不装运货物、旅客和行李物品的车辆，是指自重、整备品和乘务人员的质量之和。

4. 自重系数

货车的自重系数为货车自重与额定载重之比值。客车的自重系数为客车自重与定员数之比值。

自重系数是表明车辆技术经济合理性的一个重要指标，在保证车辆的强度、刚度和使用寿命的条件下，自重系数越小越经济。对于客车而言，应在考虑旅客安全、舒适和车内卫生条件的同时，力求降低自重系数。

例如，P_{64A} 型棚车载重 58 t，自重 25.3 t，则自重系数约为 0.4。

5. 容　积

车辆内部可容纳货物的体积称为车辆的容积，一般以车辆内部的长×宽×高（长度单位为 m）表示，罐车以 m^3（空气包容积除外）表示。

6. 比容积

货车容积与额定载重的比值称为比容积，亦即货车每吨载重量所占有的货车容积。计算公式为

$$比容积 = \frac{容积}{载重} \quad (m^3/t)$$

当车体容积过大时，在装载密度大的货物时，车体容积不能得到充分利用。反之，若车体容积过小，在装载密度小的货物时，载重量又得不到充分利用。因此，要适应装载不同的货物，合理地设计车体容积是十分重要的。

例如，C_{64K} 型敞车载重 61 t，容积为 73.3 m^3，则其比容积约为 1.2 m^3/t。

7. 最高试验速度

最高试验速度是指车辆设计时，按安全及结构强度等条件所允许的车辆最高行驶速度。

8. 最高运行速度

除满足上述安全及结构条件外，还必须满足连续以该速度运行时车辆有足够良好的运行性能。以往常用"构造速度"作为参数，因其概念不够准确，现多以"最高试验速度"和"最高运行速度"来替代它。目前，我国新造货车的最高运行速度一般为 120 km/h。

9. 轴　重

车轴所允许担负的最大质量与轮对自重之总和称为轴重。计算公式为

$$轴重 = 车辆自重与载重的和除以车辆轴数（t）$$

四轴车辆轴重计算公式为

$$轴重 = \frac{自重+载重}{4} \quad (t)$$

10. 每延米重

车辆总重（自重+载重）与车辆长度之比值称为每延米重（即每延米线路载荷）。计算公式为

$$每延米重 = \frac{车辆总重}{车辆长度} \quad (t/m)$$

每延米重是表示车辆通过桥梁的可能性。每延米重是根据桥梁设计载荷图来确定的，我国规定每延米重为 8 t/m。

（二）车辆主要尺寸

1. 车辆长度

车辆不受纵向外力影响且两端两个车钩均处在闭锁位置时，钩舌内侧面之间的水平距离称为车辆长度（又称车辆全长）。车辆长度随着生产技术水平的提高日益加长，但受到车辆在曲线上的偏移量和生产运用条件的限制，所以一般车辆长度都在 26 m 以下。

2. 车辆宽度与最大宽度

车辆宽度指车辆两侧的最外凸出部位之间的水平距离。车辆最大宽度指车辆侧面的最外凸出部位与车体纵向中心线间的水平距离的两倍。

3. 车辆高度与最大高度

空车时，车体或罐体上部外表面至轨面的垂直距离称为车辆高度。车辆最大高度指空车时车辆上部最高部位至轨面的垂直距离。

4. 车体、底架长度

车体长度为车体两外端墙板（非压筋处）外表面间的水平距离。底架长度为底架两端梁外表面间的水平距离。罐体长度指罐体两端板（不包括加温套）最外表面间的水平距离。

5. 车体内部主要尺寸

（1）车体内长：车体两端墙板内表面间的水平距离。

（2）车体内宽：车体两侧墙板内表面间的水平距离。

（3）车体内侧面高：由地板上平面至侧墙上侧梁的上平面间的垂直距离。

（4）车体内中心高：由地板上平面至车顶中央部内表面间的垂直距离。

（5）根据车辆运用的需要，对车体载货部分的尺寸分别有一定的要求。例如，敞车的内长，要考虑便于装运成品木材、集装箱等货物；棚车的内宽，要适合于安装备用床板设备；车体的内高与布置车辆设备和旅客舒适性都有关系。

6. 地板面高度

空车时，底架地板（或木地板）上表面至轨面的垂直距离（不包括木地板覆盖物，如地板布、地毯等的厚度）称为地板面高度。对于通用客、货车辆的地板面高度有一定范围的要求，货车应与高站台高度相适应，以便于装卸货物；各种客车地板面高度除与站台高度相适应外，应尽可能一致，这样可以方便旅客在各车厢之间顺利通行。

任务四　车辆方位及轴距

一、车辆的方位

为了制造、检修和运用需要，对于车辆及其零部件的方向、位置称呼都有规定。

任务四课前任务单

1. 车辆的方向

车辆位于平直线路时，车辆前后的连接方向叫作车辆纵向。与车辆纵向相垂直的水平方向叫作车辆横向。

车辆方位

2. 车辆的位置

车辆的方位规定以制动缸活塞杆推出方向的车端为一位端，相反的方向为二位端。在车辆的一位端设有人力制动机，如图 1-18 所示。对有多个制动缸的情况则以人力制动机安装的位置为一位端。个别车辆两端均装有人力制动机者，由设计部门规定，以出厂时所涂打的标记为准。如客车转向架使用盘形制动装置时制动缸数较多，可以人力制动机端为一位端；一些长大货车使用转向架群，人力制动装置也可能有数个，则以出厂时涂打的标记为准。

3. 车辆上零部件位置的确定

车辆上的车轴、车轮、轴箱、车钩、转向架、底架各梁和其他零部件位置的确定，如果是纵向排列的，是由一位端数起，顺次数到二位端止；如果零部件位置是左右对称的，则人站在一位车端，面向二位车端，由一位车端开始从左向右按顺序数到二位车端，如图 1-18 所示。

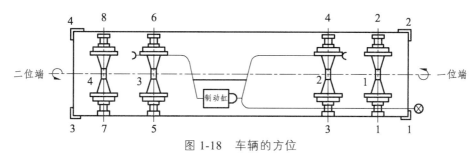

图 1-18　车辆的方位

4. 列车中车辆前后左右的称呼

编挂在列车中的车辆，其前后左右的称呼方法是按照列车运行方向来规定的，其前进的那一端称为前部，相反的一端称为后部，面向前部站立而定出其左右。

二、车辆的轴距与定距

车辆的轴距分为全轴距和固定轴距两种，如图 1-19 所示。

1. 全轴距

车辆最前位和最后位的车轴中心间的水平距离叫作全轴距，如图 1-19 中 l 所示。全轴距过小时，会增加车辆的点头振动，不适合高速运行，易引起脱线或脱钩事故，易使货物损坏或倒塌。

2. 固定轴距

同一转向架中最前位和最后位车轴中心线间的水平距离叫作固定轴距，如图 1-19 中 S_1 所示。固定轴距不宜过大或过小。固定轴距过大时，有以下害处：

（1）车辆在曲线半径小的线路上运行时，外侧车轮轮缘压迫钢轨内侧面，容易扩大轨间距离，并且加剧轮缘与钢轨间的磨耗。

（2）轮缘容易挤到轨面上，当轮缘有缺陷时，容易造成脱轨事故。

固定轴距过小时，则增大车辆的振动，使旅客感到不舒适，而且使车辆上螺栓等紧固件容易松弛，各零件易于损坏。因此，一般铁道车辆转向架的固定轴距，货车二轴转向架为 1 650 ~ 1 800 mm，三轴转向架为 2 400 ~ 2 600 mm；客车二轴转向架为 2 400 ~ 2 700 mm，三轴转向架为 3 400 mm。

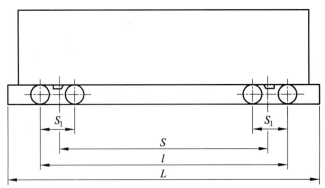

S_1—固定轴距；S—车辆定距；l—车辆全轴距；L—车辆长度。

图 1-19   车辆轴距

3. 车辆定距

车辆定距是车体两端支撑处之间的水平距离，有转向架的车辆为底架两心盘中心线间的水平距离，如图 1-19 中 S 所示。它基本上取决于车体（或底架）的长度，与车辆在曲线上的偏移量和车体结构强度有密切关系。一般定距与车体长之比为 1：1.4，称为车辆定距比，如定距比取值过大，易引起牵引梁下垂，而过小会造成通过曲线线路时车体中部偏移量过大。

模块二　铁路货车转向架检修

任务一　认识货车转向架

课程模块任务活页

把两个或几个轮对用专门的构架或侧架组成的一个小车,称为转向架。转向架是保证铁路运行品质和运行安全的关键性部件,货车转向架由侧架、轮轴、弹簧减振装置、基础制动装置、支承车体装置五部分构

任务一课前任务单

成,位于车体与轨道之间,可相对车体做回转运动,起到支承车体、使车轮沿钢轨的滚动转化为车体沿线路运行的平动、缓和货车和线路之间作用力的作用,确保铁路货车沿线路直线运行并顺利地通过曲线。转向架一般随整车同时进行定期检修,在运用过程中出现的损伤,处理方式一般采取换件修。检修的目的是恢复其设计原型或保证各零部件及配合间隙在规定的限度以内,保证整车在到达下次相应修程之前作用良好,确保铁路运输安全。

一、转向架发展史

货车转向架是铁路货车关键部件之一,支撑着铁路货车运行性能的不断提升。1998 年以来,我国先后研制出 21 t 和 25 t 轴重、商业运营速度 120 km/h 的交叉支撑转向架、摆动式转向架和副构架式径向转向架,其中交叉支撑转向架已装车约 70 万辆,成为继转 8A 型转向架之后我国的主型货车转向架;形成了设计、制造、运用、检修标准体系,适应了我国铁路"客货共线、高效周转、安全可靠"的运输要求。我国货车转向架技术已全面达到国际先进水平,部分技术达到国际领先水平,创造了中国铁路货车提速、重载并举的独特运输模式。在研发通用货车转向架的同时,我国在多轴焊接构架转向架、快捷货车转向架研发方面也取得了可喜的成果,较好地适应了长大货车、特种货车的需要,为我国快捷货车的发展奠定了基础。

自 1949 年中华人民共和国成立以来,我国铁路货车转向架经历了 4 个发展阶段。

第一阶段是 1949—1963 年的仿制阶段。该阶段主要是仿制生产,多种转向架并存运用,如为载重 50 t 货车设计制造的转 3、转 4 型转向架,为载重 60 t 级货车设计制造的转 5、转 6 型转向架及参照苏联的哈宁型转向架设计制造的老转 8(原名 608)型转向架等。这些转向架不但形式繁多、结构复杂、强度低、载重小、运行性能差,而且故障多、检修不便,在使用过程中逐渐被淘汰。

第二阶段是 1964—1997 年的自主设计制造阶段。该阶段自主研发的转 8A 型转向架成为

我国 21 t 轴重货车主型转向架，共计装车约 50 万辆；为满足大秦线 C$_{63}$ 型专用运煤敞车的需要，1986—1987 年设计了 2D 轴控制型和 2D 轴曲梁型转向架。转 8A 型转向架具有自重轻、强度大、结构简单和检修方便等优点，但随着运输发展，转 8A 型转向架暴露出抗菱刚度低、空车静挠度小、空车动力学性能差、减振性能不稳定、耐磨性能差、临界速度低等问题，线路运用速度只能达到 80 km/h。

第三阶段是 1998—2003 年的技术引进消化吸收阶段。该阶段引进了交叉支撑转向架技术，研发了 21 t 轴重转 K2 型转向架、转 8G（转 8AG）型转向架，其中，转 K2 型转向架装车约 40 万辆；引进了摆动式转向架技术，研发了 21 t 轴重转 K4 型转向架；研发了焊接构架式转 K3 型转向架。

第四阶段从 2003 年至今，为自主研发再创新阶段。该阶段先后研发了 25 t 轴重、120 km/h 的转 K5、转 K6 及转 K7 型转向架，适应了 70 t 级通用货车和 80 t 级专用货车的发展需要。其中，转 K6 型转向架装车约 30 万辆。目前，我国正在研发 27 t 轴重、30 t 轴重转向架，这将推动我国铁路货车转向架技术进入新的发展阶段。

伴随着上述 4 个发展阶段，我国货车转向架实现了 4 次大的技术升级，如图 2-1 所示。

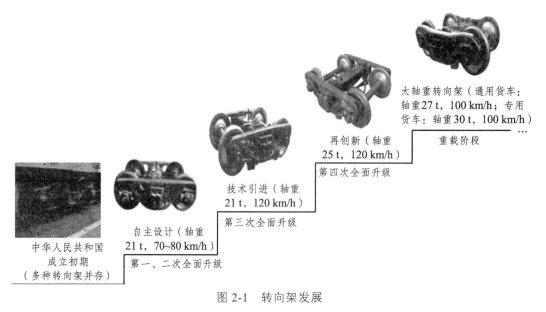

图 2-1　转向架发展

第一次为 20 世纪 60—70 年代，逐步淘汰了多种杂型转向架，自主研发的转 8A 型转向架（采用滑动轴承）成为货车主型转向架，方便了制造、运用、检修，使货车运营速度提高到 50～60 km/h。

第二次为 20 世纪 70—80 年代，将转 8A 型转向架由滑动轴承改为滚动轴承，大幅减少了燃轴、热轴事故，提高了转向架的运用可靠性，使货车运营速度提高到 70～80 km/h。

第三次为 1998—2003 年，采用交叉支撑技术对转 8A 型转向架进行提速改造，并停止了转 8A 型转向架的生产，全面采用转 K2 型交叉支撑转向架替换转 8A 型转向架，对既有 40 多万辆运用货车进行提速改造，使货车运营速度由 70～80 km/h 提高到 120 km/h，满足了货车全面提速的要求。

第四次为 2004 年至今，2008 年年末全面停止生产 21 t 轴重转向架，并开始在载重 70 t 级通用货车和载重 80 t 级专用货车上全面采用转 K5、转 K6 型提速重载转向架，使我国铁路货车轴重由 21 t 提升到 23 ~ 25 t，运营速度达到 120 km/h，实现了提速、重载并举。

二、转向架与车型的对应关系

（1）车型后带有字母"K"，表示该车装用转 K2 型转向架，如 C_{62AK}、C_{62BK}、C_{64K}、P_{62NK}、G_{60K} 等。

（2）60 t 级货车车型后带有字母"H"，表示该车装用转 K4 型转向架，如 C_{62AH}、C_{62BH}、C_{64H}、P_{62NH}、G_{60H} 等。

（3）车型后带有字母"T"，表示该车装用已经过完善改造的转 8AG 或 8G 型转向架（改造后称呼为转 8AB 和转 8B 型转向架），如 C_{62AT}、C_{62BT}、C_{64T}、P_{62NT}、G_{60T} 等。

（4）车型后不带有特殊标识字符的，表示该车装用转 8A 型转向架，如 C_{62A}、C_{62B}、C_{64}、P_{62N}、G_{60} 等。

（5）70 t 级货车车型后带有字母"H"，表示该车装用转 K5 型转向架，如 C_{70H}、P_{70H}、K_{Z70H} 等。

（6）70 t 级货车车型后不带有标识字符或带有字母"E"的，表示该车装用转 K6 型转向架，如 C_{70}、P_{70}、KZ_{70}、C_{70E} 等。

三、21 t 轴重提速货车转向架

1. 转 K1 型转向架

转 K1 型转向架是齐车公司经过 9 年的试验改进工作自行研制开发的，在两侧架之间安装了四连杆机构，属三大件式转向架，如图 2-2 所示。1994 年装于 C_{64} 型敞车并进行了 2 年的运用考验，实践证明车辆运行平稳，轮缘磨耗轻微。线路动力学试验表明，该转向架各项动力学性能指标满足 GB/T 5599—2019《机车车辆动力学性能评定及试验鉴定规范》（简称《规范》）的要求，能够适应提速货车 120 km/h 的运用要求。两侧架间安装弹性四连杆机构，连杆从摇枕腹部穿过，4 个节点用橡胶锥套与支撑座锥柱连接，四连杆机构提高了转向架的抗菱、抗剪刚度，提高了转向架的运行平稳性和稳定性，改善了曲线通过性能；在侧架导框顶面与承载鞍顶面之间安装八字形橡胶垫，实现轮对的弹性定位，该设计结构可以吸收部分轮轨间动作用力产生的向车体传递的振动能量，减小轮轨冲击对车辆运行平稳性的影响，减轻钢轨和车轮轮缘的磨耗。减振装置为斜楔式变摩擦减振装置，中央悬挂系统采用两级刚度弹簧，上下心盘之间安装心盘磨耗盘；采用双作用弹性旁承。该型转向架在澳大利亚铁路上运行的最高速度为 115 km/h，用户评价装用运行平稳，噪声小，轮缘磨耗轻微，检修成本低。

图 2-2　转 K1 型转向架

2. 转 K2 型转向架

齐车公司 1998 年引进美国标准车辆转向架公司（SCT）侧架交叉支撑技术（Barber S-2-HD 转向架）开发研制而成转 K2 型转向架，如图 2-3 所示。该转向架属于铸钢三大件式转向架，在两侧架之间安装了弹性下交叉支撑机构，交叉杆从摇枕下面穿过，4 个端点用轴向橡胶垫与侧架连接，交叉支撑机构提高了转向架的抗菱刚度和抗剪刚度，提高了转向架的运行平稳性和稳定性，改善了曲线通过性能。侧架、摇枕采用 B 级钢材质铸造；减振装置一种采用分离式斜楔、摇枕上焊装楔形插板，另一种采用整体式斜楔、摇枕上焊装平板形磨耗板；基础制动装置为锻造中拉杆结构；中央悬挂系统采用两级刚度弹簧，上下心盘之间安装心盘磨耗盘，采用双作用弹性旁承。1998 年 11 月，对装用转 K2 型转向架的 P_{65} 型行包快运棚车和 C_{64JC} 型加长通用敞车进行了动力学性能试验，最高试验速度达 138 km/h，其各项动力学指标均满足《规范》要求，能适应提速货车 120 km/h 的运行要求。运用实践证明，斜楔、磨耗板、车轮轮缘、摇枕斜楔挡和侧架导框处的磨耗明显减轻，交叉支撑装置技术状态良好，没有进行分解检查，减少了检修工作量，动力学性能稳定，经受住了提速和各种不利运用条件、运行环境的考验，保证了铁路行包快运的安全。2004 年 2 月，铁道部运输局装备部决定在货车厂修时用转 K2 型转向架更换转 8A 型转向架，3 年内全部完成。

图 2-3　转 K2 型转向架

3. 转 K3 型转向架

转 K3 型转向架是株洲车辆厂吸取欧洲 Y25 型转向架的优点并结合我国的具体情况设计开发的构架式转向架，如图 2-4 所示。该转向架采用整体构架、轴箱一系悬挂、轮对纵横向弹性定位、常接触弹性旁承等技术。整体构架由两个侧梁、一个横梁用 16 MnQ 板材组焊为一体；采用单侧斜楔减振装置，斜楔的摩擦面上加装高分子合成材料的磨耗板，在与斜楔相对的导框座中安装了纵向定位弹簧，导框座、斜楔座为 B 级钢铸件；基础制动装置装用单侧吊挂式制动梁、高摩合成闸瓦；装用球面心盘，具有抗菱刚度大、簧下质量轻、较高的临界速度和低的轮轨动作用力等特点。

图 2-4　转 K3 型转向架

4. 转 K4 型转向架

转 K4 型转向架是 2001 年株洲车辆厂引进美国摆式转向架技术研制开发的，系铸钢三大件式货车转向架，如图 2-5 所示。该转向架采用带变摩擦减振装置的中央枕簧悬挂系统；两侧架之间加装侧架弹性下交叉支撑装置；采用 JC 型双作用常接触弹性旁承、双列圆锥滚子轴承、轻型新结构 HEZB 型铸钢车轮或 HESA 型碾钢车轮、中拉杆式单侧闸瓦基础制动装置、L-A 或 L-B 型组合式制动梁、新型高摩合成闸瓦等。

图 2-5　转 K4 型转向架

四、25 t 轴重重载货车转向架

1. 转 K5 型转向架

为了研制 25 t 轴重摆动式转向架，株洲车辆厂与美方联合设计了适应中国铁路的 2E 轴摆动式转向架，即转 K5 型转向架，如图 2-6 所示。该结构类似于铸钢三大件式转向架，但采用独特的弹簧托板、摇动座等类似于客车转向架的摇动台摆式机构，具有横向两级刚度特性，大大增加了车辆的横向柔性，具有更好的横向性能。

图 2-6 转 K5 型转向架

2. 转 K6 型转向架

转 K6 型转向架是 2003 年齐车公司在转 K2 型转向架的基础上设计开发的采用侧架弹性下交叉支撑装置的铸钢三大件式货车转向架。一系悬挂采用轴箱弹性剪切垫；二系悬挂采用带变摩擦减振装置的中央枕簧悬挂系统；两侧架之间加装侧架弹性下交叉支撑装置，并采用 JC 型双作用常接触弹性旁承、双列圆锥滚子轴承、轻型新结构 HEZB 型铸钢车轮或 HESA 型碾钢车轮、中拉杆式单侧闸瓦基础制动装置、L-A 或 L-B 型组合式制动梁、新型高摩合成闸瓦等，如图 2-7 所示。

图 2-7 转 K6 型转向架

3. 转 K7 型转向架

为了满足大秦线开行 20 000 t 运煤专列的运输需求，适应铁路跨越式发展，眉山车辆厂根据 2004 年铁道部科技研究开发计划，引进了南非成熟、先进的 Scheffel 外侧径向臂径向转向架技术，并进行了 25 t 轴重副构架转向架的研制，以改善车辆动力学性能和运行品质，将 25 t 轴重副构架转向架定型为转 K7 型转向架，如图 2-8 所示。

转 K7 型转向架主要用于大秦线 80 t 级运煤敞车 C_{80C}、C_{80CA} 与出口车上，也可用于其他 70 t 级铁路货车，并能满足货车 120 km/h 的运行要求。

转 K7 型转向架是在原三大件转向架的基础上将一个轮对的左右两个承载鞍相连，形成 U 形副构架。前后两个轮对通过连接杆与两 U 形副构架销接在一起，从而形成自导向机构。

图 2-8　转 K7 型转向架

任务二　学习常见货车转向架结构

一、铁路货车常用转向架

（一）转 K2 型转向架

通过引进技术并充分吸取转 8A 型转向架等三大件式转向架运用经验，研制出适合我国线路实际的转 K2 型转向架，通过在两个侧架间加装弹性交叉支撑装置，有效解决了三大件式转向架抗菱刚度不足的问题。目前，转 K2 型转向架已成为 60 t 级铁路货车主型转向架。

任务二课前任务单

1. 转 K2 型转向架的结构特点

转 K2 型转向架是装用变摩擦减振装置的铸钢三大件式转向架。摇枕、侧架采用 B 级钢铸造；中央悬挂系统采用两级刚度弹簧，减振弹簧高于摇枕弹簧；在两侧架间加装了侧架弹性下交叉支撑装置；采用双作用常接触弹性旁承，并采用提速双列圆锥滚子轴承及提速车轮；车轮踏面形状采用 LM 型磨耗型踏面；加装含油尼龙心盘磨耗盘；基础制动装置采用组合式制动梁、锻造中拉杆，如图 2-9 和图 2-10 所示。

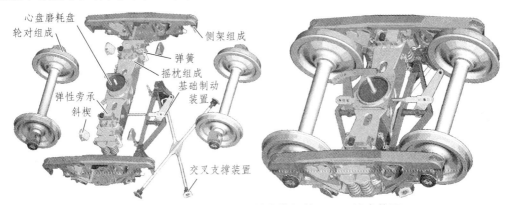

心盘磨耗盘
轮对组成
侧架组成
弹簧
摇枕组成
基础制动装置
弹性旁承
斜楔
交叉支撑装置

图 2-9　转 K2 型转向架三维实体爆炸图及三维实体图

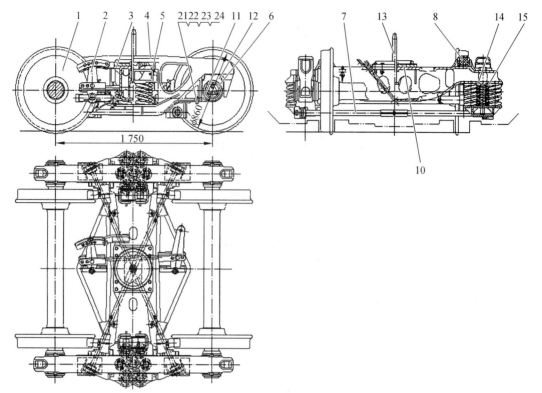

1—轮对组成；2—制动装置；3—侧架组成；4—摇枕组成；5—减振装置组成；6—货车滚动轴承装置；
7—交叉支撑装置；8—双作用弹性旁承；11—挡键；12—承载鞍；13—中心销；14—外圆弹簧；
15—内圆弹簧；16—心盘磨耗盘；21—螺栓；22—螺母；23—垫圈；24—销

图 2-10　转 K2 型转向架

2. 转 K2 型转向架新技术

货车在运行过程中，存在点头运动、摇头（蛇行）运动、侧滚运动六个自由度的运动方式，控制好该六种运动方式，是保证运行安全、提高运行品质的基本原则。交叉支撑转向架通过采用新技术，优化转向架抗菱刚度、转向架回转力矩、转向架正位状态、摩擦减振装置的相对摩擦系数、空重车状态下弹簧静挠度等性能参数，有效地控制货车的摇头、侧滚运动，提高了货车运行时的平稳性和稳定性。

交叉支撑转向架采用的新技术有：侧架弹性下交叉支撑装置、双作用常接触弹性旁承、中央悬挂系统两级刚度弹簧、新型减振摩擦副、心盘磨耗盘、耐磨销套。

（1）侧架弹性下交叉支撑装置。

采用侧架弹性下交叉支撑装置，用以提高转向架的抗菱刚度，从而提高转向架的蛇行失稳临界速度、提高货车直线运行的稳定性。同时，交叉支撑装置可有效保持转向架的正位状态，从而减小货车在直线和曲线运行时轮对与钢轨的冲角，改善转向架的曲线通过性能，显著减少轮轨磨耗。

检修时，不按规定工艺组装或不符合技术要求，不能保证转向架的正位状态，对货车性能带来不利影响，同时降低交叉杆的使用可靠性。超过检修限度和过期的轴向橡胶垫，使用性能和可靠性大大下降，不能充分发挥其弹性作用。因此，侧架弹性下交叉支撑装置的检修要严格按规定工艺进行，尤其是为保证转向架正位状态，交叉支撑装置组装应使用专用的定位工装组装并进行正位检测。

（2）双作用常接触弹性旁承。

货车运行速度的提高，要求采用常接触弹性旁承增大转向架与车体之间的回转阻尼，以有效抑制转向架与车体的摇头（蛇行）运动，同时约束车体的侧滚振动，提高货车在较高速度运行时的平稳性和稳定性。

转 K2 型转向架采用常接触弹性旁承，由于上下旁承之间无间隙而又有接触弹性，也增加了车体在转向架上的侧滚稳定性。同时，为了防止货车曲线运行时车体发生过大倾角，采用刚性滚子来限制弹性旁承的压缩量。一旦上旁承板压靠滚子，不仅车体侧倾角受到限制，而且由于滚子的滚动而不致增大回转阻力矩，影响曲线通过性能。

检修后下旁承磨耗板上平面至滚子上部距离符合规定，使整车落成旁承间隙为（5±1）mm时，弹性旁承体压缩量在合适的范围内，就能保证货车的运行稳定性和平稳性，同时抑制车体的过大侧滚振动。不符合要求时，落车状态下弹性旁承体压缩量将不符合要求，超下限时，货车高速运行的稳定性和平稳性将变差；超上限时可能出现空车上、下心盘未接触，造成运行安全隐患。控制旁承座与旁承盒的纵向间隙，就能充分发挥弹性旁承体回转阻力矩作用，提高货车的运行稳定性。间隙过大，旁承座将在摇枕旁承盒内窜动，降低货车的运行性能。因此，检修时要严格按要求检修和组装，下旁承磨耗板上平面至滚子上部距离 JC 系列为 15^{+2}_{-1} mm、转 K2 型为（14±1）mm，旁承座与摇枕旁承盒纵向（沿车体方向）两侧间隙之和 JC 系列不大于 1 mm、转 K2 型不大于 2 mm。

（3）中央悬挂系统两级刚度弹簧。

弹簧高度差大将降低货车的垂向和横向的振动性能，在检修限度范围内，控制弹簧高度差可提高货车的均载性能。磨耗超限可能导致减振系统失效。转 K2 型转向架采用内、外枕簧不同高度的两级刚度弹簧，以提高空车弹簧的静挠度，即在空车时弹簧具有较小的刚度，使空车弹簧静挠度提高，而在重车时弹簧具有较大的刚度，以承受重车的载荷，这样可使货车转向架的空、重车弹簧静挠度都在合理范围内。

（4）新型减振摩擦副。

摩擦副不匹配将降低货车的垂向和横向的振动性能，磨耗超限可能导致减振系统失效。选取不同材质侧架立柱磨耗板与斜楔配对使用，达到稳定摩擦特性、充分发挥减振系统作用的目的。

为提高摩擦减振性能，转 K2 型转向架最初采取装用针状马氏体铸铁分离式斜楔或整体式斜楔配套使用 T10 材质侧架立柱磨耗板；装用贝氏体球墨铸铁配套使用 47 Mn2Si2TiB（ADI）材质侧架立柱磨耗板。

为进一步提高摩擦减振性能，新的要求是：新造、厂修时全部更换为组合式斜楔并配套使用 45 号钢材质侧架立柱磨耗板；段修需更换时，要求整车更换为组合式斜楔并配套使用 45 号钢材质侧架立柱磨耗板。

（5）心盘磨耗盘。

货车上、下心盘的磨耗是货车运用中的惯性问题导致的，其检修工作量较大，且检修质量的好坏直接影响行车的安全。为了减少货车上、下心盘的磨损，在转 K2 型转向架中采用了经过长期运用考验证明耐磨性能优良的心盘磨耗盘，材质为铸模式特种含油尼龙。该心盘磨耗盘介于上、下心盘之间，上、下心盘的平面和圆周部分都被含油尼龙心盘磨耗盘隔离，这就完全避免了上、下钢质心盘间的直接磨损，也改善了上、下心盘面的承载均衡性。经运用试验，这种含油尼龙心盘磨耗盘运用 5～6 年后磨耗轻微，有效提高了上、下心盘的使用寿命。

（6）耐磨销套。

货车转向架在运用过程中，基础制动装置的销套磨损十分严重，货车提速后，销套磨损将更为加剧。为了改善销套磨损，提高提速货车转向架销套的使用寿命，在转 K2 型转向架中全部采用耐磨销套，即采用奥-贝球铁衬套和 45 号钢淬火圆销，提高圆销的表面硬度，同时减小销套间的间隙，提高销套装配精度，以改善销套的受力状态等。

采用以上技术后，既提高了转 K2 型转向架的动力学性能，又提高了易磨易损件的耐磨性，延长了转向架的检修期限和使用寿命，因此，转 K2 型转向架是一种运行平稳、安全可靠、方便检修的新型提速货车转向架。

3. 主要参数及尺寸

轨距	1 435 mm
轴重	21 t
轴型	RD2
自重	≤4.2 t
商业运营速度	120 km/h
通过最小曲线半径	100 m
工作环境温度	±40 ℃
合成材料件	能满足 −50～+150 ℃ 要求
限界	符合 GB146.1 车限-2 的要求
固定轴距	1 750 mm
旁承中心距	1 520 mm
下心盘面直径	355 mm
下心盘面（含心盘磨耗盘）至弹性旁承顶面距离	
（自由状态）	71 mm
（工作状态）	62 mm
侧架上平面至轨面高	743 mm
侧架下平面至轨面高	165 mm
车轮直径	840 mm
游动杠杆与车体纵向铅垂面的夹角	50°
基础制动装置制动倍率	4

4. 转 K2 型转向架具体结构

（1）轮对组成及轴承。

采用 HDS、HDSA 型碾钢轮或 HDZC 型铸钢轮，RD2 型 LZW50 钢车轴，并采用 TBU、SKF 197726 或 352226X2-RZ 型提速轴承。为防止货车脱轨时轮对与转向架分离和保证转向架在吊运过程中轮对不与转向架分离,在侧架导框内侧安装挡键。

（2）摇枕组成。

转 K2 型转向架摇枕组成如图 2-11 所示,由固定杠杆支点座组成、托架组成、摇枕、下心盘、斜楔摩擦面磨耗板组成。摇枕材质为 B 级钢,下心盘螺栓为 M22 螺栓（强度等级 10.9级）,螺母为 BY-B、BY-A、FS 型防松螺母（强度等级 10 级）,因上拉杆越过摇枕上平面,为防止上拉杆磨摇枕上平面安装托架组成。

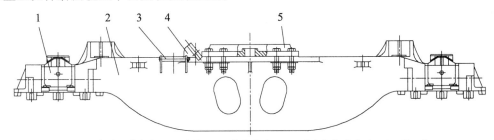

1—斜楔摩擦面磨耗板；2—摇枕；3—托架组成；4—固定杠杆支点座；5—下心盘。

图 2-11　摇枕组成

（3）侧架组成。

转 K2 型转向架侧架组成结构:支撑座沿侧架大体中心线上下两条焊缝焊接在侧架上,组装位置用专用组焊工装保证,配合面允许打磨修配;左、右滑槽磨耗板为卡入式;侧架立柱磨耗板通过两个折头螺栓与侧架立柱紧固,如图 2-12 所示。

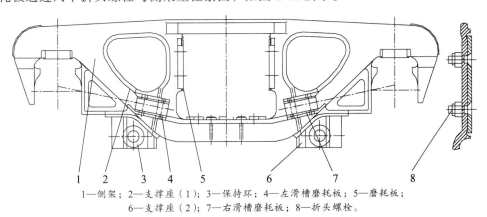

1—侧架；2—支撑座（1）；3—保持环；4—左滑槽磨耗板；5—磨耗板；
6—支撑座（2）；7—右滑槽磨耗板；8—折头螺栓。

图 2-12　转 K2 型转向架侧架组成

（4）中央悬挂系统。

中央悬挂系统由 10 个外圆弹簧、10 个内圆弹簧、4 组双卷减振弹簧组成。

（5）减振装置。

转 K2 型转向架减振装置由侧架立柱磨耗板、斜楔、摇枕斜楔摩擦面磨耗板以及双卷减振簧组成。

（6）基础制动装置。

转 K2 型转向架基础制动装置由左、右组合式制动梁、中拉杆组成（分 1 位和 2 位）、固定杠杆、固定杠杆支点、游动杠杆、高摩合成闸瓦以及各种规格的耐磨销套组成,如图 2-13 所示。

中拉杆采用整体锻造结构，夹板每端设三孔，配合固定杠杆支点调整闸调器 L 值。衬套材质为奥-贝球铁耐磨衬套，圆销为 45 号钢淬火圆销。

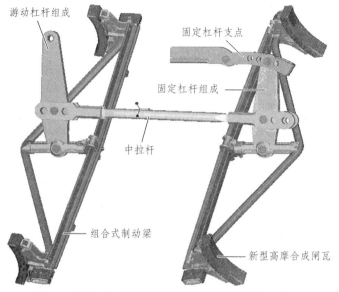

图 2-13　基础制动装置三维实体图

（7）侧架弹性下交叉支撑装置。

转 K2 型转向架下交叉支撑装置由 1 个下交叉杆、1 个上交叉杆、8 个橡胶垫、4 个双耳垫圈、4 个锁紧板、4 个标志板、4 个紧固螺栓组成，如图 2-14 ~ 图 2-16 所示。

在上、下交叉杆中部焊有上、下夹板，利用 2 组 M12 螺栓、螺母、垫圈将夹板紧固，同时把螺母用电焊点固，上、下夹板间有 4 处塞焊点和两条平焊缝，把上、下交叉杆点焊固成一个整体。

图 2-14　交叉支撑装置三维实体图

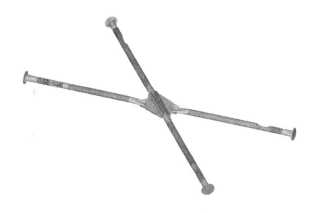

图 2-15 交叉杆三维实体图

图 2-16 交叉支撑装置弹性节点三维实体图

（8）横跨梁。

因空重车自动调整装置的需要，在 2 位转向架上安装横跨梁，如图 2-17 所示。横跨梁组成由左横跨梁托、横跨梁组成、右横跨梁托、调整板、磨耗垫板、跨梁吊座组成，如图 2-18 所示。

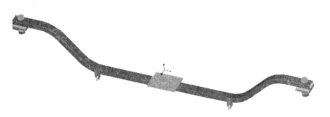

图 2-17 横跨梁三维实体图

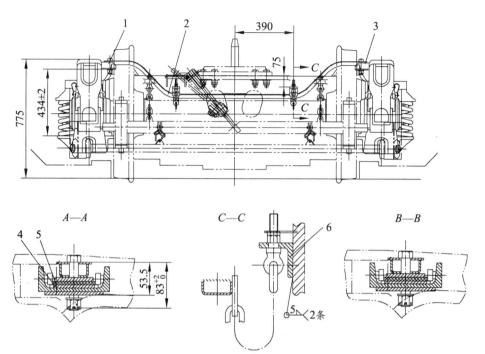

1—左横跨梁托；2—横跨梁组成；3—右横跨梁托；
4—调整板；5—磨耗垫板；6—跨梁吊座。

图 2-18　横跨梁安装位置图

（9）双作用常接触弹性旁承。

双作用常接触弹性旁承由旁承座、弹性橡胶旁承体、尼龙旁承磨耗板、滚子、调整垫板、垫板、垫片等零部件组成，如图 2-19 所示。

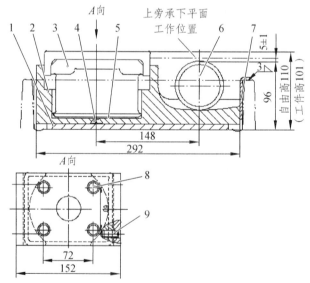

1—调整垫板；2—旁承座；3—弹性橡胶旁承；4，9—螺钉；5—垫板；
6—滚子；7—调整板；8—定位圆脐。

图 2-19　双作用常接触弹性旁承二维结构图

（二）转 K6 型转向架

转 K6 型转向架是在借鉴转 K2 型转向架成功经验的基础上研制的新型大轴重下交叉支撑转向架。转 K6 型转向架增加一系轴箱弹性橡胶垫，以降低轮轨作用力；二系悬挂采用带变摩擦减振装置的二级刚度中央弹簧悬挂系统；采用直径为 375 mm 的下心盘，下心盘内设有含油尼龙心盘磨耗盘；采用双作用常接触弹性旁承；装用 25 t 轴重 353130B 型双列圆锥滚子轴承，采用轻型新结构 HEZB 型铸钢车轮或 HESA 型碾钢车轮；基础制动装置为中拉杆式单侧闸瓦制动装置，采用 L-B 型组合式制动梁，新型高摩合成闸瓦。其主要零部件尽量采用通用件和标准件，方便检修运用。转 K6 型转向架可用于 25 t 轴重新型运煤敞车，也可用于其他新造铁路货车，现已成为我国 70 t 级铁路货车的主型转向架，如图 2-20 ~ 图 2-22 所示。

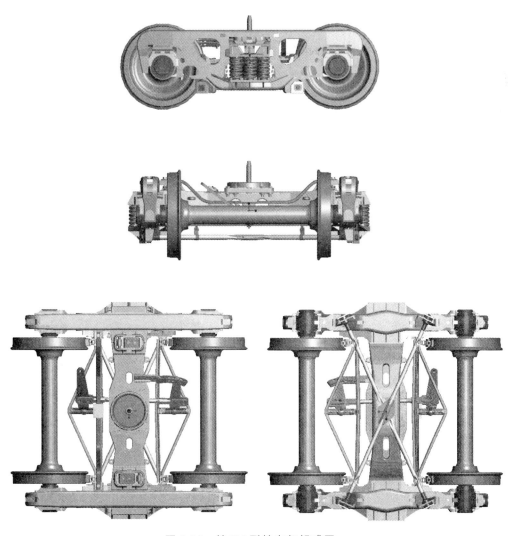

图 2-20　转 K6 型转向架组成图

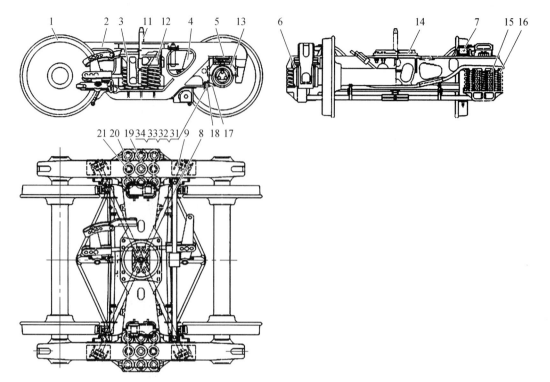

1—轮对组成；2—侧架组成；3—摇枕组成；4—制动装置；5—轴箱橡胶垫；6—货车滚动轴承装置；
7—双作用常接触弹性旁承；8—交叉支撑装置；9—横跨梁组成；11—中心销；12—斜楔；
13—承载鞍；14—心盘磨耗盘；15—外圆弹簧（1）；16—内圆弹簧；17—挡键；
18—调整垫；19—外圆弹簧（2）；20—减振外圆弹簧；21—减振内圆弹簧；
31—螺栓；32—螺母；33—垫圈；34—销。

图 2-21　转 K6 型转向架结构示意图

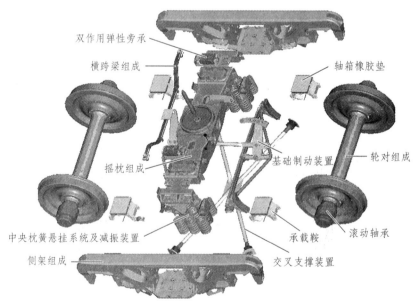

图 2-22　转 K6 型转向架三维爆炸图

1. 转 K6 型转向架关键技术及原理

（1）轴箱橡胶垫。

转 K6 型转向架轴箱一系加装了内八字橡胶弹性剪切垫，实现轮对的弹性定位，减小转向架簧下质量，隔离轮轨间高频振动，降低对轨道的冲击，改善轮轨之间的磨耗。

采用轴箱橡胶垫对改善轮对的垂向振动效果明显。轮重垂向减载率、轮对垂向振动加速度平均最大值、轮轨垂向力平均最大值都小于刚性承载鞍方案。

采用轴箱橡胶垫也可大大改善车轮踏面磨耗状况，车轮踏面磨耗量小于采用刚性承载鞍车轮磨耗量；采用轴箱橡胶垫时，轮轨横向力和轮轨间纵向力也比采用刚性承载鞍要小，可降低对轨道的冲击，这对减少钢轨的损坏是很有利的。

采用轴箱橡胶垫缓和轮轨冲击，同时有利于提高转向架侧架等零部件的疲劳寿命。

（2）侧架弹性下交叉支撑装置。

（3）中央悬挂系统两级刚度弹簧。

（4）心盘磨耗盘。

（5）耐磨销套。

采用以上技术，既提高了转 K6 型转向架的动力学性能，又提高了易磨易损件的耐磨性，延长了转向架的检修期限和使用寿命，因此，转 K6 型转向架是一种运行平稳、安全可靠、方便检修的新型重载、提速货车转向架。

2. 主要参数

轨距	1 435 mm
轴重	25 t
自重	4.8 t
商业运营速度	120 km/h
通过最小曲线半径（限速）	145 m
固定轴距	1 830 mm
轴颈中心距	1 981 mm
旁承中心距	1 520 mm
心盘面到轨面高	（心盘载荷 65.7 kN）（空车）680 mm
下心盘直径	375 mm
侧架上平面到轨面距离	787 mm
侧架下平面到轨面距离	162 mm
车轮直径	840 mm
基础制动装置制动倍率	4
限界	符合 GB146.1 车限-2 的要求

转 K6 型转向架的形式和机构特点与转 K2 型转向架基本一致，此处不再详细阐述，两者的主要技术特征区别见表 2-1。

表 2-1 转 K2 型转向架与转 K6 型转向架主要技术特征对照表

主要技术特征	转 K2 型转向架	转 K6 型转向架
轴重	21 t	25 t
自重	4.2 t	4.8 t
最高运行速度	120 km/h	120 km/h
轴型	RD2	RE2A、RE2B
轴承形式	TBU SKF 197726 或 352226X2-2RZ	353130B 型双列圆锥滚子轴承
轮型	HDS 或 HDSA 碾钢轮或 HDZC 铸钢轮	HESA 碾钢轮或 HEZB 铸钢轮
承载鞍	窄型；B 级钢	适用于轴箱橡胶垫的窄型承载鞍；B 级钢
轴箱橡胶垫	无	水平轴箱橡胶垫
侧架	适应窄型承载鞍；B 级钢	适应窄型承载鞍及轴箱橡胶垫；B 级钢
摇枕	适应宽斜楔槽；B 级钢	适应宽斜楔槽；B 级钢
下心盘	（1）下心盘直径 355 mm； （2）采用盘形尼龙磨耗盘	（1）下心盘直径 375 mm； （2）采用盘形尼龙磨耗盘
承载鞍	窄型；B 级钢	适用于轴箱橡胶垫的窄型承载鞍；B 级钢
交叉支撑装置	采用下交叉支撑装置。	与转 K2 型转向架相同
轮对与侧架连接方式	窄承载鞍结构，间隙与干摩擦约束	侧架与承载鞍之间通过轴箱橡胶垫连接，实现橡胶弹性定位与干摩擦约束相结合
其余结构基本一致		

（三）转 K4 型转向架

2001 年我国研制了商业运营速度为 120 km/h、轴重 21 t 的转 K4 型摆动式转向架。

1. 性能特点

（1）摆动式转向架横向具有两级刚度特性，大大增加了货车的横向柔性，提高了货车的横向动力学性能，降低了轮轨间的磨耗。

（2）弹簧托板将左右侧架连接起来，增加了转向架的抗菱刚度，提高了货车的临界速度。

（3）摆动式转向架摇枕挡位置下移，车体受到的侧向力对转向架的作用点由传统的摇枕挡高度 h_1 降到枕簧座高度 h_2，当一侧车轮减载时，使车轮抬起而脱轨的倾覆力矩显著降低，大大提高了其脱轨安全性，如图 2-23 所示。

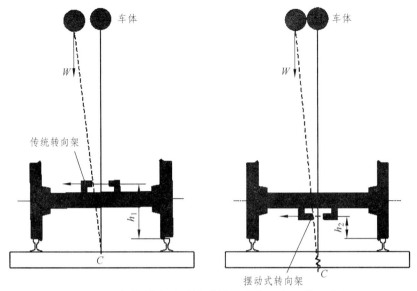

图 2-23　车体侧滚时对轮对的横向作用力比较示意图

2. 转 K4 型转向架的结构特点

该转向架结构上类似传统的铸钢三大件式转向架，在原三大件式转向架的基础上增加一个弹簧托板，该弹簧托板通过摇动座坐落在侧架中央承台内的摇动座支承上，把左右侧架连接在一起，提高了转向架的抗菱刚度，同时左右侧架通过其顶部导框摇动座分别支承在前后两承载鞍上，左右两侧架成为横向可同步摆动的吊杆（类似客车转向架摇动台的吊杆），这种摆式机构增加了货车的横向柔性，提高了货车的横向动力学性能，有效地降低了轮轨间的磨耗。该转向架对侧滚振动控制加强，振动转动中心降低，有效地减小了爬轨和脱轨的可能性，尤其提高了高重心货车的脱轨安全性如图 2-24 和图 2-25 所示。

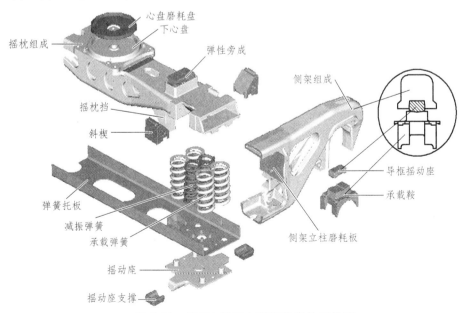

图 2-24　转 K4 型转向架三维实体爆炸图

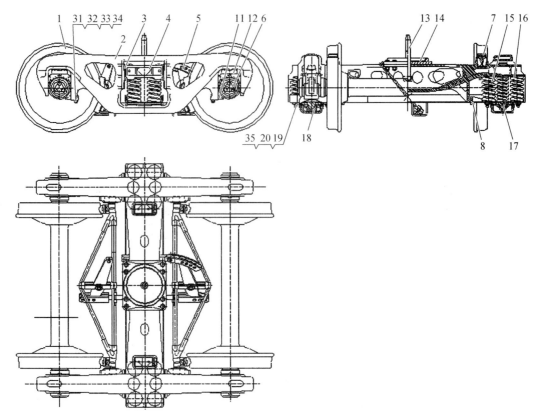

1—轮对组成；2—侧架组成；3—减振装置组成；4—摇枕组成；5—制动装置；6—货车滚动轴承装置；
7—橡胶弹性下旁承组成；8—弹簧托板组成；11—挡键；12—承载鞍；13—中心销；
14—心盘磨耗盘；15—承载外圆弹簧；16—承载内圆弹簧；17—摇动座；
18—摇动座支承；19—折头螺栓；20—防松螺母；31—螺栓；
32—螺母；33—垫圈；34，35—销。

图 2-25 转 K4 型转向架

3. 主要参数与尺寸

轨距	1 435 mm
轴重	21 t
轴型	RD2
轴承	SKF197726
自重	≤4.2 t
商业运营速度	120 km/h
通过最小曲线半径	100 m
工作环境温度	±40 °C
合成材料件	能满足 – 50 ~ +150 °C 要求
限界	符合 GB146.1 车限-2 的要求
固定轴距	1 750 mm
轴颈中心距	1 956 mm
旁承中心距	1 520 mm

下心盘面直径	355 mm
下心盘面（含心盘磨耗盘）至弹性旁承顶面距离	
（自由状态）	71 mm
（工作状态）	62 mm
侧架上平面至轨面高	743 mm
侧架下平面至轨面高	165 mm
车轮直径	840 mm
制动杠杆与车体纵向铅垂面的夹角	40°
基础制动装置制动倍率	6.48

4. 转 K4 型转向架具体结构

（1）轮对轴承装置。

车轮采用 HDS 型全加工整体碾钢轮，符合 TB/T 2817 要求，单个车轮的静态不平衡力矩不大于 0.735 N·m；车轴采用 50 号钢，几何尺寸符合 GB 12814 中 RD2 型车轴标准。轮对组成后，要求动不平衡力矩不大于 1.225 N·m。

轴承采用能满足 120 km/h 速度、正常运行中相对温升小于 55 ℃、轴承温度不超过 80 ℃的新结构 197726 型双列圆锥滚子轴承。

（2）摇枕及心盘。

转 K4 型转向架摇枕材质为 AAR M201B 级钢的铸件。其下部铸出 2 块三角形挡，与弹簧托板上的挡块配合，限定了摇枕的最大横向位移（摆动加横移共为 ± 32 mm），防止摇枕窜出，起到安全挡的作用。八字面磨耗板的材质为 0Cr18Ni9。

转 K4 型转向架心盘有直径为 355 mm 和 308 mm 的两种下心盘。两种下心盘与摇枕上的安装螺栓孔位置相同。采用与转 K2 型、转 8G 型转向架相同尺寸的改性尼龙心盘衬垫，如图 2-26 所示。

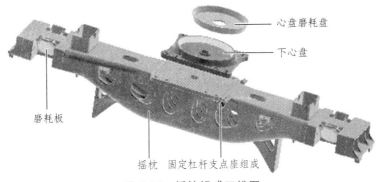

图 2-26　摇枕组成三维图

（3）摆动式侧架组成。

转 K4 型转向架侧架组成，有侧架立柱磨耗板、侧架、导框摇动座等，如图 2-27 所示。

侧架立柱磨耗板材质为 45 号钢，用折头螺栓、防松螺母紧固在侧架上，并在其与侧架的上下连接部位施以焊接。

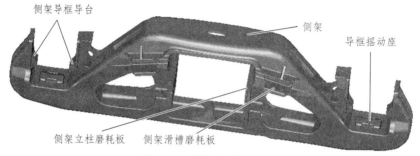

图 2-27 侧架组成三维图

　　侧架中央方框的下弦杆处为一腔形结构，用以安装摇动座支承及摇动座。侧架导框处也是一腔形结构，用以安装导框摇动座，如图 2-28 所示。安装导框摇动座时,可先在导框摇动座的两侧用不同厚度的垫片塞紧,再将固定块焊固。

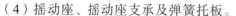

　　导框摇动座底面为圆弧形，承载鞍顶面也是圆弧形，两圆弧形成滚动副,使侧架像吊杆一样具有摆动的功能,以提高货车的横向性能。

图 2-28 侧架导框腔形结构

　　（4）摇动座、摇动座支承及弹簧托板。

　　摇动座与弹簧托板用折头螺栓、防松螺母紧固,弹簧悬挂系统坐落在弹簧托板上。摇动座支承坐落在侧架中央方框下弦杆处的腔形结构中,摇动座与摇动座支承的接触面为圆弧形结构,两圆弧形成滚动副,使侧架具有摆动的功能。

　　摇动座、摇动座支承、弹簧托板组成的外形结构,如图 2-29 所示。

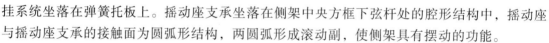

（a）摇动座、摇动座支承、弹簧托板组成　　　　　（b）摇动座及摇动座支承

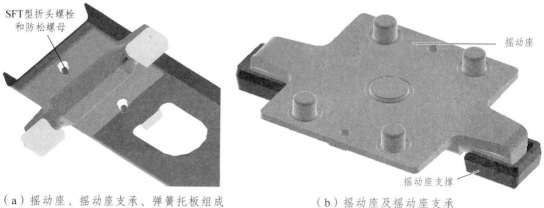

（c）弹簧托板

图 2-29 摇动座、摇动座支承、弹簧托板组成示意图

（5）弹性悬挂系统及减振装置。

转 K4 型转向架弹簧减振装置为两级刚度，使空车、重车分别对应不同的空车、重车两级刚度，具有良好的动力学性能，弹簧材质为 60Si2CrVA。每侧弹性悬挂系统及减振装置由两个斜楔、两组减振内圆弹簧、两组减振外圆弹簧、四组承载内圆弹簧、四组承载外圆弹簧组成。

斜楔由材质为针状铸铁的斜楔体及材质为高分子复合材料的摩擦板组成。

（6）承载鞍如图 2-30（a）所示。

（7）橡胶弹性旁承如图 2-30（b）所示。

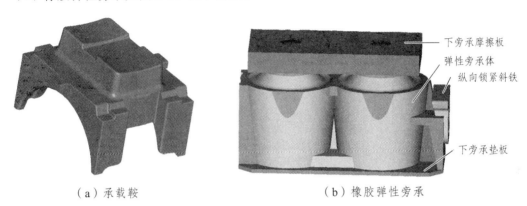

（a）承载鞍　　　　　　　　　　（b）橡胶弹性旁承

图 2-30　转 K4 型转向架承载鞍和橡胶弹性旁承

（8）基础制动装置。

基础制动装置各部件组成，如图 2-31～图 2-33 所示。制动杠杆中孔和固定杠杆支点座孔装用球型销套，以利于侧架、摇枕的摆动。

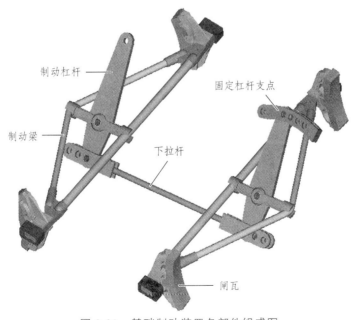

图 2-31　基础制动装置各部件组成图

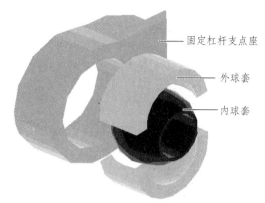

固定杠杆支点座

外球套

内球套

图 2-32 固定杠杆支点座装用球型销套

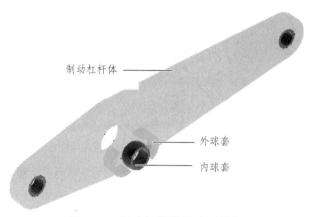

制动杠杆体

外球套

内球套

图 2-33 制动杠杆装用球型销套

转 K4 型、转 8A 型转向架主要技术特征对比，如表 2-2 所示。

表 2-2 转 K4 型、转 8A 型转向架主要技术特征对比

主要技术特征	转 K4 型转向架	转 8A 型转向架
轨距	1 435 mm	1 435 mm
轴重	21 t	21 t
自重	4.2 t	4.0 t
商业运营速度	120 km/h	100 km/h
轴型	RD2（LZW50 钢车轴）	RD2
轴承型式	TBU SKF 197726 或 352226X2-2RZ（提速轴承）	197726
轮型	HDS 或 HDSA 碾钢轮或 HDZC 铸钢轮	HD、HDS、HDSA 碾钢轮或 HDZ、HDZB、HDZC 铸钢轮
承载鞍	适用于导框摇动座的圆弧顶面承载鞍	宽型；ZG230-450 或 B 级钢

主要技术特征	转 K4 型转向架	转 8A 型转向架
侧架	适用于装用导框摇动座及摇动座支撑；B 级钢	适应宽型承载鞍；ZG230-450 或 B 级钢
摇枕	适应宽斜楔槽；B 级钢	适应窄斜楔槽；ZG230-450 或 B 级钢
下心盘	（1）下心盘直径 355 mm； （2）采用盘形尼龙磨耗盘	（1）下心盘直径 305 mm； （2）上、下心盘间金属摩擦
下旁承	采用常接触弹性旁承	旁承块式间隙旁承
弹簧托板	弹簧托板通过摇动座坐落在侧架中央承台内的摇动座支承上，把左右两侧架连接在一起	两个侧架独立工作，转向架抗菱刚度小
轮对与侧架连接方式	侧架通过导框摇动座与承载鞍连接，间隙与干摩擦约束	宽承载鞍，间隙与干摩擦约束
摩擦减振器形式与材质	（1）变摩擦减振装置，组合式斜楔，斜楔主摩擦板为高分子合成材料，T10 钢热处理立柱磨耗板，用两个折头螺栓、垫圈和防松螺母紧固。 （2）摇枕八字面焊装 0Cr18Ni9 不锈钢磨耗板。 （3）斜楔主摩擦面角度 0°	（1）变摩擦减振装置，贝铁斜楔，45号钢热处理立柱磨耗板用四个铆钉铆固。 （2）焊装 16 Mn 摇枕八字面磨耗板。 （3）斜楔主摩擦面角度 2.5°
中央悬挂系统	二级刚度	一级刚度
基础制动装置	（1）采用高摩闸瓦； （2）采用下拉杆式基础制动装置； （3）采用新型组合式制动梁； （4）制动倍率：6.48	（1）采用高磷闸瓦或高摩闸瓦； （2）采用下拉杆式基础制动装置； （3）采用槽钢弓形制动梁； （4）制动倍率：6.5

（四）转 K5 型转向架

转 K5 型转向架是在借鉴转 K4 型转向架成功经验的基础上研制开发的新型大轴重摆动式转向架，进一步优化了弹簧托板结构，增强了转向架的运用可靠性和安全性。

该转向架主要由侧架、摇枕、弹簧托板、摇动座、摇动座支承、承载弹簧、减振装置、轮对和轴承、基础制动装置及常接触式弹性旁承等组成，如图 2-34 所示。采用两级刚度弹簧及变摩擦减振器，组合式斜楔的主摩擦板采用高分子合成材料，副摩擦面材质为奥-贝球墨铸铁；采用 25 t 轴重 150×250×160 型双列圆锥滚子轴承、RE2A 型 50 钢车轴及 LM 磨耗型踏面的新结构铸钢或碾钢车轮；基础制动装置采用铁路货车高摩擦系数合成闸瓦、单侧滑槽式组合式制动梁，制动杠杆采用奥-贝球墨铸铁衬套。

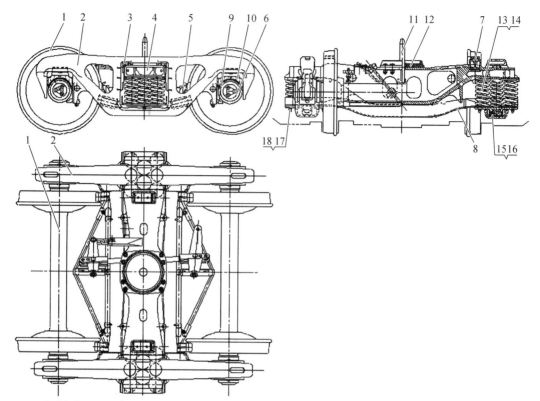

1—轮对组成；2—侧架组成；3—减振装置组成；4—摇枕组成；5—基础制动装置；6—货车滚动轴承装置；
7—下旁承组成；8—弹簧托板组成；9—挡键；10—承载鞍；11—中心销；12—心盘磨耗盘；
13—承载外圆弹簧；14—承载内圆弹簧；15—摇动座；16—摇动座支承；
17—折头螺栓；18—防松螺母。

图 2-34　转 K5 型转向架结构示意图

1. 转 K5 型转向架的主要特点

（1）结构上属于铸钢三大件式转向架，具有结构简单、车轮均载性好、检修维护方便等优点。

（2）该转向架采用了类似于客车转向架的摇动台摆式机构，使转向架横向具有两级刚度特性，大大增加了货车的横向柔性，提高了货车的横向动力学性能，降低了轮轨间的磨耗，提高了货车的运行品质。

（3）提高了货车的脱轨安全性。

由于摆动式转向架摇枕挡位置下移，使侧滚中心降低，对侧滚振动控制加强，有效地减小了爬轨和脱轨的可能性，尤其是对高重心的货车，大大提高了其脱轨安全性。

（4）该转向架具有高的耐久性和可靠性。

2. 转 K5 型转向架的主要结构

转 K5 型转向架结构类似于转 K4 型转向架，主要由轮对和轴承装置、摇枕、侧架、弹性悬挂系统及减振装置、基础制动装置、常接触式弹性旁承及横跨梁等组成，该型转向架也采用了独特的弹簧托板、摇动座等结构，使之具有更好的横向性能及其他优点。

（1）轮对与轴承。

采用 RE2B 型轮对和 353130A、353130B 或 353130C 紧凑型滚动轴承，车轮为新结构轻型铸钢车轮（HEZB）或碾钢车轮（HESA），车轴为 RE2B 车轴。

（2）承载鞍。

承载鞍的材质为 C 级钢，其结构与转 K4 型转向架承载鞍类似，鞍顶面为经硬化处理的弧面，与导框摇动座的组合成为摆动机构的上摆点，使侧架像吊杆一样，具有摆动的功能，提高了货车的横向性能。

（3）侧架组成。

侧架材质为 B 级钢，侧架立柱磨耗板材质为 45 钢，侧架滑槽磨耗板材质均为 47Mn2Si2TiB 或 T10 钢，侧架立柱磨耗板用两个 ZT 型平头折头螺栓紧固在侧架立柱面上，导框摇动座为合金钢锻件，用固定块固定于侧架导框处；侧架立柱磨耗板、ZT 型平头折头螺栓及防松螺母均与转 K4 型转向架通用。

（4）摇枕组成。

摇枕和下心盘材质均为 B 级钢，下心盘直径为 375 mm，内有材质为含油尼龙的心盘磨耗盘，心盘螺母采用 10 级 BY-A 24 或 BY-B 24 防松螺母，配套螺栓采用 GB 31.1 规定的螺栓，螺栓强度为 10.9 级。摇枕八字面采用不锈钢磨耗板，材质为 0Cr18Ni9，与转 K4 型转向架磨耗板通用。

摇枕下部铸出两块三角形挡，与弹簧托板上的挡块配合，限定摇枕的最大横向位移（摆动加横移共为 ±32 mm），防止摇枕窜出，起到安全挡的作用。

（5）弹簧托板、摇动座与摇动座支承。

摇动座与弹簧托板用折头螺栓、防松螺母紧固，弹簧悬挂系统坐落在弹簧托板上。摇动座支承坐落在侧架中央方框下弦杆的腔形结构中，摇动座与摇动座支承的接触面为圆弧形结构，两圆弧形成滚动副，使侧架具有摆动的功能。弹簧托板为高强度钢压型件，板厚为 10 mm。

摇动座为 E 级钢铸件，摇动座支承为合金钢锻件，且摇动座支承、折头螺栓及防松螺母与转 K4 型转向架通用。

（6）弹簧悬挂系统及减振装置。

每侧弹性悬挂系统及减振装置由两个斜楔、两组减振弹簧、六组承载弹簧组成。减振弹簧与承载弹簧均为两级刚度，使空车、重车分别对应不同的空、重两级刚度，空车和重车都有优良的动力性能。

斜楔由材质为奥-贝球墨铸铁的斜楔体及材质为高分子复合材料的主摩擦板组成，减振内、外圆弹簧和斜楔均与转 K4 型转向架通用。

（7）基础制动装置。

基础制动装置为中穿拉杆形式，采用高摩合成闸瓦。采用奥-贝球墨铸铁耐磨销套及相应圆销，固定杠杆与固定杠杆支点座之间用链蹄环连接，以利于侧架、摇枕的摆动。采用组合式制动梁。

（8）下旁承组成。

下旁承采用与转 K4 型转向架通用的常接触橡胶弹性旁承，下旁承由旁承体组成、调整垫板、纵向锁紧斜铁组成，其中旁承体组成又由旁承体上部、旁承体下部、锥套形橡胶层、铆钉、旁承摩擦板等组成。

（9）横跨梁组成。

横跨梁为 50 mm×50 mm×3 mm 方钢管压型件，中间焊有不锈钢磨耗板，两端分别落在横跨梁托上，横跨梁托焊在侧架上。

3. 主要参数

轨距	1 435 mm
轴重	25 t
自重	≤4.7 t
能通过最小曲线半径	145 m
商业运营速度	120 km/h
转向架制动倍率	4
基础制动杠杆倾角	50°
固定轴距	1 800 mm
心盘允许载荷	443.94 kN
轴颈中心距	1 981 mm
旁承中心距	1 520 mm
下心盘面直径	ϕ375 mm
车轮直径	840 mm
限界	符合 GB146.1 车限-2 要求
工作环境温度	− 40 ~ 50 ℃
合成材料件	能满足 − 50 ~ +150 ℃ 要求

转 K5 型转向架的形式和机构特点与转 K4 型转向架基本一致，两者的主要技术特征区别见表 2-3。

表 2-3　转 K4 型转向架与转 K5 型转向架主要技术特征对照

主要技术特征	转 K4 型转向架	转 K5 型转向架
轴型	RD2	RE2B
轴重	21 t	25 t
车轮	HDZD 或 HDSA	HEZD 或 HESA
轴承尺寸	130 mm×230 mm×150 mm	150 mm×250 mm×160 mm
固定轴距	1 750 mm	1 800 mm
下心盘直径	355 mm	375 mm
弹簧托板形状	直槽形	凹槽形
基础制动形式	下拉杆式	中拉杆式

二、铁路货车转向架力的传递过程

1. 垂向力传递过程（见图 2-35）

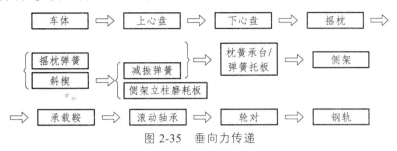

图 2-35 垂向力传递

2. 纵向力传递过程（见图 2-36）

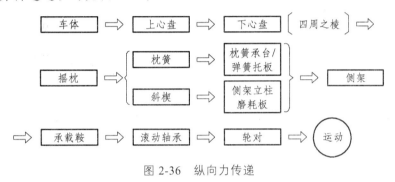

图 2-36 纵向力传递

3. 横向力传递过程（见图 2-37）

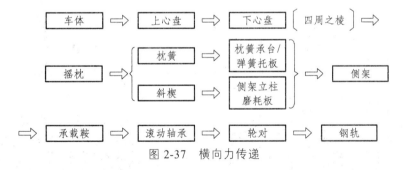

图 2-37 横向力传递

任务三 转 K6 型转向架检修

一、基本要求

1. 基本作业条件

转向架检修须在专用的检修场地进行，配置转向架构架、弹簧、承载鞍、斜楔等检修线。

任务三课前任务单

2. 分解检查

（1）分解要求。

除侧架立柱磨耗板、交叉支撑装置、伸缩式挡键及轴箱橡胶弹性件上的铜绞线、组合式斜楔主摩擦板外，凡由螺栓、圆销（拉铆销）、开口销组装的配件均须分解检查。

（2）构架吊运。

转向架牵引或吊运过程中要注意配件的防护，不允许借助交叉杆吊装、支撑或移动转向架。

（3）原车、原位、原方向。

承载鞍、轴箱橡胶垫、斜楔、弹性旁承组成等配件检测合格后装回原车、原位，并按原方向组装。

3. 抛丸除锈

段修时，对裂纹判断有疑问的摇枕、侧架须除锈，对存疑部位抛丸除锈。厂修时构架（摇枕、侧架）、交叉杆全数进行抛丸除锈，除锈后表面清洁度要达到 GB 8923 规定的 Sa2 级，局部不允许低于 Sa1 级。

4. 转向架冲洗

为便于转向架各种配件检查，转向架检修前要进行除垢和清洗。根据工装的不同目前有两种冲洗方式：一是带轮冲洗；二是冲洗前将轮轴与构架分离，对构架（摇枕、侧架）进行冲洗，清除表面锈垢。目前有通过式和支撑式两种方式，如图 2-38 所示。因转向架装有橡胶旁承及交叉杆橡胶垫等橡胶件，不得使用碱水冲（煮）洗构架，冲洗时水温不高于 70 ℃，冲洗后清净水分，表面无油垢及其他杂物。

（a）通过式 　　　　　　　　　　　　　（b）支撑式

图 2-38　转向架冲洗示意图

5. 探　伤

段修时，对裂纹判断有疑问的摇枕、侧架存疑部位进行磁粉探伤。厂修时，对摇枕、侧架的 A、B 部位表面进行湿法磁粉探伤检查（见图 2-39），对交叉杆连接焊缝、杆体压型处进行湿法探伤检查。除锈前，须使用专用防护螺栓对交叉杆端头螺纹进行防护。

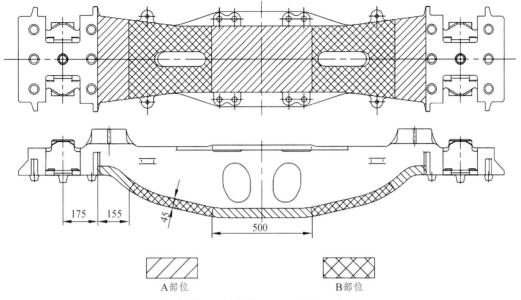

（a）转 K6 型摇枕 A、B 部位示意图

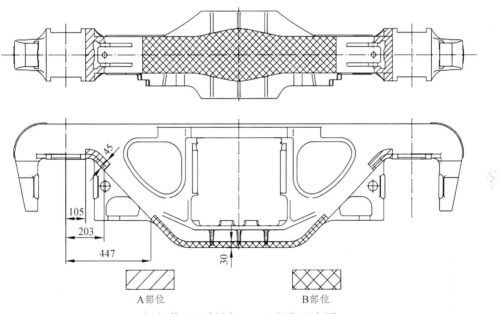

（b）转 K6 型侧架 A、B 部位示意图

图 2-39　转 K6 型转向架摇枕、侧架 A、B 部位

6. 焊　修

摇枕、侧架裂纹焊修及侧架承载鞍支承面、摇枕斜楔摩擦面磨耗板焊修，DZ1、DZ2、DZ3 型侧架、摇枕各磨耗部位的焊修，副构架的焊修及磨耗部位的焊修应平焊。焊修时，普碳钢侧架使用 J422 焊条，B 级钢使用 J506 焊条，J506 焊条焊前要经过 350 ℃ 左右烘焙 1 h，并放置在保温桶内随用随取，焊修后要进行热处理。材质为 0Cr18Ni9（新牌号为 06Cr19Ni10）的磨耗板焊装时使用 A302 或 E306H 不锈钢焊条。

7. 润滑脂

转向架摩擦转动部位须涂润滑脂。但是摩擦式减振器、轴承外圈与承载鞍内鞍面间，承载鞍与侧架导框间，承载鞍与钢垫或轴箱橡胶弹性件各接触面间，承载鞍钢垫或轴箱橡胶弹性件与侧架导框各接触面间，心盘与磨耗盘间，上下旁承间，斜楔主摩擦板与侧架立柱磨耗板间，斜楔副磨耗面与摇枕斜楔磨耗板间，滑块磨耗套与滑槽磨耗板间，以及橡胶弹性旁承任何部位不涂抹润滑脂。

8. 三检一验

转向架各种零部件检修良好后，按规定次序将承载鞍、弹簧悬挂减振装置、基础制动装置、轮轴、下旁承、下心盘等重新组装。组装完毕后要经工作者自检、工长检查、质检员检查，最后交付验收员验收，三检一验合格后在转向架上涂打检修合格标记。

二、主要工装设备

转向架工装设备有转向架悬吊式环形检修线，摇枕侧架翻转机，侧架立柱磨耗板铆钉自动控温加热炉，侧架立柱磨耗板液压铆钉机，侧架立柱磨耗板组装扭矩扳手，摇枕、侧架翻转焊修机具，摇枕、侧架、交叉杆磁粉探伤机，交叉支撑装置组装、正位检测台，转向架压吨试验机，交叉支撑装置智能扳机，摇枕弹簧自动检测分配机，侧架滑槽磨耗板压装机，下心盘螺栓扭矩扳手，承载鞍自动检测机，摩擦系数检测装置，转向架智能推送设备等，如图2-40所示。

（a）转向架悬吊式环形检修线

（b）承载鞍自动检测机

（c）摇枕弹簧自动检测分配机

（d）正位检测台

图 2-40　工装设备图

三、主要检测器具

主要检测器具有侧架导框检测量规，侧架承载鞍支撑面磨耗检测尺，侧架制动梁滑槽磨耗板磨耗检测量规，侧架立柱磨耗板检测量规，侧架导框两侧摩擦面磨耗检测尺，侧架导框中心距检测尺，空重车自动调整装置横跨梁组成检测量规，摇枕斜楔摩擦面检测样板，摇枕斜楔面磨耗板检测量规，转 K6 型摇枕挡内、外表面距离检测量规，摇枕斜楔槽内、外表面距离检测量规，交叉杆弯曲检测样杆，交叉杆端头螺纹止规，下旁承上平面与下心盘上平面距离测量尺，下旁承磨耗板上平面至滚子上部距离测量尺，横跨梁触板与心盘上平面高度差测量尺，转向架垂下品检测尺，钢卷尺，塞尺等。

四、基本工艺流程

转 K6 型转向架工艺流程如图 2-41 所示。

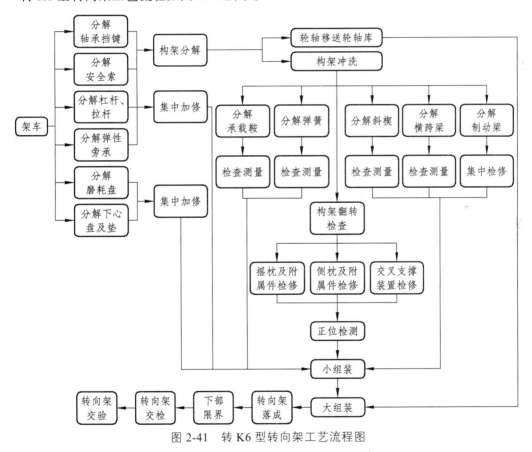

图 2-41 转 K6 型转向架工艺流程图

五、转 K6 型转向架检修

1. 转向架分解

分解轴承挡键、杠杆、拉杆、下心盘及心盘磨耗盘、安全索、弹性旁承及垫板等。分解轮对，实现构架分离，对转向架进行冲洗，使用悬挂小车对构架进行吊运，如图 2-42 所示。对承载鞍、制动梁、枕簧、斜楔等配件进行分解作业，如图 2-43 所示。

图 2-42　构架分离吊运

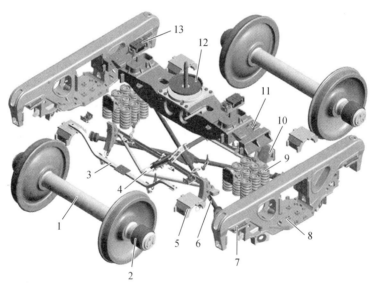

1—轮对组成；2—滚动轴承；3—横跨梁组成；4—基础制动装置；5—承载鞍；6—交叉支撑装置；
7—轴箱橡胶垫；8—侧架组成；9—弹簧减振装置；10—组合式斜楔；
11—摇枕组成；12—心盘磨耗盘；13—JC 型弹性旁承。

图 2-43　转 K6 型转向架三维爆炸图

2. 外观检查

转向架构架结构复杂，对摇枕、侧架外表面及内腔、交叉支撑装置进行全面外观检查，有正位检查和翻转检查两种检查方式。摇枕、侧架内腔检查时可使用具备拍照、图像放大、存储功能的摇枕内窥检查装置等设备，关键部位拍照留存。

（1）正位检查部位。

侧架：导框弯角处、承载鞍（轴箱）支承圆脐上平面与侧架结合处、导框 A 区、三角孔周边、三角孔内腔、摇枕弹簧支承台周边、立柱及磨耗板、中框上横梁、横跨梁安装座、制动梁滑槽及磨耗板、制动梁滑槽防脱板（焊结构）、斜楔挡板。

摇枕：端部内腔、摇枕弹簧支承面、斜楔挡、斜楔摩擦面（含弯角）、下旁承座、下旁承座至上漏水孔（圆周）、内腔心盘销座、心盘安装座平面及螺栓孔、心盘安装座下面与摇枕侧面结合处、侧面、制动梁及横跨梁安全链座、固定杠杆支点座。

执行 14 步检查法顺序检查，如图 2-44 所示。

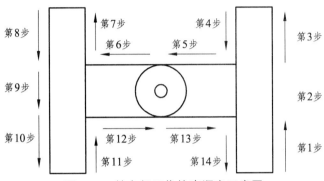

图 2-44　转向架正位检查顺序示意图

（2）翻转检查部位。

侧架：A 部位及下面 B 部位漏水孔周边、摇枕弹簧座下面、底平面。

摇枕：B 部位两漏水孔周边、A 部位漏水孔周边、内腔中心销座内平面、弹簧座与摇枕底面过渡弯角处。

交叉支撑装置：端头螺栓（母）、双耳防松垫圈、轴向橡胶垫、交叉杆杆体（重点是压型处和环焊处）、盖板（扣板）、连接螺母及盖板（扣板）焊缝。

执行 4 步检查法顺序检查，如图 2-45 所示。翻转位检查时，构架的翻转角度不小于 90°，翻转前检查摇枕、侧架上无易滑落物件，夹紧装置卡紧，确认安全可靠后方可进行翻转，如图 2-46 所示。

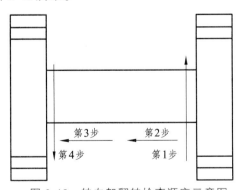

图 2-45　转向架翻转检查顺序示意图

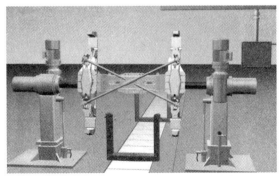

图 2-46　翻转检查

3. 侧架检修

（1）裂纹故障检修。

A、B 部位或 A 区横裂纹时更换（见图 2-47）；其他部位的横裂纹长度不大于裂纹处断面周长的 50%时可焊修；大于时更换。支撑座非贯通裂纹及支撑座、侧架、连接板间焊缝开裂时铲除裂纹后焊修。支撑座贯通裂纹、经过焊修再次出现裂纹或原焊修焊缝开裂时更换。

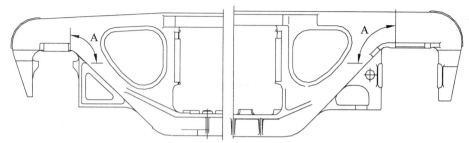

图 2-47　铸钢侧架弯角处示意图

（2）磨耗故障检修。

侧架导框两侧摩擦面单侧磨耗（含局部磨耗）、两侧磨耗深度之和超限时加修（见图 2-48和图 2-49）；导框内侧面磨耗（含局部磨耗）、内侧摩擦面两侧磨耗之和超限时加修（见图 2-50和图 2-51）。

图 2-48　导框两侧摩擦面单侧磨耗检测

图 2-49　导框两侧磨耗深度之和检测

图 2-50　导框内侧面磨耗检测

图 2-51　导框内侧摩擦面两侧磨耗之和检测

（3）承载鞍支承面检修。

转 K6 型转向架承载鞍支承面偏磨大于 1 mm 时加工，磨耗大于 3 mm 时堆焊后加工恢复原形，如图 2-52 所示。侧架立柱与摇枕挡内表面配合处超限时，堆焊后磨修，恢复原形尺寸。

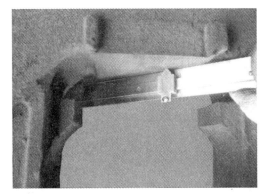

图 2-52　承载鞍支承面磨耗检测

（4）制动梁滑槽及磨耗板检修。

转 K6 型侧架制动梁滑槽无防止制动梁脱出挡块时，焊装挡块，同时去除原车的前制动杠杆止挡。原铸造的挡块有裂损时焊修，焊接结构的制动梁挡块焊缝开裂时清除焊缝并消除裂纹后焊修，丢失时焊装，如图 2-53 所示。

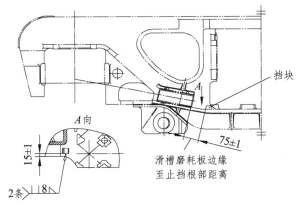

图 2-53　挡块焊接位置示意图

滑槽磨耗板磨耗深度大于 3 mm 或裂纹、松动时更换为新品，焊缝开裂时焊修，丢失时补装，如图 2-54 所示。滑槽磨耗板压装须正位（滑槽磨耗板凸起落入滑槽凹槽内），检修完成后，须使用侧架制动梁滑槽轮廓样板检测滑槽形状，滑槽全深范围内贯通检测须合格。

图 2-54　滑槽磨耗板磨耗深度检测

（5）侧架立柱磨耗板检修。

侧架立柱磨耗板丢失时补装，裂损或检测发现磨耗超限时更换，材质为 45 号钢。用 1 mm 塞尺插入新装磨耗板与侧架立柱的间隙，任一处插入深度不得大于 13 mm，如图 2-55 和图 2-56 所示。

图 2-55　立柱磨耗板磨耗检测　　　　　图 2-56　磨耗板与侧架的间隙

（6）侧架支撑座及保持环检修。

支撑座贯通裂纹、经过焊修再次出现裂纹或原焊修焊缝开裂时更换；非贯通裂纹焊修；支撑座腐蚀深度大于 3 mm 时更换。新组装支撑座须使用支撑座专用组装定位胎具。交叉支撑装置分解后检测保持环腐蚀、磨耗深度大于 2 mm 或出现裂纹时更换为新品；更换保持环时，使用专用组装定位胎具；焊缝开裂时焊修。

（7）横跨梁托检修。

横跨梁托变形时调修或更换，裂纹或腐蚀深度大于30%时更换，孔径磨耗超限时焊修或更换。

（8）挡键检修。

挡键裂损时更换，挡键及螺栓变形影响使用时更换。伸缩式挡键铆钉失效、丢失时补装。

4.摇枕检修

（1）裂纹故障检修。

A、B 部位横裂纹时更换，其他部位上平面、侧面横裂纹长度不大于裂纹处断面周长的20%，底面横裂纹长度不大于底面宽度的 20%时焊修；大于时更换。纵裂纹或内壁加强筋、心盘销座裂纹时焊修。摇枕挡或下旁承盒裂纹、缺损时焊修或更换。

（2）磨耗故障检修。

摇枕心盘螺栓孔、心盘销孔磨耗超限时堆焊后加工，如图 2-57 所示。摇枕心盘螺栓孔磨耗检测要检测心盘螺栓孔深 1/3 处最大直径。转 K6 型转向架摇枕挡内、外表面距离大于 283 mm 时，堆焊后磨修，恢复原形尺寸，如图 2-58 所示。

转 K6 型转向架摇枕斜楔槽内、外表面距离大于 180 mm，对中焊修后磨平，恢复原形，如图 2-59 所示。横跨梁安全链吊座剩余厚度小于 5 mm 或链孔上边缘宽度小于 8 mm 时更换。

图 2-57　摇枕心盘螺栓孔磨耗检测

图 2-58　摇枕挡内、外表面距离检测

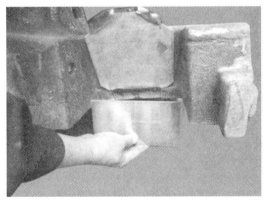

图 2-59　摇枕斜楔槽内、外表面距离检测

　　摇枕弹簧定位圆脐为结构Ⅰ的，磨耗部位小于最小磨耗尺寸时焊修后磨修，磨修部位符合结构Ⅱ圆脐相应部位尺寸，未焊修部位不用磨修。摇枕弹簧定位圆脐为结构Ⅱ的，磨耗部位小于最小磨耗尺寸时焊修后磨修，磨修部位符合结构Ⅱ圆脐相应部位尺寸，如图 2-60 所示。

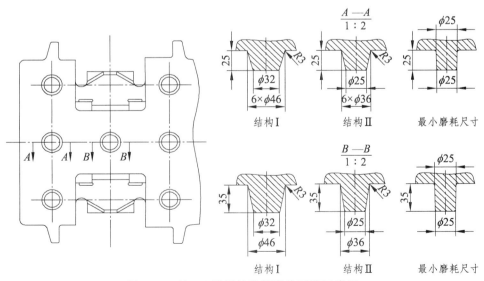

图 2-60　转 K6 型摇枕弹簧定位圆脐示意图

（3）摇枕斜楔摩擦面磨耗板检修。

焊缝开裂时焊修，裂纹时更换为新品，丢失时补装。磨耗大于 3 mm 时更换为新品，如图 2-61 所示。摇枕斜楔摩擦面磨耗板材质为 0Cr18Ni9（新牌号为 06Cr19Ni10）。

图 2-61　摇枕斜楔摩擦面磨耗板磨耗检测

焊装磨耗板前摇枕斜楔摩擦面基准面须平整，否则堆焊后磨平，矩形磨耗板或分离式斜楔插板上、下端面与摇枕须满焊，如图 2-62 所示。

（4）摇枕上拉杆托架。

焊缝开裂时焊修，变形时调修，裂纹时更换；托架轴弯曲时调修；含油尼龙滚套外表面磨耗深度大于 3 mm 时更换。

（5）横跨梁安全链吊座。

剩余厚度小于 5 mm 或链孔上边缘宽度小于 8 mm 时更换。

5. 交叉支撑装置检修

（1）交叉支撑装置要随摇枕、侧架进行翻转外观检查，状态良好可不分解，检查重点部位为端头螺栓（母）、双耳防松垫圈、轴向橡胶垫、交叉杆杆体（重点是压型处和环焊处）、盖板（扣板）、连接螺母及盖板（扣板）焊缝。

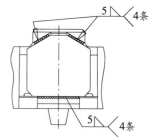

图 2-62　摇枕斜楔摩擦面磨耗板焊装示意图

（2）当出现交叉杆变形大于 10 mm，杆体擦伤、碰伤深度不大于 1.5 mm；交叉杆裂纹、焊缝开裂；支撑座裂纹或破损；因火灾等原因，交叉杆及支撑座烧损或化学溶剂腐蚀橡胶件；无交叉杆标志板；交叉杆端头螺栓（母）松动；因相关配件检修或更换需分解交叉支撑装置等情况时，要分解交叉支撑装置，除锈后对交叉杆连接焊缝、杆体压型处进行湿法磁粉探伤检查。

（3）当出现车辆颠覆的全车交叉杆，脱轨转向架装用的交叉杆；交叉杆端头螺纹损伤或滑扣超过 3 扣；杆体横裂纹；杆体纵裂纹长度大于 50 mm 或深度大于 0.6 mm；杆体环焊缝开裂、折断或擦伤、碰伤深度超过 1 mm；在全长范围内用样板检查交叉杆弯曲、变形大于 20 mm 等情况时，交叉杆报废，如图 2-63 所示。

图 2-63　交叉杆深度检测

（4）交叉杆杆体检修。

杆体纵裂纹长度不大于 50 mm 且深度不大于 0.6 mm 及擦伤、碰伤深度未超限时，磨修清除缺陷；交叉杆中部连接焊缝开裂时清除裂纹后焊修，焊修后须进行磁粉探伤；盖板（扣板）裂纹时，要钻止裂孔，消除裂纹后施焊磨平，并进行湿法磁粉探伤；在全长范围内用样板检查交叉杆，弯曲、变形大于 10 mm 时调修；中间连接螺母松动时，拧紧后点焊固。

（5）交叉杆配件检修。

双耳防松垫圈裂纹时，锁紧板腐蚀、磨耗深度大于 2 mm 时，端头螺栓弯曲、裂纹或螺纹损伤时更换新品。轴向橡胶垫允许有龟裂，表面圆周方向裂纹长度大于周长的 30% 时更换。轴向橡胶垫无制造单位、时间标记或使用时间满 6 年时报废，剩余寿命小于 1 个段修期者，经检查确认质量状态良好，可继续装车使用，并由装车单位负 1 个段修期的质量保证责任。

扣板铆接结构的交叉杆铆钉松动时更换，丢失时补装。切割铆钉不得热切，组装时铆钉须从上向下铆接。焊接结构的扣板分解检修时，X 形、U 形弹性垫及扣板更换为新品；螺栓松动时更换，丢失时补装，螺栓紧固后在螺栓螺母间须点焊固。

（6）交叉杆组装。

交叉支撑装置组装时，须使用专用定位胎具或自动定位检测组装装置，在双耳垫圈与锁紧板之间安装标志板，如图 2-64 所示。交叉支撑装置端头螺栓（母）用智能扳机紧固，紧固力矩为 675 ~ 700 N·m，如图 2-65 所示。

改进结构的交叉支撑装置组装后，上下扣板平焊缝处应接触，局部最大间隙不大于 0.8 mm，塞焊和平焊焊接符合要求；上下扣板原为铆接结构者重新组装时仍须使用铆接结构，各型交叉支撑装置中部连接结构示意图如图 2-66 所示。

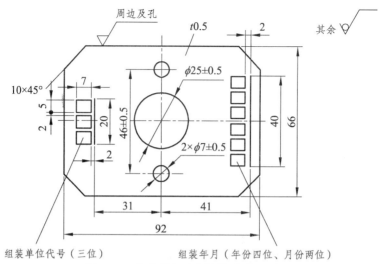

图 2-64　交叉杆标志板刻打标记示意图

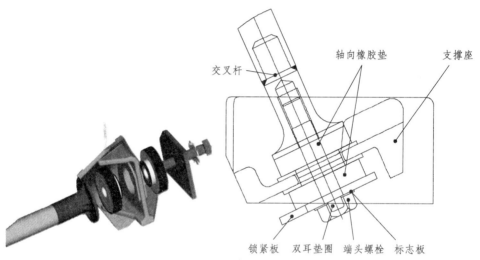

图 2-65　交叉杆端头结构图

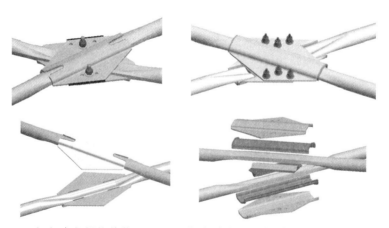

（a）中部焊接结构　　　（b）中部无焊接弹性连接结构

图 2-66　交叉支撑装置中部连接结构示意图

6. 横跨梁检修

（1）外观检查。

将待加修横跨梁（见图 2-67）放置于检测平台上，使用钢丝刷清除表面锈垢；翻转横跨梁，由一端向另一端逐步目视检查，重点检查梁体弯曲部位，发现梁体横向裂纹、破损时报废；翻转横跨梁安全吊链，目视检查，发现安全吊链环裂纹时检修或更换，检查发现横跨梁梁体纵裂纹时焊修。

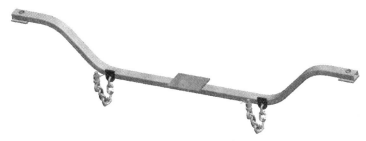

图 2-67　横跨梁组成

（2）尺寸测量。

使用钢直尺和 10 mm 塞尺测量变形最大位置的间隙，横跨梁全长范围内弯曲大于 10 mm 时调修。安全吊链环磨耗深度大于 2 mm 时更换。横跨梁安全链吊座剩余厚度小于 5 mm 或链孔上边缘宽度小于 8 mm 时更换。矩形管横跨梁螺栓孔径向磨耗大于 3 mm 时更换。触板磨耗大于 2 mm 时焊修；触板上加焊的磨耗板磨耗大于 2 mm 时更换。

7. 减振装置检修

各型圆弹簧逐个检测，出现弹簧折断、裂损，自由高低于规定的下限，弹簧圆钢直径腐蚀、磨耗超过原形的 8%，弹簧支承圈不足 5/8 圈时报废。

8. 减振装置弹簧组装

装配时内、外圈旋向相反，同一辆车的摇枕弹簧、减振弹簧规格、型号须分别相同，同一转向架同型圆柱螺旋弹簧自由高度差不大于 3 mm；同一侧架上同型内簧或同型外簧自由高度差不大于 2 mm；减振弹簧内外圈自由高度差不大于 2 mm，同一组两级刚度弹簧内外圈自由高度差为 20~25 mm。转 K6 型弹簧组装时，中间的外圆弹簧（2）须置于两组装减振弹簧之间，如图 2-68 所示。

图 2-68　转 K6 型转向架弹簧组装示意图

9. 斜楔检修

对斜楔目视外观检查一圈，斜楔体裂纹、变形时报废。组合式斜楔材质为贝氏体球墨铸铁（ADI），裂纹时更换为新品；副摩擦面磨耗大于 3 mm 时更换斜楔体；主摩擦板材质为高分子材料，原形厚度 10 mm，磨耗大于 4 mm 时更换；主摩擦板四角断裂区域限度为 35 mm×35 mm，两角断裂区域限度为 60 mm×60 mm，断裂区域限度或缺损面积之和大于总面积的 15%时更换，如图 2-69 所示。主摩擦板背面与斜楔体安装面间隙大于 3 mm 时调整，垫圈厚度为 2~8 mm。

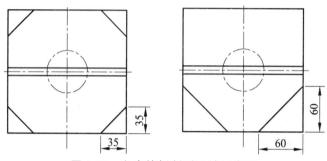

图 2-69　主摩擦板断裂区域示意图

10. 承载鞍检修

（1）承载鞍磨耗超限、裂纹、裂损、变形时报废。

（2）顶面偏磨不大于 1.5 mm，磨耗不大于 5 mm，如图 2-70 所示。

图 2-70　承载鞍顶面磨耗及偏磨检测

（3）转 K6 型转向架承载鞍导框挡边内侧面水平距离原形为 152 mm，磨耗后一侧磨耗不大于 2 mm、两侧磨耗之和不大于 3 mm。

（4）转 K6 型转向架承载鞍导框底面原形为 285 mm，一侧磨耗不大于 2 mm、两侧磨耗之和不大于 3 mm。

（5）鞍面径向（半径）磨耗不大于 0.5 mm，如图 2-71 所示；鞍面磕、碰伤消除凸起部分。鞍面两侧凹槽不得存在高于内鞍面的凸起点。

图 2-71　承载鞍鞍面径向（半径）磨耗检测

（6）转 K6 型转向架承载鞍推力挡肩距原形为 163 mm，两端磨耗后不大于 165.8 mm 时消除棱角，大于时更换，如图 2-72 所示。

图 2-72　承载鞍推力挡肩两端磨耗检测

11. 轴箱橡胶垫检修

当出现金属定位挡根部裂纹；承载层橡胶外涨超出衬板侧面 1 mm；承载层橡胶与金属上、下衬板黏接处（上侧或下侧）累计裂纹长度大于 230 mm，且深度大于 5 mm；承载层橡胶表面裂纹累计长度大于 180 mm，且深度大于 5 mm 等情况时更换为新品，补充新品须为内置铜绞线轴箱橡胶垫。

12. 下旁承检修

（1）弹性旁承须从摇枕下旁承盒中整体取出，对旁承体、旁承磨耗板、旁承座、滚子、滚子轴进行外观检查。弹性旁承体及新品旁承座须有永久性型号标识。弹性旁承任何部位不允许涂抹油脂，弹性旁承体橡胶表面、非金属磨耗板、滚子及滚子轴不得有油漆。非金属磨耗板表面清洁、无污物。重新组装的非金属磨耗板表面，旁承体、旁承座与磨耗板的配合面污物清除干净，不得采用汽油、煤油等溶剂及可能对非金属材料产生不良影响的介质清洗。旁承磨耗板、支承磨耗板、侧面磨耗板裂损或磨耗超限时更换为新品。

（2）各型弹性旁承尺寸限度符合要求，如图2-73所示。

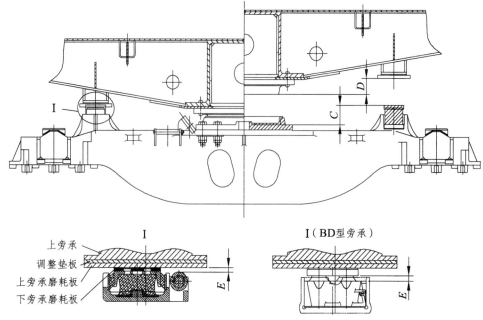

上旁承
调整垫板
上旁承磨耗板
下旁承磨耗板

I

I（BD型旁承）

图2-73　弹性旁承尺寸限度示意图

（3）JC系列双作用弹性旁承

旁承座裂损时更换；旁承座与滚子轴接触凹槽磨耗大于3 mm时，焊修后加工，恢复原形；旁承座底面、侧面磨耗大于2 mm时，更换或与弹性旁承体分离后堆焊加工、恢复原形。旁承滚子外径径向磨耗、腐蚀深度大于2 mm或严重变形影响作用时更换；旁承滚子与滚子轴的间隙大于2 mm时更换。

旁承磨耗板、支承磨耗板磨耗深度不大于3 mm；尼龙磨耗板松动时更换。弹性旁承体裂纹时使用厚0.3 mm、宽10 mm的塞尺在裂纹中部测量裂纹深度，主弹性体表面裂纹长度大于40 mm且深度大于7 mm时更换，旁承体侧面橡胶层与顶板间裂纹累计长度大于150 mm，且深度大于7 mm时更换；弹性旁承纵向定位橡胶块与两侧金属板中的一侧全部脱开时更换。

检测下旁承磨耗板上平面与滚子上部距离（B值）符合15^{+2}_{-1} mm要求，B值不符合要求时，通过更换下旁承磨耗板、调整旁承体与旁承座间的调整垫板等方法进行调整，如图2-74所示。

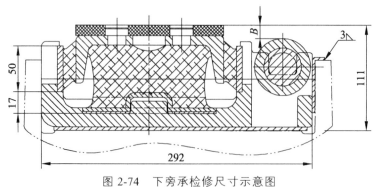

图2-74　下旁承检修尺寸示意图

（4）下旁承分解、组装。

旁承体与旁承座的拆、装应使用专用工装。JC 型弹性旁承须纵向压缩旁承体两侧板后垂直向下（上）平行装入（取出）旁承座。旁承磨耗板与旁承体组装时，磨耗限度凹槽应向上，须平行压入。组装后旁承磨耗板不得松动。装用新品弹性旁承体时，不得在弹性旁承体与旁承座间加装调整垫板，新品旁承磨耗板自制造之日起到装车使用前的储存期不得超过 2 年。滚子轴端部平面须向下组装，组装后滚子转动灵活。弹性旁承体与旁承座组装时，须确认旁承座与旁承体型号，不得错装；旁承座侧面凹槽高度符合要求，如图 2-75 中 A_1 所示。

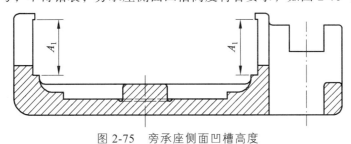

图 2-75　旁承座侧面凹槽高度

13. 下心盘、中心销及心盘磨耗盘检修

（1）下心盘圆脐根部圆周裂纹时报废，平面裂纹时焊修，变形时更换或调修，调平后检测心盘底面平面度不大于 1 mm。

（2）中心销裂纹时更换，弯曲时调修，直径磨耗大于 2 mm 时焊修后加工或更换。

（3）心盘磨耗盘可有 1 处从周边至中心孔的裂纹或 1 处以上长度之和不大于 150 mm 的裂纹，超限或破损时更换。导电式心盘磨耗盘的导电柱全部脱落时更换为新品，必须为导电式心盘磨耗盘。心盘磨耗盘立面磨耗大于 2 mm 时更换（K6：$375_{-1.5}^{0}$ mm）；底面磨耗不大于 3 mm，超限时更换。

14. 杠杆、拉杆、圆销、拉铆销检修

（1）外观检查。

检查发现制动杠杆、拉杆裂纹时报废；衬套松动、裂纹时更换。杠杆、拉杆腐蚀、磨耗超限时，更换新品。目视检查圆销（拉铆销）头部有制造单位代号、材质、年份、材质标记（40 Cr），制造标记清晰，制造标记不符或不清晰时报废。将圆销（拉铆销）放置在检测平台上，使用钢丝刷清除圆销（拉铆销）表面锈垢后，目视检查圆销体各部位，特别要对圆销体与圆销头部连接处进行重点检查，发现圆销（拉铆销）裂纹、裂损时报废。

（2）各部尺寸检测。

圆销孔、衬套孔磨耗检测，依次对固定杠杆、游动杠杆、拉杆孔进行检测，如图 2-76 所示。

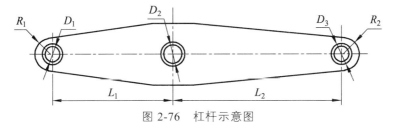

图 2-76　杠杆示意图

制动杠杆、拉杆孔距检测（见图 2-77），将杠杆、拉杆放置在检测平台上，依次检测固定杠杆、游动杠杆、拉杆，测量时将制动杠杆、拉杆孔距校对尺（见图 2-78）固定锥插于杠杆、拉杆中孔，调整支撑螺杆，使尺身保持水平，然后将活动锥分别插入上孔或下孔，推动滑尺贴靠工作面，读取滑尺刻线对应的示值，杠杆孔距刻度值达到所示数值 ± 3 mm 时超限，拉杆测量时刻度值大于 10 mm 时超限。

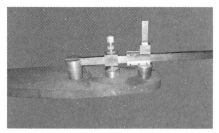

图 2-77　制动杠杆孔距偏差检测

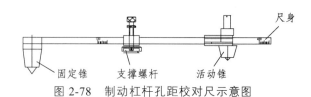

图 2-78　制动杠杆孔距校对尺示意图

杠杆两端面圆弧半径检测，在检测平台上使用钢板尺测量圆销孔中心至杠杆外端面的距离，测量值小于圆弧半径加 5 mm 或杠杆两端圆弧半径小于规定时，堆焊后磨修，超限时使用白粉笔圈划出故障位置并标注 "#" 及 "焊" 加修标识。

15. 制动梁检修

目前，中国铁路货车主要使用组合式制动梁，分为 L-A 型、L-B 型、L-B1 型和 L-C 型，其中 L-B 和 L-B1 型组合式制动梁使用数量较多：L-B 型组合式制动梁应用于 21 t、25 t 轴重货车，L-B1 型组合式制动梁应用于 27 t 轴重货车。转 K6 型转向架使用 L-B 型制动梁，结构如图 2-79 所示。制动梁段修工艺流程如图 2-80 所示。

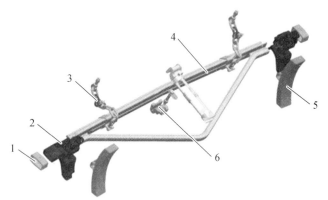

1—滑块磨耗套；2—闸瓦托；3—安全链及卡子；4—制动梁架；5—闸瓦；6—夹扣。

图 2-79　L-B 型制动梁结构示意图

图 2-80　制动梁段修工艺流程图

16. 转向架组装

（1）通用要求。

同一车辆转向架型号须一致，更换转向架须符合规定。同一转向架两侧架固定轴距差不大于 2 mm（即具有相同的铲豆）。

（2）组装交叉支撑装置。

交叉支撑装置组装时要使用专用定位胎具，在双耳垫圈与锁紧板之间安装标志板，交叉支撑装置端头螺栓用智能扭矩扳机紧固，扭紧力矩为 675～700 N·m，止耳须翘起，至少有两相对止耳与螺栓头部六方平面密贴。组装完成后，按规定进行正位检测。转 K6 型交叉支撑转向架段修时，转向架交叉支撑装置组装之后，须在转向架正位检测台上进行正位状态检测，两对角线长度值差不得大于 5 mm，两侧架对应导框中心距之差不大于 10 mm，如图 2-81 所示。

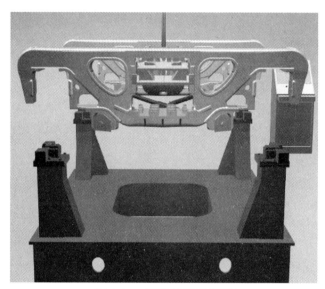

图 2-81　正位检测示意图

（3）组装弹簧、斜楔。

将检测合格、选配符合要求的摇枕弹簧、减振弹簧落入相应弹簧定位脐及挡边之内，各内外圈旋向相反，各型弹簧安装位置须符合规定。

（4）组装制动梁。

同一辆车制动梁及闸瓦形式须一致，闸瓦为新品。安装新型闸瓦插销环，如图 2-82 所示。制动梁安全链松余量检测：组合式制动梁控制在 40～70 mm。在两侧闸瓦贴靠车轮状态下，测量制动梁安全链松余量，如图 2-83 所示。

（5）组装基础制动装置。

各圆销与销孔的间隙控制在 3 mm 以内。组装制动梁安全链螺母时，要装弹簧垫圈或背母。扁孔圆销、圆销须有制造单位代号、材质、制造年份（年号末两位）标识。扁孔圆销、圆销形式须符合 TJ/CL230《铁路货车制动扁孔圆销和圆销技术条件》的规定。拉铆销结构基础制动装置可换装扁孔圆销，组装前对各圆销涂润滑脂油。

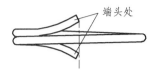

端头处

压并区域

φ32±1

技术要求

1. 销环为圆柱螺旋弹簧结构，共1.5圈，
   其中弹簧压并区域不小于1/4圈。
2. 销环两端开口宽度a值为4~8 mm。
3. 硬度符合42~48 HRC。
4. 表面发黑处理。
5. 端头处须进行倒钝处理。

图 2-82　新型闸瓦插销环

图 2-83　安全链松余量检测

　　扁开口销在扁孔圆销上组装后，扁开口销须卷起，并超过圆销杆圆周长度的 3/4 圈。扁孔圆销、圆销长度允许在上下一个规格范围内调整，组装后扁孔圆销的窜动量为 2 ~ 10 mm，使用阶梯塞尺测量，不得与邻近的其他零部件、管系等发生干涉，如图 2-84 所示。

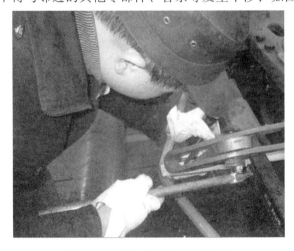

图 2-84　扁孔圆销窜动量检测

同一车辆两转向架的下（中）拉杆组装后圆销销孔相差不允许超过 1 孔（漏斗车除外）；固定杠杆支点要留有调整余量，3 孔者留有 1 孔，其他型要留有 2 孔及以上。转 K6 型转向架制动梁拉杆组装后与制动梁体之间要有间隙（缓解位时）。

转向架基础制动装置的固定杠杆与固定杠杆支点，固定杠杆支点与固定杠杆支点座，固定杠杆、移动杠杆与制动梁支柱，固定杠杆、移动杠杆与中（下）拉杆间，柔性支点内的链蹄环间采用扁孔圆销和扁开口销。

（6）组装安全索。

安装前检查安全索，钢丝绳断股或端头、绳箍松动时更换。使用安全索将交叉杆与制动梁缠绕后卡牢，安全索须为符合要求的安全索，如图 2-85 所示。

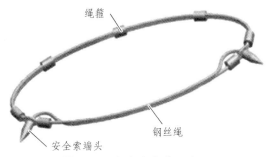

图 2-85　安全索安装示意图

（7）组装横跨梁及附件须符合下列要求：

组装横跨梁时，组装螺栓开口销要插入螺母的槽口，双向劈开；横跨梁组装螺栓为 4.8 级。横跨梁垫板总厚度为 0～12 mm，不允许超过 2 块，且要安装在尼龙磨耗板的下面。

横跨梁垫板与横跨梁托调整垫板的间隙不大于 1 mm。同一转向架两侧架上的横跨梁托座与横跨梁之间的间隙如图 2-86 所示，检测横跨梁托座及垫板与横跨梁接触面间任一处的最大间隙。横跨梁组装螺栓要良好，垂直移动量控制在 3～5 mm，调整垫圈数量不超过 3 个。

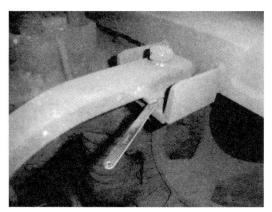

图 2-86　横跨梁托座与横跨梁之间的间隙检测

（8）组装承载鞍。

确认承载鞍原车原位原方向标记，将轴箱橡胶垫放在承载鞍上方，橡胶垫挡边卡入承载鞍两侧凹槽内。组装承载鞍及轴箱橡胶垫，并用专用卡具卡牢，如图 2-87 所示。同一辆车上承载鞍型号须一致，新旧型不得混装，承载鞍、轴箱橡胶垫制造标记须向外。轮对、承载鞍须放置正位；轴箱橡胶垫外置铜绞线须装于侧架内侧；承载鞍与外圈间隙须符合要求。

图 2-87　承载鞍卡具

（9）组装下心盘、磨耗盘和中心销。

下心盘组装时，须使用 FS 型或 BY-B、BY-A 型防松螺母，螺栓头部须有 10.9 级标记；装用 BY 型防松螺母时须安装符合 GB/T 7244 标准的加重型弹簧垫圈，装用 FS 型防松螺母时，取消弹簧垫圈并安装符合 GB/T 6172.1 要求性能等级为 04 级的薄螺母，M24 螺栓力矩为 941 ~ 1 046 N·m，并安装 ϕ5 mm 开口销。摇枕心盘安装座与心盘接触面螺栓孔周围的毛刺须清除，凸起须磨平，金属摩擦面间须涂刷防锈漆。转 K6 型转向架使用钢质垫板，不超过 2 块，总厚度不大于 40 mm。钢质垫板超过 1 层时，须在钢板层间四周点焊固。

安装心盘磨耗盘时，下心盘内及心盘磨耗盘内外表面不得有油污、油漆、尘土、铁屑等异物，须装用导电式尼龙心盘磨耗盘。中心销插入摇枕长度及露出长度均不小于 150 mm。

（10）组装下旁承及上拉杆托。

同一辆车应装用同一型号旁承，旁承座安装方向须为：同一摇枕相反，同一辆车同侧同向。旁承座与摇枕旁承盒间允许加装总厚度不大于 30 mm 的调整垫板进行调整，调整垫板数量不大于 3 块。旁承座与摇枕旁承盒纵向间隙之和不大于 1 mm，如图 2-88 所示。组装合格的摇枕上拉杆托架及滚套，托架滚轴上的开口销规格为 ϕ3.2 mm × 20 mm，开口销要卷起贴靠滚轴。

图 2-88　旁承座与旁承盒的纵向间隙之和检测

（11）组装挡键。

组装挡键螺栓要符合力矩要求，装用轴箱橡胶垫的转向架挡键与轴承外圈的间隙为 3～7 mm；使用旧型挡键时，转 K6 型转向架的挡键处须装用符合要求螺栓和 GB/T 91 要求的 $\phi 6.3$ mm×36 mm 开口销，组装后开口销须与螺栓盘紧，转 K6 型转向架铆钉规格 $\phi 6$ mm×24 mm，铆接时须使用专用设备。

新补充挡键安装时，须装用伸缩式挡键，并用符合 GB/T 870 的半沉头铆钉将螺栓铆固。

（12）起降要求。

转向架组装后，需作业时，同一轮轴两侧的侧架端须同时起降，禁止单独顶升一端。

任务四　转 K5 型转向架检修

任务四课前任务单

一、基本要求

1. 基本作业条件

转向架检修须在专用的检修场地进行，配置转向架构架、弹簧、承载鞍、斜楔、摆动装置检修线等。

2. 配件分解

（1）冲洗后，转向架各部零配件，如轮对、承载鞍、基础制动杠杆和拉杆、制动梁、弹簧悬挂及减振装置、下心盘、下旁承、承载鞍、摇动座及弹簧托板等均分解检修，转向架构架（摇枕、侧架）要进行翻转检查和检修。

（2）构架吊运。

转向架牵引或吊运过程中要注意配件的防护，不允许借助交叉杆吊装、支撑或移动转向架。

（3）原车、原位、原方向。

承载鞍、轴箱橡胶垫、斜楔、弹性旁承组成等配件检测合格后装回原车、原位，并按原方向组装。

3. 抛丸除锈

段修时，摇动座须抛丸除锈，对裂纹判断有疑问的摇枕、侧架须抛丸除锈。厂修时构架（摇枕、侧架）、摇动座均要进行抛丸除锈，除锈后表面清洁度要达到 GB 8923 规定的 Sa2 级，局部不允许低于 Sa1 级。

4. 探　伤

段修时，摇动座的 A、B 部，耳轴圆弧区域及耳轴与方梁间的过渡区域须磁粉探伤，如图 2-89 和图 2-90 所示；对裂纹判断有疑问的摇枕、侧架进行磁粉探伤。厂修时构架（摇枕、侧架）、摇动座全数进行磁粉探伤检查。

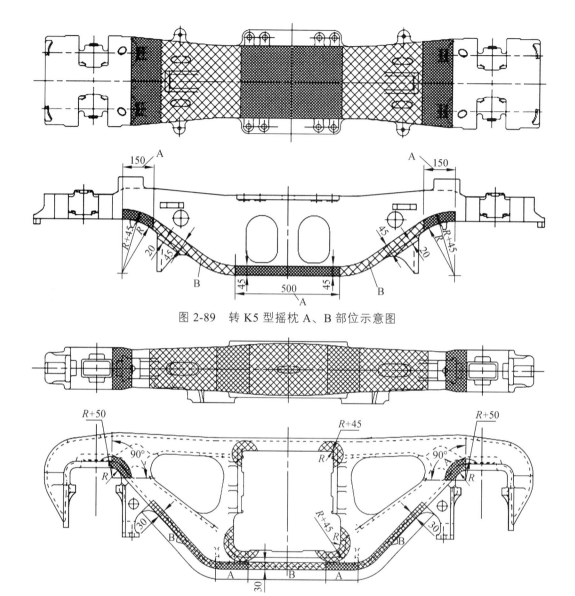

图 2-89　转 K5 型摇枕 A、B 部位示意图

图 2-90　转 K5 型侧架 A、B 部位示意图

5. 其 他

转向架冲洗、焊修、涂润滑脂、三检一验与交叉支撑转向架检修段修基本作业要求相同。

二、主要工装设备

主要工装设备有转向架清洗设备，摇枕侧架翻转机，铆钉自动控温加热装置，侧架立柱磨耗板液压铆钉机，侧架立柱磨耗板组装扭矩扳手，摇枕、侧架翻转焊修机具，弹簧自动检测机，摇枕及侧架组装机，侧架滑槽磨耗板压装机，摇动座探伤机，挡键螺栓铆钉机，下心盘螺栓扭矩扳手等。

三、主要检测器具

主要检测器具有侧架导框检测量规，侧架承载鞍支承面磨耗检测尺，侧架制动梁滑槽磨耗板磨耗检测量规，侧架立柱磨耗板检测量规，侧架导框两侧摩擦面磨耗检测尺，侧架导框中心距检测尺，空重车自动调整装置横跨梁组成检测量规，侧架摇动座摆动角凸台面检测量规，摇动轴下部圆弧面检测样板，摇动座中央脊背部上平面弯曲检测量规，导框摇动座弧顶面检测量规，摇动座支承内圆半径弧面检测样板，摇枕斜楔摩擦面检测样板，摇枕斜楔面磨耗板检测量规，下旁承上平面与下心盘上平面距离测量尺，下旁承磨耗板上平面至滚子上部距离测量尺，横跨梁触板与心盘上平面高度差测量尺，转向架垂下品检测尺，钢卷尺，塞尺等。

四、基本工艺流程

转 K5 型转向架检修工艺流程如图 2-91 所示。

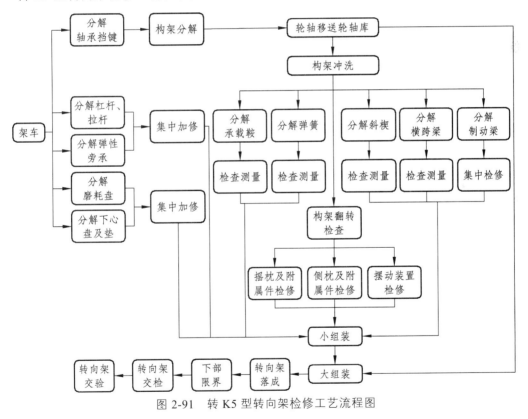

图 2-91 转 K5 型转向架检修工艺流程图

五、转 K5 型转向架检修

1. 转向架分解

分解轴承挡键、杠杆、拉杆、下心盘及心盘磨耗盘、安全索、弹性旁承及垫板等，如图

2-92 所示。按照作业流程分解轮对，实现构架分离，对转向架进行冲洗，使用悬挂小车对构架进行吊运。将承载鞍、斜楔、枕簧、制动梁等配件进行分解作业。

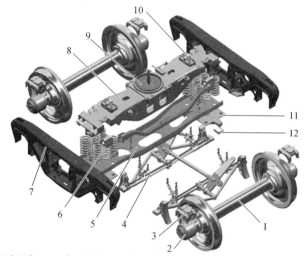

1—轮对组成；2—滚动轴承；3—承载鞍；4—基础制动装置；5—弹簧托板；
6—弹性悬挂和减振装置；7—侧架组成；8—摇枕组成；9—心盘磨耗盘；
10—弹性旁承；11—摇动座；12—摇动座支承。

图 2-92　转 K5 型转向架三维爆炸图

2. 外观检查

由于转向架构架结构复杂，为便于发现转向架构架下部内腔各部故障，须对摇枕、侧架外表面及内腔、交叉支撑装置进行全面外观检查，即正位检查和翻转检查两种检查方式。摇枕、侧架内腔检查时可使用具备拍照、图像放大、存储功能的摇枕内窥检查装置等设备，关键部位拍照留存。

3. 侧架检修

（1）裂纹故障检修。

A、B 部位或 A 区出现横裂纹时更换；侧架摇动座支承安装槽底面横裂纹长度不大于 60 mm，其他部位的横裂纹长度不大于裂纹处断面周长的 50%时焊修，焊波须高于基准面 1～2 mm，焊修后热处理；大于上述值时更换。

（2）磨耗故障检修。

转 K5 型转向架侧架导框导台两侧摩擦面距离：原形为（78±2）mm；转 K5 型转向架单侧磨耗（含局部磨耗）深度：大于 4 mm 或两侧之和大于 6 mm 时堆焊后磨修；转 K5 型转向架导框导台两内挡面距离：原形为 $196^{+1.5}_{-0.5}$，磨耗深度之和大于 6 mm 或影响组装间隙时，堆焊后磨修。无识别标记的原侧架报废需补充时，补充识别标记为"A"的相同型号的侧架，同一转向架的侧架一致。

（3）制动梁滑槽及滑槽磨耗板检修。

转 K5 型转向架侧架制动梁滑槽无防止制动梁脱出挡块时，焊装挡块，同时去除原车的前制动杠杆止挡。原止挡焊缝开裂时焊修，丢失时补装。转 K5 型转向架与转 K6 型转向架其余部位检修标准一致。

（4）侧架立柱磨耗板检修。

丢失时补装，裂损或磨耗大于 3 mm 时更换。折头螺栓松动时更换，丢失时补装新品。侧架立柱磨耗板材质为 45 号钢，须采用 ZT 型折头螺栓紧固，紧固力矩为 530～660 N·m。螺栓端头不得高于侧架立柱磨耗板表面，凸出部分磨修平整。新装磨耗板与侧架的间隙：用 1 mm 塞尺插入磨耗板与侧架立柱的间隙，任一处插入深度不得大于 13 mm。

（5）横跨梁托检修。

横跨梁托变形时调修或更换，裂纹或腐蚀深度大于 30% 时更换，孔径磨耗大于 3 mm 时焊修或更换。

（6）挡键检修。

挡键裂损时更换。挡键及螺栓变形影响使用时更换。伸缩式挡键铆钉失效、丢失时补装。

4. 摇枕检修

（1）裂纹故障检修。

A、B 部位横裂纹时更换，其他部位上平面、侧面横裂纹长度不大于裂纹处断面周长的 20%，底面横裂纹长度不大于底面宽度的 20% 时焊修（测量周长或宽度时，铸孔计算在内，测量裂纹长度时，铸孔不计算在内），焊波须高于基准面 1～2 mm，焊修后进行热处理；大于时更换。纵裂纹或内壁加强筋、心盘销座裂纹时焊修。下旁承盒裂纹、缺损时焊修或更换。焊修时，普碳钢侧架使用 J422 焊条，B 级钢使用 J506 焊条，焊波要高于基准面 2 mm，焊修后要进行热处理。

（2）磨耗故障检修。

转 K5 型转向架摇枕斜楔槽内、外表面距离原形为 146^{+3}_{-1} mm，磨耗后大于 152 mm 时，对中焊修后磨平，恢复原形。摇枕心盘螺栓孔磨耗大于 2 mm、心盘销孔磨耗大于 3 mm 时堆焊后加工。转 K5 型转向架摇枕头部两侧面宽度方向原形尺寸分别为 388^{0}_{-3} mm 和 438^{0}_{-3} mm，两侧面单侧壁厚磨耗大于 4 mm 时对中堆焊后磨平，恢复原形尺寸，如图 2-93 所示。

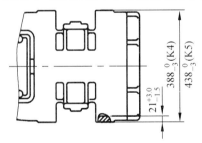

图 2-93　转 K5 型转向架摇枕头部两侧面单侧壁厚磨耗示意图

转 K5 型转向架摇枕下部横向运动止挡厚度：原形为 20 mm，磨耗深度大于 4 mm 时堆焊后磨平，恢复原形尺寸。转 K5 型转向架横跨梁安全链吊座剩余厚度小于 5 mm 或链孔上边缘宽度小于 8 mm 时更换。转 K5 型转向架固定杠杆支点座圆销孔或衬套直径磨耗大于 2 mm 时，扩孔镶套或更换。

（3）摇枕斜楔摩擦面磨耗板检修。

焊缝开裂时焊修，裂纹时更换为新品，丢失时补装；磨耗大于 3 mm 时更换为新品，磨耗板材质为 0Cr18Ni9（新牌号为 06Cr19Ni10）。焊装磨耗板前摇枕斜楔摩擦面须平整，摇枕斜楔摩擦面磨耗板与摇枕须段焊，如图 2-94 所示。摇枕斜楔摩擦面磨耗板焊接时要在摇枕翻转机上实行平焊。

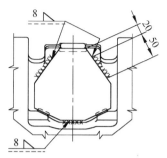

图 2-94　摇枕斜楔摩擦面磨耗板焊装示意图

（4）摇枕上拉杆托架焊缝开裂时焊修，变形时调修，裂纹时更换，托架轴弯曲时调修，含油尼龙滚套和副滚套出现裂纹或外表面磨耗深度大于 3 mm 时更换。DZ2 型摇枕上拉杆托架组成的尼龙托板表面磨耗深度大于 3 mm 时更换为新品。

（5）横跨梁安全链吊座剩余厚度小于 5 mm 或链孔上边缘宽度小于 8 mm 时更换。

5. 摆动装置检修

（1）弹簧托板。

弹簧托板、导框摇动座采用外观检查的方式。要随摇枕、侧架进行翻转外观检查，同时弹簧托板要分解检查，对存在裂纹疑问的弹簧托板，可配合使用磁粉探伤进行确认。

（2）摇动座、摇动座支承检查。

摇动座无制造单位、时间标记或使用时间满 8 年时报废；摇动座耳轴边缘向内 20 mm 处，用样板检查摇动座耳轴下部圆弧半径，弧面与样板间隙大于 2 mm 时更换，如图 2-95 所示。

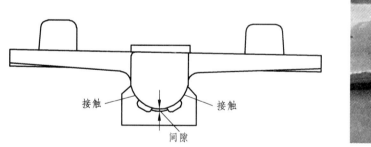 

图 2-95　摇动座摇动轴下部圆弧面与样板间隙检测

中央脊背部上平面弯曲、变形大于 3 mm 时更换。摇动座中央脊背部上平面弯曲变形检测要检测摇动座中央脊背部上平面的弯曲变形量，如图 2-96 所示。深入摇动座支承开口端边缘 20 mm 处，用摇动座支承内圆半径弧面原形样板测量内圆半径弧面与原形轮廓的间隙，大于 2 mm 或裂损时更换，如图 2-97 所示。摇动座要分解，除锈后探伤，转 K5 型转向架摇动座的 A、B 部，耳轴圆弧区域及耳轴与方梁间的过渡区域要进行除锈、磁粉探伤检查，裂纹深度不超过 2 mm 时，打磨消除裂纹，超过时更换；其他部位外观检查，裂纹深度大于 3 mm 或长度大于 20 mm 时更换，不大于时消除裂纹后焊修，焊后局部热处理。

图 2-96 摇动座中央脊背部上平面弯曲变形检测

图 2-97 摇动座支承内圆半径弧面与样板间隙检测

（3）导框摇动座检查。

转 K5 型转向架须全部装用识别标记为 A 或 A1 的小半径圆弧导框摇动座，配套装用符合要求的垫片、固定块及减振弹簧。导框摇动座须随摇枕、侧架一起进行翻转检查，外观状态良好时可不分解。裂纹、破损时更换，固定块变形、丢失、焊缝开裂时分解检修。导框摇动座圆弧面磨耗后，任一端弧顶与中部弧顶面高度差 H 大于 3.5 mm 或裂纹时，须更换导框摇动座，如图 2-98 所示。

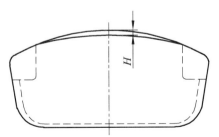

图 2-98 导框摇动座弧顶面磨耗示意图

导框摇动座圆弧面磨耗检测以导框摇动座中部未磨耗的圆弧顶点为基准，检测两端弧顶磨耗处的最大深度，如图 2-99 所示。导框摇动座分解后重新组装时垫片、固定块装用新品。

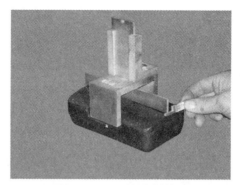

图 2-99　圆弧面磨耗检测

6. 横跨梁检修

（1）外观检查。

将待加修横跨梁放置于检测平台上，使用钢丝刷清除表面锈垢；翻转横跨梁，由一端向另一端逐步目视检查，重点检查梁体弯曲部位，发现梁体横向裂纹、破损时报废；翻转横跨梁安全吊链，目视检查，发现安全吊链环裂纹时检修或更换，检查发现横跨梁梁体纵裂纹时焊修。

（2）尺寸测量。

使用钢直尺和 10 mm 塞尺测量变形最大位置的间隙，横跨梁全长范围内弯曲大于 10 mm 时调修。安全吊链环磨耗深度大于 2 mm 时更换。横跨梁安全链吊座剩余厚度小于 5 mm 或链孔上边缘宽度小于 8 mm 时更换。矩形管横跨梁螺栓孔径向磨耗大于 3 mm 时更换。触板磨耗大于 2 mm 时焊修；触板上加焊的磨耗板磨耗大于 2 mm 时更换。摆式转向架弧形板剩余厚度小于 6 mm 时报废。

7. 减振装置检修

（1）各型圆弹簧逐个检测，出现折断、裂损，自由高低于规定的下限，弹簧圆钢直径腐蚀、磨耗超过原形的 8%，弹簧支承圈不足 5/8 圈等情况时报废。

（2）摇枕弹簧、减振弹簧组装时须选配，选配好的同型、同规格弹簧可用不同色标或条形码等方法进行标识。装配时内、外圈旋向相反，同一辆车的摇枕弹簧、减振弹簧规格、型号须分别相同。转 K5 型转向架还要满足同一转向架同型外圆弹簧自由高度差不大于 3 mm，同一转向架同型内圆弹簧自由高度差不大于 2 mm；同一组两级刚度弹簧内、外簧自由高度差：摇枕弹簧为 33 ~ 39 mm，减振弹簧为 35 ~ 41 mm，如图 2-100 所示。

图 2-100　中央悬挂装置

8. 组合式斜楔检修

材质为贝氏体球墨铸铁（ADI），出现裂纹时更换为新品；副摩擦面磨耗大于 3 mm 时更换斜楔体；转 K5 型转向架主摩擦板材质为高分子材料，原形厚度 10 mm，磨耗大于 4 mm 时更换；主摩擦板四角断裂区域限度为 35 mm × 35 mm，两角断裂区域限度为 60 mm × 60 mm，断裂区域限度或缺损面积之和大于总面积的 15%时更换；主摩擦板背面与斜楔体安装面间隙大于 3 mm 时调整，垫圈厚度为 2 ~ 8 mm。

9. 承载鞍检修

（1）转 K5 型转向架凹形顶面磨耗不大于 3.5 mm 时消除棱角，大于时更换为新品。

（2）转 K5 型推力挡肩：原形为 163 mm，两端磨耗后不大于 165.8 mm 时消除棱角，大于时更换为新品。

（3）转 K5 型转向架导框挡边内侧面横向距离：原形标记为 A 者 92^{+2}_{0} mm、标记为 A_1 者 98 mm；两侧磨耗之和大于 6 mm 时更换为新品。导框挡边底面水平距离磨耗超限时更换。

（4）鞍面径向（半径）磨耗大于 0.5 mm 时更换为新品；鞍面磕、碰伤消除凸起部分。鞍面两侧凹槽不得存在高于内鞍面的凸起点。

10. BD 型弹性旁承检修

（1）旁承磨耗板原形厚度 12 mm，顶面磨耗不大于 3 mm。

（2）橡胶体可有龟裂，但表面裂纹深度大于 5 mm 或长度大于周长的 50%时更换。橡胶体与金属体可存在剥离，但连续剥离长度大于上、下表面圆周周长的 33%或累积剥离长度大于上、下表面圆周周长的 50%时更换。

（3）旁承体上、下部底平面的距离 A 小于 10 mm 时更换为新品；距离为 10 ~ 12 mm 时，在旁承体下平面加装带孔的旁承垫板，将 A 值调整至 14^{+1}_{0} mm，垫板厚度为（$14 - A$）mm，如图 2-101 和图 2-102 所示。

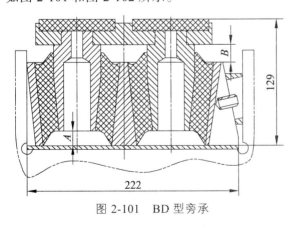

图 2-101 BD 型旁承

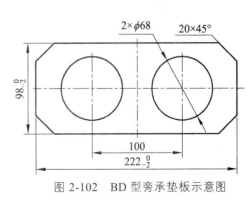

图 2-102 BD 型旁承垫板示意图

11. 下心盘、中心销及心盘磨耗盘

（1）转 K5 型转向架下心盘圆脐根部圆周裂纹时报废，平面裂纹时焊修，变形时更换或调修，调平后检测心盘底面平面度不大于 1 mm。

（2）中心销裂纹时更换，弯曲时调修，直径磨耗大于 2 mm 时焊修后加工或更换。

（3）心盘磨耗盘可有 1 处从周边至中心孔的裂纹或 1 处以上长度之和不大于 150 mm 的裂纹，超限或破损时更换。导电式心盘磨耗盘的导电柱全部脱落时更换为新品，必须为导电式心盘磨耗盘。心盘磨耗盘立面磨耗大于 2 mm 时更换（转 K5：$375^{+0.3}_{-1.0}$ mm）；底面磨耗不大于 3 mm，超限时更换。

12. 杠杆、拉杆、圆销检修

（1）外观检查。

检查发现制动杠杆、拉杆裂纹时报废；衬套松动、裂纹时更换。杠杆、拉杆腐蚀、磨耗超限时，更换新品。目视检查圆销（拉铆销）头部有制造单位代号、材质、年份、材质标记（40Cr），制造标记清晰，制造标记不符或不清晰时报废。将圆销（拉铆销）放置在检测平台上，使用钢丝刷清除圆销（拉铆销）表面锈垢后，目视检查圆销体各部位，特别要对圆销体与圆销头部连接处进行重点检查，发现圆销（拉铆销）裂纹、裂损时报废。

（2）各部尺寸检测。

圆销孔、衬套孔磨耗检测，依次对固定杠杆、游动杠杆、拉杆孔分别进行检测。

制动杠杆、拉杆孔距检测，将杠杆、拉杆放置在检测平台上，依次检测固定杠杆、游动杠杆、拉杆，测量时将制动杠杆、拉杆孔距校对尺固定锥插于杠杆、拉杆中孔，调整支撑螺杆，使尺身保持水平，然后将活动锥分别插入上孔或下孔，推动滑尺贴靠工作面，读取滑尺刻线对应的示值，杠杆孔距刻度值达到数值 ±3 mm 时超限，拉杆测量时刻度值大于 10 mm 时超限。

杠杆两端面圆弧半径检测，在检测平台上使用钢板尺测量圆销孔中心至杠杆外端面的距离，测量值小于圆弧半径加 5 mm 或杠杆两端圆弧半径小于规定时，堆焊后磨修，超限时使用白粉笔圈划出故障位置并标注"#"及"焊"加修标识。

13. 制动梁检修

制动梁检修同转 K6 型转向架一致。

14. 转向架组装及质量检查

转 K5 型转向架组装及质量检查与转 K6 型转向架要求基本一致，下面只列举在组装及质量检查过程中转 K5 型转向架不一样的工序和标准。

（1）组装摇动装置。

装用原转 K5 型小圆弧承载鞍（识别标记为 A）的转 K5 型转向架，装用符合图样要求的垫片和导框摇动座固定块，如图 2-103 ~ 图 2-105 所示。

转 K5 型转向架承载鞍和导框摇动座需要更换时，同一转向架更换的承载鞍和导框摇动座必须相互匹配，即识别标记为 A 和 A1 的 R80 mm 小圆弧半径承载鞍配识别标记为 A1 的 R70 mm 小圆弧半径导框摇动座。转 K5 型转向架装用的识别标记为"A"的承载鞍和导框摇动座报废需补充时，补充识别标记为"A1"的承载鞍和导框摇动座；配套装用符合要求的导框摇动座固定块。

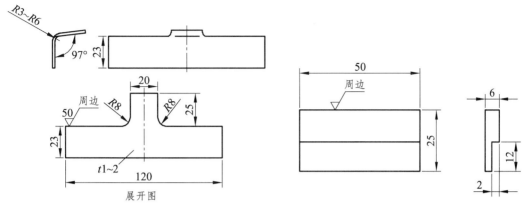

图 2-103 转 K5 型转向架导框摇动座垫片　　　　图 2-104 导框摇动座固定块

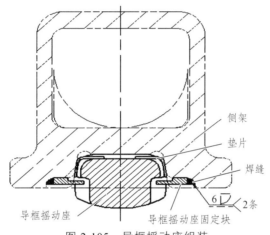

图 2-105 导框摇动座组装

转 K5 型转向架摇动座、摇动座支承与侧架组装时，检测侧架中部下弦杆上平面限制摇动座摆动角的凸台面，在摇动座朝侧架一侧倾斜至不能移动时分别用样板检查，全长范围内通端通过、止端止住，如图 2-106 所示。通端不能到位时可在摇动座支承底面与侧架间安装一块 94 mm × 84 mm × （2～3）mm 的钢垫板；样板止端触底时，可调整摇动座支承底面钢垫板的厚度或将侧架凸台面堆焊后磨平。弹簧托板与摇动座组装时，须在弹簧托板上部与各折头螺栓间加装 1 个 GB/T 97.1 规定的垫圈 22，并配套装用符合要求的 ZT 型圆柱折头螺栓。

图 2-106 侧架摇动座摆动角凸台面样板检查示意图

（2）组装弹簧、斜楔。

摇枕弹簧、减振弹簧须落入相应弹簧定位脐及挡边之内，各内外圈旋向相反，各型弹簧安装位置须符合规定。

（3）组装承载鞍。

同一辆车上承载鞍型号须一致，不得混装。同一辆车的承载鞍圆弧半径、导框摇动座圆弧半径须分别相同，转 K5 型转向架须全部装用识别标记为 A 或 A_1 的小半径圆弧导框摇动座和承载鞍，并配套装用符合要求的垫片、固定块及减振弹簧。

（4）组装下旁承。

BD 型旁承座与摇枕旁承盒纵向由锁紧斜铁楔紧，锁紧斜铁上端面不得高于旁承体下部的上平面。

（5）转 K5 型转向架轴承外圈与挡键间隙：3 ~ 7 mm。

任务五　转向架检修质量检查

一、质量检查流程

（1）确认转向架型号及轮径差。

（2）进行制动缓解试验。推拉移动杠杆进行制动、缓解试验作用需灵活，制动位时闸瓦贴靠车轮踏面，缓解位时闸瓦需离开车轮踏面。

任务五课前任务单

（3）限度测量。测量承载鞍与侧架导框的间隙前后之和、左右之和；测量推力挡肩内径与前盖、后挡最大外径间的径向间隙；测量转向架挡键与轴承外圈的间隙；测量下旁承磨耗板上平面至滚子上部距离；测量旁承座与旁承盒的纵向间隙之和；测量横跨梁托座与横跨梁之间的间隙；测量横跨梁螺栓垂直量；测量制动梁安全链松余量；测量心盘中心销插入、露出长度，下心盘垫板（垫木）厚度；检查制动圆销及拉铆销组装质量；检测斜楔主摩擦面与侧架立柱磨耗板间隙；检查下旁承上平面与下心盘上平面垂直距离。

（4）转向架落成质量检查。转向架落成各部有尺寸要求的随检查顺序进行目视检查，发现异常时使用样板、量具进行测量。以转 K6 型二位转向架检查为例，如图 2-107 所示。

第一步：面对二位（四位）侧架头部，蹲式检查侧架端部工艺孔无裂纹，腔内无异物，承载鞍上平面与侧架导框间无异物，间隙不大于 1 mm。检查侧架滑槽内无油污及异物。检查制动梁滑块齐全良好。检查承载鞍正位组装状态良好。检查车轮踏面无擦伤、油污。

第二步：面对二位（四位）车轴，蹲式检查交叉支撑装置有无弯曲变形，交叉杆检修标记齐全，涂打位置正确。检查侧架内侧枕簧正位。检查制动梁检修标记及流水编号齐全良好。

第三步：单脚跨入车轴与制动梁之间，检查左侧 1/4 踏面、闸瓦、闸瓦插销组装良好。敲打检查制动梁安全链螺栓、马蹄环螺栓组装状态良好，无别劲，螺母紧固，开口销齐全良好。检查安全索盘绕在制动梁与交叉杆之间。检查下心盘螺栓（10.9 级）M24 装用 $\phi 5$ mm 开口销，开口销须双向劈开角度不小于 60°。检查交叉杆夹板组装螺栓紧固，焊缝无裂纹。检查制动梁支柱螺栓无松动。取出检查心盘磨耗盘内无异物、裂纹，寿命不过期。检查下心盘内无异物。检查摇枕中心销孔、两侧工艺孔无裂纹，内侧无异物。检查右侧的制动梁安全链、安全索、闸瓦、闸瓦插销，检查右侧1/4踏面。

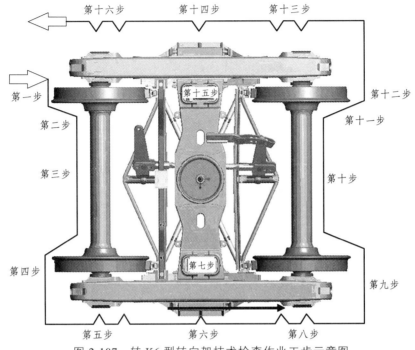

图 2-107　转 K6 型转向架技术检查作业工步示意图

第四步：退出检查，同第一步。

第五步：转身蹲式检查轴承外圈无磕碰伤，检查承载鞍与侧架组装正位，无油污、异物。检查承载鞍组装是否原车、原位、原方向。检查承载鞍上平面与侧架导框间隙不大于 1 mm。检查轴承前盖无碰伤，手拉施封锁组装状态良好。检查螺栓需有 35 钢字样，制造标识清晰，寿命不超过 10 年。防松片至少一片与螺栓六角平面密贴。轴承标志板清晰，无反装。检查闸瓦、闸瓦插销、插销环下部组装状态良好，新弹性闸瓦插销环须符合要求。敲打检查轴承挡键螺栓、螺母无松动，转 K6 型转向架螺栓 M16×95。弹簧垫圈无变形（铆结构良好），使用旧型挡键时，转 K6 型转向架的挡键处须装用 $\phi 6.3 \times 36$ 的开口销，组装后开口销须与螺栓盘紧。检查交叉支撑装置端头螺栓无松动，双耳垫圈两止耳对角贴靠良好，标志板齐全无反装。检查交叉杆橡胶垫无漏装、老化、龟裂不超限。检查折头螺栓无松动。

第六步：面对摇枕头部，蹲式检查减振弹簧、摇枕弹簧组装正位，无漏装、错装。检查组合式斜楔是否组装原车、原位、原方向，材质须一致。检查立柱磨耗板与斜楔摩擦板间隙符合规定，斜楔主摩擦板组装开口销齐全，状态良好，转向架须装用组合式斜楔，配套装用加宽 45 号钢立柱磨耗板。转 K6 型转向架主摩擦板为高分子材料，斜楔体为贝氏体球墨铸铁组合式。检查摇枕端部内腔无异物。检查侧架铲豆、制造标识清晰，寿命不过期。

第七步：起身取出下旁承，检查弹性旁承体、磨耗板寿命不过期，旁承体龟裂不超限，任何部位不得涂抹油脂。检查旁承盒内无异物，调整垫板规格、数量，使其符合规定。转 K6 型转向架数量 0～3 块，厚度 0～30 mm。纵向调整垫片无开焊。

第八步：蹲式检查侧架三角孔内有无异物，侧架立柱磨耗板折头螺栓无松动。检查交叉支撑装置端头螺栓无松动，双耳垫圈两止耳对角贴靠良好，标志板齐全无反装。检查交叉杆橡胶垫无漏装、老化、龟裂不超限。检查轴承挡键螺栓、螺母无松动，弹簧垫圈无变形（铆结构良好）、开口销须盘紧。检查插销环下部组装状态良好。检查轴承外圈无磕碰伤，检查承载鞍与侧架组装正位，无油污、异物，检查承载鞍上平面与侧架导框间隙不大于 1 mm。检查承载鞍组装是否原车、原位、原方向。检查轴承前盖无碰伤，手拉施封锁组装状态良好。检查螺栓需有 35 钢字样，制造标识清晰，寿命不超过 10 年。防松片至少一片与螺栓六角平面密贴。轴承标志板清晰，无反装。

第九步：同第一步。

第十步：同第二步。

第十一步：同第三步。检查横跨梁体无变形、裂纹。横跨梁安全链螺栓紧固，无别劲。检查上拉条托滚轴、托滚、平垫及开口销配件齐全、状态良好，开口销须卷起。

第十二步：同第一步。

第十三步：同第五步。

第十四步：同第六步。核对两侧架铲豆是否一致。

第十五步：同第七步。

第十六步：同第八步。

为了保证车辆落成后的通过性，转向架落成后，须进行下部限界检查，检查各垂下品与轨面最小距离：钢轨内侧为 60 mm；钢轨外侧为 80 mm；闸瓦插销为 25 mm。

二、典型故障学习

转向架典型故障如图 2-108～图 2-117 所示。

图 2-108　摇枕裂纹

图 2-109　转向架杠杆错装

图 2-110　承载鞍尺寸不符合要求

图 2-111　杠杆孔距不符

图 2-112　摇枕弹簧错装

图 2-113　交叉杆折断

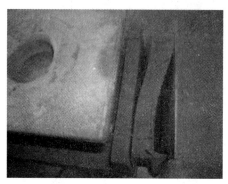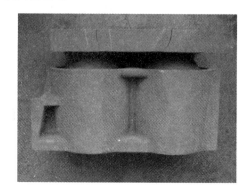

图 2-114　下旁承裂损

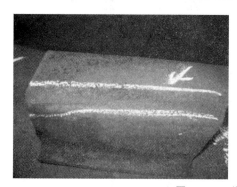

图 2-115　滑槽磨耗板裂纹

图 2-116　斜楔主摩擦板裂损

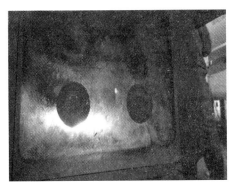

图 2-117　侧架立柱磨耗板裂损

模块三　铁路客车转向架检修

一、转向架的组成及作用

由于车辆的用途、运行条件、制造和检修能力及历史传统等因素的不同，使得转向架的类型繁多，结构各异。但它们又都具有共同的特点，其基本作用和基本组成部分是相同的。一般转向架的组成可以分为以下几个部分。

课程模块任务活页

转向架的组成和分类

（1）轮对轴箱装置：轮对沿着钢轨滚动，除传递车辆重量外，还传递轮轨之间的各种作用力，其中包括牵引力和制动力。轴箱与轴承装置是联系构架（或侧架）和轮对的活动关节，使轮对的滚动转化为构架（或侧架）、车体沿钢轨的平动。

（2）弹性悬挂装置：为减少线路不平顺和轮对运动对车体的各种动态影响（如垂向振动，横向振动等），转向架在轮对与构架（侧架）之间或构架（侧架）与车体（摇枕）之间，设有弹性悬挂装置。前者称为轴箱悬挂装置（又称第一系悬挂），后者称为摇枕（中央）悬挂装置（又称第二系悬挂）。

（3）构架或侧架：构架（侧架）是转向架的基础，它把转向架各零、部件组成一个整体。所以它不仅承受、传递各种作用力及载荷，而且它的结构、形状和尺寸大小应满足各零、部件的结构、形状及组装的要求（如应满足制动装置、弹簧减振装置、轴箱定位装置等安装的要求）。

（4）基础制动装置：为使运行中的车辆能在规定的距离范围内停车，必须安装制动装置，其作用是传递和放大制动缸的制动力，使闸瓦与轮对之间或闸片与制动盘之间产生的内摩擦力转换为轮轨之间的外摩擦力（即制动力），从而使车辆承受前进方向的阻力，产生制动效果。

（5）转向架支承车体的装置：转向架支承车体的方式（又可称为转向架的承载方式）不同，使得转向架与车体相连接部分的结构及形式也各有所异，但都应满足以下基本要求，即安全可靠地支承车体，承载并传递各作用力（如垂向力、振动力等）；为使车辆顺利通过曲线，车体与转向架之间应能绕不变的旋转中心相对转动；为使车辆稳定运行，车体与转向架之间应具有一定的回转阻力或阻力矩。

二、转向架的分类

（一）按转向架的类型、轴数分类

在各种转向架上，采用的轮对数目与类型是有区别的。根据国家标准（GB/T 12814—2002），按容许轴重，车辆所用的车轴基本上可分为 B、C、D、E、F、G 六种。车轴直径越粗，容许轴重越大，但最大容许轴重受线路和桥梁的强度标准限制。一般货车采用 B、D、E、F、G 五种轴型，客车采用 C、D 两种轴型。

按轴数分类，转向架有二轴、三轴和多轴。我国大多数客、货车采用二轴转向架，一些大吨位货车及公务车等采用三轴转向架，在长大重载货车上采用多轴转向架或转向架群。

（二）按垂向载荷的传递方式分类

车辆车体与转向架之间衔接部分的结构形式，要相互吻合而组成一个整体。显然，它与载荷的传递方式密切相关。按不同的载荷分配及载荷作用点，转向架可分为以下三种。

1. 心盘集中承载

车体上的全部重量通过前后两个上心盘分别传递给前后转向架的两个下心盘。早期的客、货车转向架都是这种承载方式。

2. 非心盘承载

该种形式的转向架没有心盘装置，虽然有的转向架上还有类似心盘的装置存在，但它仅作为传递纵向力及转动中心之用，车体上的全部重量通过中央弹簧悬挂装置直接传递给转向架构架。其中，有的转向架在中央弹簧悬挂装置与构架之间安装有旁承装置，对这种转向架又称为旁承承载。

3. 心盘部分承载

这种承载方式的结构是上述两种承载方式结构的组合，即车体上的重量按一定比例分配，分别传递给心盘与旁承，使之共同承载，这种承载方式的旁承结构比较复杂，目前，我国货车主要采用这种承载形式。

在旁承承受全部或局部载荷的情况下，当转向架绕心盘或转动中心转动时，上下旁承之间有摩擦力。这种摩擦力形成的摩擦力矩可以阻止转向架相对车体的转动。适宜的摩擦力矩可以有效抑制车辆蛇行运动。若摩擦力矩的取值过大，则不利于车辆的曲线通过，甚至造成车辆脱轨现象的发生。

任务一   209P 型转向架检修

任务一课前任务单

旅客列车运行 80 万千米（±10 万千米）或运行不足 80 万千米，但已做过一次 A2 修，距上次 A2 修程超过 2 年时，需要入段将转向架从车体分离后进行分解检修。旅客列车是用来运输旅客和为旅客服务的，因此客车转向架不仅要有足够的强度，还要有良好的运行平稳性和较高的运行速度。客车转向架通常采用构架式转向架，用两系悬挂来改善垂向及横向性能，设置垂向及横向减振器耗散振动能量；为改善横向动力性能，设置有横向复原装置，如由吊杆、吊轴和弹簧托板组成的摇动台结构；提速和高速列车利用空气弹簧横向性能设计无摇动台结构；同时采用各种轴箱定位方式抑制转向架在线路上的蛇行运动，采用单元缸及轴盘或轮盘制动方式增加制动力。

目前，我国客车转向架种类很多，无论转向架结构如何演变，基本上都是由构架、轮对轴箱装置、弹性悬挂装置、基础制动装置和转向架支撑车体装置组成的。

一、209P 型客车转向架结构

209P 型客车转向架是一种非常成熟的定型客车转向架，也是目前普速客车装用量较大的一款转向架。209P 型客车转向架中的 P 表示盘形制动。209P 型转向架是中国国内干线铁路120 km/h 速度等级客车用主型转向架之一，主要用于 25B、25G 型客车及部分特种车型，现在，新造的直流 600V 供电 25G 型空调客车基本上都采用这种转向架。209P 型客车转向架具有运营成本低、结构简单可靠、运行性能优良稳定、易于维护等优点，在中国各大铁路干线支线上运用。该型转向架由南京浦镇车辆有限公司（浦镇公司）、长春轨道客车股份有限公司（长客股份）、唐山轨道客车有限责任公司（唐车公司）进行生产。

209P 型客车转向架的现车实物及结构如图 3-1 所示。它主要由构架装置、轮对轴箱装置、弹性悬挂装置、转向架支撑车体装置和基础制动装置五部分组成。

图 3-1　209P 型转向架

1. 构架装置

转向架的各种零部件都是通过构架组装在一起的，209P 型客车转向架的构架为铸钢一体式焊接 H 形结构。如图 3-2 所示，构架由两根侧梁、两根横梁等组成。在横梁侧梁底面上共铸有 8 个弹簧支柱座，用于安装轴箱弹簧支柱。在构架侧梁外侧铸有摇枕吊座托架，托架上焊有铸钢摇枕吊座，横梁外侧共焊有 4 个盘形制动单元吊座。构架侧梁底面上铸有 8 个轴箱弹簧支柱座，构架侧梁外侧分别铸有 4 个牵引拉杆座和摇枕吊座。在构架侧梁中部外侧装有横向缓冲器座，在构架侧梁外部装有横向缓冲器，它由挡轴、缓冲橡胶组成。组装时，将缓冲橡胶压入构架侧梁外部的缓冲器座内即可。

浦镇公司生产的构架为铸造结构，长客股份、唐车公司生产的构架为焊接结构。

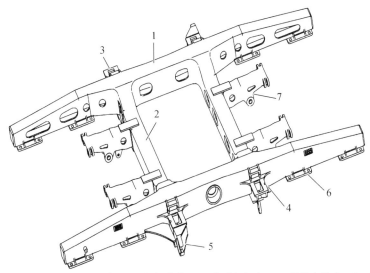

1—侧梁；2—横梁；3—摇枕吊托架；4—摇枕吊座；5—牵引拉杆座；6—弹簧支柱座；7—制动吊座。

图 3-2　209P 型转向架构架

2. 轮对轴箱定位装置

209P 型客车转向架轮对轴箱定位装置为导柱式轮对轴箱定位结构，如图 3-3 所示。

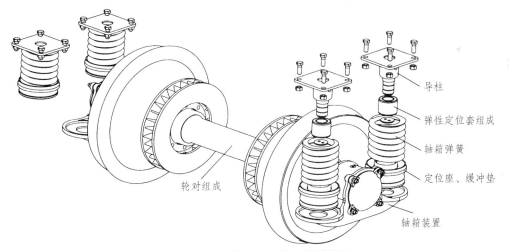

图 3-3　209P 型转向架轮对轴箱装置

1）轮对装置

轮对采用 RD3A、RD4A 型滚动轴承车轴，KKD 型车轮；KKD 型车轮为 A 级全加工碾钢整体车轮，滚动圆直径 915 mm，同　车轮两滚动圆直径差不能大于 1 mm。车轴结构在车轮内侧车轴中部 860 mm 中心距上设有 2 个制动盘座，如图 3-4 所示。

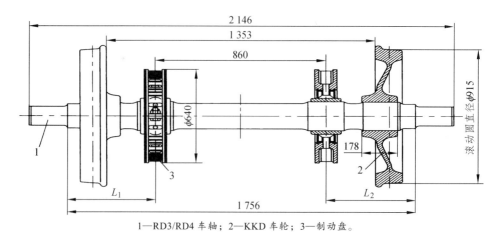

1—RD3/RD4 车轴；2—KKD 车轮；3—制动盘。

图 3-4　209P 型转向架轮对装置

2）轴箱弹簧及定位装置

轴箱装置采用整体金属迷宫式密封轴箱，有装接地装置轴端和装防滑传感器轴端，如图 3-5 和图 3-6 所示。

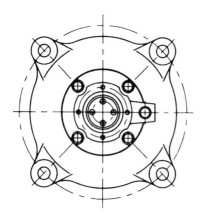

图 3-5　209P 型转向架装有接地装置的轴箱

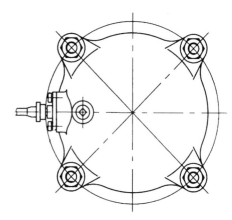

图 3-6　209P 型转向架装有防滑传感器的轴箱

轴箱弹簧采用单圈圆柱螺旋弹簧，轴箱弹簧采用综合性能良好的 60Si2Mn 弹簧钢制造，是与 209T 型客车转向架规格相同的弹簧。为了保证弹簧的组装精度，弹簧两端面需磨平 3/4 圈，两端面平行度不大于 1 mm，弹簧中心垂直度不大于 5 mm，直线度不大于 3 mm。

轴箱定位装置采用干摩擦导柱式弹性定位结构，如图 3-7 所示。该轴箱定位装置由导柱、弹性定位套组成、定位座组成、轴箱弹簧、支持环、橡胶缓冲垫、挡盖、螺栓、弹簧垫圈和螺母等零部件组成。弹性定位套与导柱组装后，用挡盖螺栓固定在导柱上。在定位座组成中装有摩擦套。该结构为干摩擦结构，无须加油润滑，具有自润滑性。采用这种结构，由于弹性定位套与定位座之间的间隙（即定位间隙）很小（直径差 0.5 ~ 0.8 mm），且弹性定位套中的橡胶有一定的刚度，因此能起到抑制轮对蛇行运动的作用，实现轮对轴箱与构架在纵横方向的定位。

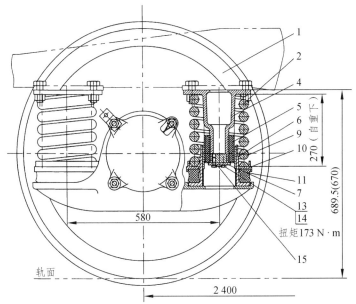

1—轮对轴箱装置；2—轴箱弹簧；4—导柱安装；5—弹性定位套组成；6—定位座组成；
7—挡盖；10—支持环；11—缓冲垫；13—螺栓；14—垫圈；15—导柱定位座。

图 3-7　209P 型转向架轴箱定位装置

3. 中央悬挂装置

209P 型客车转向架的摇枕弹簧悬挂装置采用摇动台式结构，主要由摇枕、下心盘、下旁承、中心销、摇枕弹簧、吊销支承板、摇枕吊销、安全吊及纵向牵引拉杆装置等组成，如图 3-8 所示。使间隙旁承车体上的全部重量通过前后两个上心盘分别传递给前后转向架的两个下心盘，这种结构的载荷传递特点是心盘集中承载后通过摇动台将载荷传递给构架。车体通过心盘支承在摇枕上，摇枕两端支承在摇枕弹簧的上支承面，摇枕弹簧下支承面坐落在弹簧托板（或托梁）上，弹簧托板通过吊轴、吊杆与吊销悬挂在构架上。这样，摇枕、摇枕弹簧、弹簧托板、吊轴与吊杆连同车体，在侧向力作用下，可做类似钟摆的摆动，使之相对构架产生左右摇动。转向架中可以横向摆动的这个部分称为摇动台装置，它具有横向弹性特性。209P 型转向架在转向架两侧和摇枕两端斜对称焊有牵引拉杆座，用具有橡胶弹性节点的牵引拉杆将摇枕和构架相连，使摇动台得到纵向定位，并可改善其振动性能。拉杆的固定端（即内侧无调节螺母帽端）固定在构架上，调节端固定在摇枕上，起到构架牵引摇枕的作用。组装时，止推垫圈的内舌应卡入拉杆上的轴向槽内，垫圈边缘应分别翻到内、外螺帽上，这样螺母就不会松动。牵引拉杆的组装应在整车找平后进行。

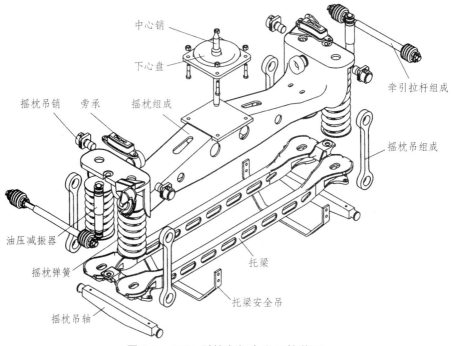

中心销

下心盘

牵引拉杆组成

摇枕吊销　旁承　摇枕组成

摇枕吊组成

油压减振器

托梁

摇枕弹簧

托梁安全吊

摇枕吊轴

图 3-8　209P 型转向架中央悬挂装置

209P 型客车转向架基础制动装置采用盘形制动单元，如图 3-9 所示。

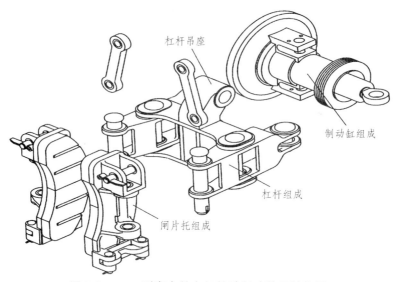

杠杆吊座

制动缸组成

杠杆组成

闸片托组成

图 3-9　209P 型客车转向架基础制动装置结构图

　　每个制动盘都有一个盘形制动单元，每个盘形制动单元都由单元制动缸、人力制动杠杆（仅一位盘形制动单元有）、内外侧杠杆、杠杆吊座、闸片托、闸片、闸片托吊和闸片吊销等零部件组成，以 3 点悬挂式悬挂在构架横梁上的制动缸吊座上。

　　（1）单元制动缸带有单向闸片间隙自动调整器，制动缸往转向架上安装或更换闸片时，需旋转回程螺母，使活塞杆缩到最短。当通风抱闸几次后，闸片间隙将被自动调整到 3 ~ 5 mm。

随着闸片的磨耗，制动缸活塞杆自动伸长，保证制动缸的工作行程在规定的范围内。

（2）为便于闸片组装，闸片分成对称的两半块制造，闸片分左右，在其后部镶有钢背，钢背上的燕尾凸棒和闸片托的燕尾槽配合，由合成材料制成，闸片原形厚度为 28 mm，允许磨耗到 5 mm，左右闸片需同时更换。

（3）闸片托组成由闸片托和锁铁等零部件组成，闸片托为铸钢件，分左右件。每个制动盘采用左右闸片托各一件，闸片托装上闸片后被锁铁挡住，即可防止闸片脱落。

209P 型客车转向架支承车体并将车体上的各种作用力和载荷传递给钢轨。209P 型客车转向架垂向载荷传导顺序如下：

车体—上心盘—下心盘—摇枕—┌摇枕弹簧┐—弹簧托梁—摇枕吊轴—摇枕吊—摇枕吊销—摇枕吊座—构架侧梁—└油压减振器┘轴箱弹簧支柱座—轴箱弹簧—支持环—橡胶缓冲垫—定位座—轴箱弹簧托盘—轴箱—轴承—车轮—钢轨

4. 209P 型客车转向架的主要技术特点

（1）采用铸钢一体的 H 形构架，强度大、结构简单、检修方便。

（2）采用干摩擦导柱式弹性定位装置，定位严密、转动灵活，能抑制轮对的蛇行运动，保持轮对轴箱装置纵、横方向定位。

（3）采用长摇枕吊杆，摇枕两端上翘，可以采用自由度和静挠度高的枕簧，配合油压减振器，以改善转向架的垂向动力性能。

（4）弹簧托梁为铸钢结构，耐腐蚀，检修工作量小，而且可以增加摇动台的横向刚度。枕簧采用超外侧悬挂，有利于提高车辆运行的横向平稳性。

（5）设有横向缓冲器，可以限制并减小或缓和过大的横向振动。

（6）下旁承在构架侧梁外侧，横向中心距加大，可减小车体的侧滚振动，提高运行平稳性。

（7）采用纵向牵引拉杆代替纵向摇枕挡，改善了纵向力的传递，同时缓和了纵向冲击，可提高纵向平稳性。

（8）装设有车钩高度调整装置，调整范围可达 35 mm，调整车钩高度作业方便。

（9）用于不同车型时，只需更换摇枕弹簧和轴箱弹簧，其他配件均可通用。

（10）除心盘、中心销在构架中心位置，其他大部分配件均在构架外侧，便于库列检和列检及检车乘务员检修作业。

二、209P 型转向架检修

1. 构架检修

转向架构架检修须符合下列要求：

（1）构架裂纹不超过截面周长的 30% 时焊修，超过时报废。焊后应消除内应力。

（2）构架上各衬套须为耐磨衬套，裂纹、松动或内孔直径磨耗超过 1 mm 时更换，表面硬度为 55 ~ 60 HRC。

（3）构架各吊座弯曲变形时调整，裂纹时焊修，严重破损时更换。

2. 中央悬挂装置检修

（1）心盘结构牵引装置。

心盘：下心盘采用 8 个螺栓组装在摇枕上部中央的下心盘座上。

检修要求：

① 裂纹、裂损时焊修或更换，偏磨时加修。

② 下心盘直径磨耗大于 4 mm 时焊修或更换，上下心盘直径差不大于 8 mm。

③ 上心盘可加厚度不大于 16 mm 的铁垫板 1 块；下心盘可加不超过 3 层、总厚度不大于 50 mm 的铁垫板。

中心销：车体上心盘与转向架下心盘围绕中心销做回转运动。

检修要求：中心销有横向裂纹或直径磨耗大于 3 mm 时报废，有纵向裂纹可加修，弯曲变形影响使用时调修或更换。

纵向牵引拉杆：在转向架两侧和摇枕两端斜对称焊有牵引拉杆座，装有方向相反的两个牵引拉杆，用具有橡胶弹性节点的牵引拉杆将摇枕和构架相连，使摇动台得到纵向定位，并可改善其振动性能。牵引拉杆结构由两端带 M42 螺纹的拉杆、隔套、橡胶垫、内外夹板、止推垫圈、M42 螺母等零件组成，如图 3-10 所示。拉杆的固定端（即内侧无调节螺母帽端）固定在构架上，调节端固定在摇枕上，起到以构架牵引摇枕的作用。

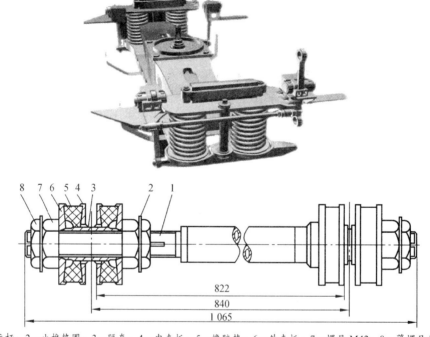

1—拉杆；2—止推垫圈；3—隔套；4—内夹板；5—橡胶垫；6—外夹板；7—螺母 M42；8—薄螺母 M42。

图 3-10　纵向牵引拉杆组成

牵引拉杆布置在转向架的两侧，并且方向相反，使车辆通过曲线时，可以减缓摇枕和车体的纵向振动。牵引拉杆两端有橡胶垫，形成弹性节点，具有无磨耗、不需润滑、维修简便、减少噪声等特点。

检修要求：

① 牵引拉杆螺纹磨耗、缺损等影响螺母组装时可焊修（40Cr 材质的牵引拉杆不许焊修）。隔套、夹板、螺母不良时更新，止退垫圈、开口销更新。

② 牵引拉杆弯曲变形大于 4 mm 时报废。

③ A2 修时，牵引拉杆橡胶垫老化、裂损时更新，A3 修时更新。

（2）摇枕。

209P 型转向架摇枕采用变截面的空心铸钢等强度梁，其两端向上翘起，通过侧梁处凹下，从侧梁下部穿过。两下旁承安装在摇枕两端部，位于构架侧梁外侧，即采用外侧旁承形式，既便于检修，又可以减小车体的侧滚振动。

检修要求：检修时摇枕应冲洗或煮洗干净后进行检修，摇枕裂纹时焊修或焊后补强；摇枕吊裂纹时更换，原有横向锻造皱纹须消除，消除后凹入深度不超过 2 mm。

（3）摇枕悬吊装置。

摇枕吊：水平方向采用长吊杆，改善了车体的横向振动性能，它由 Q235 钢锻制而成。其上、下孔均镶有锻钢衬套，如图 3-11 所示。上孔衬套的内部为 $R70$ mm 的圆弧面，与摇枕吊销中部 $R75$ mm 的圆弧面吻合，摆动灵活；下孔衬套的内部沿轴向不是弧面，而是平垂面，与吊轴轴端圆柱面接触，以增加接触面，减少磨耗。上、下孔的中心距为 580 mm，组装后摇枕吊销和吊轴的中心距，即摇枕吊有效长度为 590 mm。

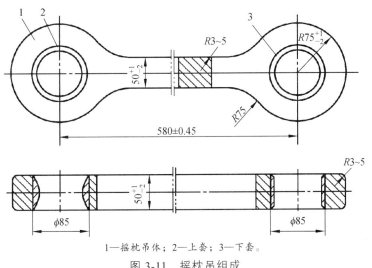

1—摇枕吊体；2—上套；3—下套。

图 3-11　摇枕吊组成

检修要求：同一转向架各摇枕吊上下孔磨耗面间距离之差不得超过 5 mm，在同一侧不得超过 2 mm。摇枕吊圆孔磨耗超过 2 mm 时镶套，球面套不进行热处理，镶套后其局部间隙不得超过 2 mm，凹入深度不得超过 2 mm。

摇枕吊轴：采用实体变截面的等强度梁，为 Q235 钢锻制而成，它与弹簧托梁之间采用螺栓连接。

检修要求：摇枕吊轴裂纹时更换，腐蚀、损伤可打磨圆滑过渡，轴身横向锻造皱纹须消除，消除后凹入深度不得超过 3 mm。轴颈根部圆弧半径不小于 2 mm，轴颈磨耗大于 11 mm

时更换。轴端挡边磨耗后剩余厚度不足 8 mm 时更换。

摇枕吊销：其安装结构和一般转向架不同，它插入构架上摇枕吊座中的支承板孔中。摇枕吊通过摇枕吊销及两块支承板垂直悬挂在摇枕吊座上，使摇枕弹簧横向中心距达 2 510 mm，形成摇枕弹簧装置的超外侧悬挂（摇枕弹簧横向中心距 2 400 mm 以上的为外侧悬挂，超过 2 500 mm 为超外侧悬挂）。摇枕吊销安装后用销轴 ϕ25 mm × 130 mm 和外侧的支承板带套筒部分销接，摇枕吊销用销轴和支承板固定，在运用中不会旋转，故一般不发生磨耗。

检修要求：摇枕吊环座裂纹时更换，吊环座支承处厚度小于 5 mm 时更换。组装时，同一侧厚度差不大于 1 mm，同一组不大于 0.5 mm。吊销裂纹或磨耗深度超过 3 mm 时更换。

（4）钩高调整装置。

209P 型转向架备有专用钩高调整装置，在构架摇枕吊座上面插入活动的吊销支承板，吊销支承板上的圆孔做成上、下偏心 25 mm 的结构，将支承板上、下倒置安装就可调整车钩高度，如图 3-12 所示。支承板下部还可安放 10 mm 以内的垫板，因此，车钩高度的调整范围最大可达 35 mm，形成了钩高调整装置。这样既便于检修时调整钩高，又有利于选择较大的弹簧静挠度值，改善垂直振动性能。安全吊采用扁钢结构，用螺栓安装在构架侧梁下部的安全吊座上。中心销采用下穿式，有利于车体底架的防腐。

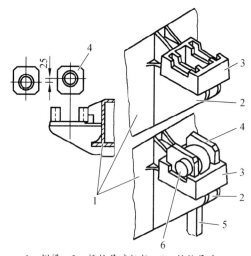

1—侧梁；2—摇枕吊座托架；3—摇枕吊座；
4—支承板；5—摇枕吊；6—摇枕吊销。

图 3-12　钩高调整装置

检修要求：支承板、圆台支承板裂纹时更换。摇枕吊销处支承板、圆台支承板孔径磨耗大于 3 mm 时更换，同一摇枕吊销处支承板、圆台支承板孔径相差不大于 1 mm。

（5）摇枕弹簧装置。

摇枕弹簧装置由圆弹簧组和油压减振器组成，摇枕两端各一套，每套由两组并列的内、外卷圆弹簧和一个油压减振器组成，如图 3-13 所示。摇枕弹簧采用双圈螺旋钢弹簧，内外圈的旋向相反，圆弹簧组通过上、下夹板的中间穿以螺栓形成预压缩状态，如图 3-13（b）所示。

摇枕弹簧托梁采用整体铸钢（ZG25Ⅱ）横梁式结构，托梁的两端设有油压减振器安装座、安装摇枕弹簧和吊轴的加工面及安装吊轴的螺孔。托梁和吊轴之间用两个 M16 × 150 的螺栓连接。弹簧托梁不但将两侧吊轴联系成整体，而且还可承受弹簧和吊轴的偏心力。托梁采用铸钢件，不但抗腐蚀性能较好，可减少检修工作量，而且也增大了摇动台抗横向振动的刚度。

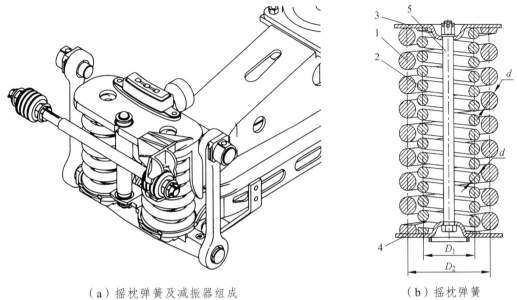

（a）摇枕弹簧及减振器组成　　　　　　　　（b）摇枕弹簧

1—摇枕外簧；2—摇枕内簧；3—上弹簧夹板；4—下弹簧夹板；5—弹簧预紧螺栓。

图 3-13　摇枕弹簧及减振器

检修要求：

（1）摇枕弹簧须分解检修，弹簧组装螺母、开口销须更新，螺栓磨耗、腐蚀大于 2 mm 或螺纹不良时更新。

（2）弹簧裂纹、折损或腐蚀超过原簧径 6%时更换。

（3）弹簧托梁（板）裂纹时焊修或更换，弯曲变形大于 10 mm 时调修或更换，腐蚀深度超过 30%时焊修、补强或更换。

3. 客车落成时，转向架要求

（1）测量弹簧高度：同一轴箱上的弹簧高度差不得超过 4 mm，同一转向架的轴箱弹簧高度差不得超过 8 mm；同一吊轴上的摇枕弹簧高度差不得超过 4 mm，同一转向架的摇枕弹簧高度差不得超过 8 mm。对于偏重较大的车辆，可以由设计部门确定加垫。

（2）转向架四角高度差：前后不超过 10 mm，左右不超过 8 mm。

（3）在心盘、旁承处只允许使用铁质垫板以调整车钩高度及旁承间隙，每处最多可加两块垫板。调整后车钩中心线与轨面的距离应在 875～890 mm 内。

（4）车辆找平、找正后，制动盘与闸片间的间隙应为 3～5 mm，车轮与闸瓦的间隙应为 5～10 mm。

（5）车辆找平、找正后方可调整旁承间隙，同一转向架上、下旁承间隙每侧为 2～4 mm，两侧之和为 4～6 mm。

（6）车辆找正后，在摇枕基本处于构架横向中心的位置时，紧固牵引拉杆，橡胶垫须均匀压缩，螺母拧紧后，将止退垫圈翻边到内外螺母上。

任务二　SW-160 型转向架检修

　　四方厂在 206 系列转向架的基础上研制成功了 SW-160 型转向架。该转向架的特点：构架由两片 U 形压型梁改为 4 块钢板拼焊结构，轴距由 2 400 mm 增加到 2 560 mm；采用空气弹簧，空气弹簧横向间距由 1 956 mm 增加到 2 300 mm，以改善车辆的侧滚性能。

任务二课前任务单

　　SW-160 型转向架由构架组成、基础制动装置、轮对轴箱弹簧装置、中央悬挂装置等组成，如图 3-14 所示。

1—构架组成；2—基础制动装置；3—轮对轴箱装置；4—中央悬挂装置。

图 3-14　SW-160 型转向架

一、SW-160 型转向架结构

1. 构架组成

如图 3-15 所示，SW-160 型转向架构架采用焊接结构。

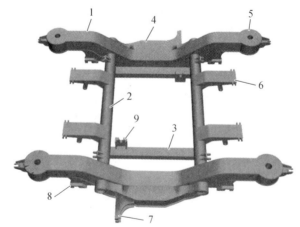

1—侧梁；2—横梁；3—纵向辅助梁；4—空气弹簧支承座；5—轴箱弹簧筒；
6—制动梁组成；7—牵引拉杆座；8—定位臂；9—油压减振器座。

图 3-15　SW-160 型转向架构架

构架采用 U 形侧梁，侧梁由压型梁改为 4 块钢板拼焊形式，克服了转向架构架侧梁因模具所限而影响二系悬挂参数选择的缺点；空气弹簧设置在侧梁的外侧，从而增大了空气弹簧支点的横向距离，与之配套，在侧梁外面的两横梁间设一箱形空气弹簧支承梁，支承梁和横梁相连通，作为附加空气室。横梁仍采用圆管型材，贯通并延伸出两侧梁之外。在结构设计和局部细节处理上做了改进，设有轴箱定位转臂座，为了方便轮对轴箱定位节点的安装和拆卸，将定位臂的定位面改为梯形槽结构。在侧梁内侧的横梁之间设两根纵向辅助梁，用于安装扭杆、差压阀和横向减振器座，构架上还设置有制动吊座、拉杆座、扭杆座等配件。构架组焊后进行退火处理，以消除焊接应力。

2. 轮对轴箱弹簧装置

SW-160 型转向架的轴箱弹簧定位装置采用单转臂式无磨耗弹性轴箱定位，如图 3-16 所示。轴箱顶部安装有双圈螺旋弹簧和橡胶垫，并设垂向油压减振器。轴箱两侧设有承载座，定位转臂通过定位销和承载座上的定位销孔来保证定位，定位转臂与轴箱体承载座之间加一层薄的石棉橡胶垫起防滑作用，再通过 4 个 M20 螺栓固定，更换轮对时只需将 4 个 M20 螺栓卸下，顶起构架即可推出轮对，无须分解定位转臂及弹簧悬挂系统。

图 3-16　轴箱弹簧定位装置

定位转臂的另一端通过弹性定位套和构架上的定位臂形成轮对轴箱纵、横方向的弹性定位。它由定位轴、定位套和弹性定位套组成，轮对轴箱相对构架位移时，弹性定位套中的橡胶层发生变形，因而是无磨耗的。为了使定位节点和定位臂的安装更加方便，采用梯形槽结构。为了提高轴箱体的通用性，在轴箱底部两侧均设轴温传感器安装位，给运用带来便利。

为保证组装和分解定位转臂时轴箱弹簧有一定的预压缩，轴箱弹簧两端面设有弹簧夹板，从而避免弹性定位套产生过大的扭转角。组装时弹簧预压缩高度为（262 ± 2）mm（相当于重车下高度），以保证重车下弹性定位套基本不扭转，减小了弹性定位套引起的附加垂向刚度。

构架上轴箱弹簧筒外端设有垂向油压减振器座，同时作为转向架整体起吊时的吊钩。在减振器座下方，安装有轮对提吊。在转向架未落车时，轮对提吊钩住定位转臂上的挡座，以免在轴箱弹簧作用下，弹性定位套转角过大而损坏垂向减振器；转向架落车后，轴箱弹簧压缩，轮对提吊与定位转臂上的挡座间隙不小于 15 mm，以保证运行时提吊不与挡座发生刚性接触。

3. 中央悬挂装置

SW-160 型转向架中央悬挂装置采用无摇动台结构，该结构简单，并具有无磨耗、零部件少、方便检修等特点。如图 3-17 所示为 SW-160 型转向架中央悬挂装置，采用全旁承支重。图 3-18 为中央悬挂装置爆炸图。

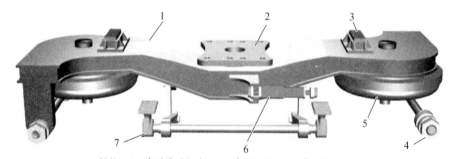

1—摇枕；2—牵引装置组成；3—旁承组成；4—牵引拉杆组成；
5—空气弹簧组成；6—横向缓冲器；7—抗侧滚扭杆组成。

图 3-17　SW-160 型转向架中央悬挂装置

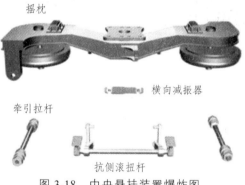

图 3-18　中央悬挂装置爆炸图

摇枕采用焊接结构，由梁体和两端头组成。摇枕端头为封闭式箱形结构，增强了承载部位的强度和刚度。空气弹簧供风采用上进气式，使得摇枕与空气弹簧的定位更加准确方便。

摇枕两端空气弹簧座的上部焊有旁承座，旁承直接放入旁承座内。旁承由旁承体、摩擦块（超高分子聚乙烯材质）、橡胶缓冲垫及调整垫等组成。改变旁承与旁承座之间的旁承垫厚度即可调整旁承（车钩）的高度。当摩擦块磨耗后，可通过改变调整垫的厚度使旁承保持在一定高度。摇枕中部与车体牵引销轴之间装有胶套，牵引销轴与胶套为锥度配合，便于落车时牵引销轴的插入，同时为保证胶套的压缩量控制在合适的范围内，胶套底部设有调整垫，当旁承垫厚度改变时，胶套垫厚度也相应改变。

摇枕与构架之间设有两个横向油压减振器，当一个发生故障不能正常工作时仍可保证中央悬挂系统有一定的横向阻尼，避免因无横向阻尼引起横向振动失稳。摇枕与构架之间还设有横向止挡，其间隙为（35±2）mm，当摇枕横移量大于 35 mm 时，横向止挡内橡胶压缩，限制摇枕产生较大的横向位移，同时可以缓和冲击。为了避免运行中车体频繁碰撞缓冲器或者接触后出现硬性冲击，缓冲器与止挡的间隙设置为（40±2）mm，同时缓冲器设计成非线性特性，它与空气弹簧的横向刚度共同完成限制车体的横移，且位移较大时，可提供非线性增长的复原力。

牵引拉杆设置在构架与摇枕之间，用于传递纵向牵引力，并保证摇枕处于构架的中心位置。牵引拉杆的内、外压板间的金属隔套长度为 84 mm，在运用时允许最少为 82 mm，从而避免造成橡胶垫过紧而无法缓冲，引起拉杆和拉杆座受力状况恶化。通过调整牵引拉杆的安装长度，能够使摇枕处在构架纵向中心位置。拉杆两端采用橡胶连接，可以起到缓冲作用。

中央悬挂装置采用空气弹簧，如图 3-19 所示。

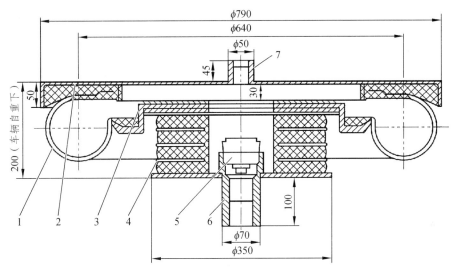

1—橡胶囊；2—上盖组成；3—下座组成；4—橡胶堆；5—节流阀；6，7—O 形密封圈。

图 3-19　自由膜式空气弹簧

弹簧由自由膜式橡胶囊、上盖、底座与橡胶硫化成一体的底座组成、压盖、压环及节流阀等组成。由于转向架没有摇动台，空气弹簧采用了橡胶堆结构，尽量降低其横向刚度，以获得好的横向振动性能。橡胶囊的大密封口为自密封式，小密封口为螺旋紧固式。为了减少橡胶囊的磨耗，在压环、下盖与橡胶囊接触部位硫化有一层橡胶。空气弹簧设有节流阀，它可以为车辆提供垂向振动所需的阻尼，为减缓冲击，节流阀采用可变阻尼式，节流孔的大小可随空气弹簧与附加空气室之间压差的增加而自动加大。根据计算和试验的结果，采用该结构降低了二系悬挂的横向刚度，从而改善了转向架的横向振动性能。由于将空气弹簧直径加大，而且横向刚度低，将空气弹簧横向间距由 1 956 mm 增大至 2 300 mm，构成外侧悬挂形式。与此同时，增大了转向架的抗侧滚刚度。

与空气弹簧相配套的高度控制阀带有延时充排气功能，减少了运行中因车体漏泄造成的压缩空气浪费。在两个空气弹簧附加空气室之间装用差压阀，目的是防止两侧空气弹簧承载有较大的差别而引起脱轨。在摇枕的两侧及构架的纵向补助梁上设有测量基准，可以测量摇枕是否正位，并可以防止空气弹簧过充气。

抗侧滚扭杆装置由扭杆、扭臂、连杆、支承座、纤维轴承及球关节轴承等组成。当车体（摇枕）发生侧滚时，通过连杆、扭臂的传递使扭杆发生扭转变形，从而限制车体侧滚角度。当车体浮沉产生振动时，扭杆不发生扭转，对车体不产生力的作用。连杆两端装用球关节轴承，可以避免因安装扭杆而影响车体（摇枕）的正常横向摆动。其中一根连杆长度可调，通过调整其长度可使扭杆初始状态不受力。

4. 基础制动装置

SW-160 型转向架的基础制动由踏面制动和盘形制动组成，如图 3-20 所示。

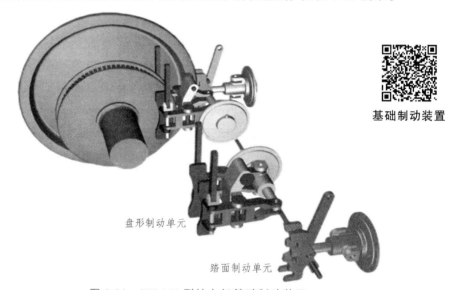

基础制动装置

盘形制动单元

踏面制动单元

图 3-20　SW-160 型转向架基础制动装置

在每个车轴上安装两个 8 英寸的单元制动缸。盘形制动缸采用浮动式吊挂，以保证车轴（制动盘）产生横向位移时也能使闸片的压力均匀。单元制动缸设有单向自动闸瓦间隙调整器，随着闸片的磨耗，制动活塞杆自动伸长，保证制动缸工作行程在 6~8 mm。一位转向架的一位盘形制动单元设有手制动功能。

5. 主要技术特点

（1）全旁承支重。

SW-160 型转向架采用全旁承支重的形式，有效地抑制了转向架的蛇行运动，提高了转向架的蛇行失稳临界速度，并提高了车辆运行的平稳性。为了减少车体的横向振动，在摇枕与构架侧梁中部之间安装了两个横向油压减振器。

（2）中央悬挂为无摇动台结构。

SW-160 型转向架采用无摇动台结构，以空气弹簧代替圆弹簧，有利于提高垂向平稳性，而且可使车钩的连挂高度不随载重量的大小而变化。在空气弹簧下面加装圆形叠层橡胶弹簧，该结构简单，并容易保证中央悬挂装置横向具有较柔软的刚度。叠层橡胶弹簧在空气弹簧无气时仍保证悬挂系统有一定的弹性支撑。

（3）转臂式轴箱定位。

转臂式轴箱定位装置既无磨耗，利于维修，又能实现不同的纵向和横向定位刚度，从而有效地抑制转向架的蛇行运动，以满足车辆横向运动性能的要求。在轴箱与构架之间加装了一个垂向油压减振器，它可以减少构架的点头和浮沉振动。

（4）基础制动装置。

为了保证在160 km/h速度下在1 400 m制动距离内安全停车，基础制动装置采用单元盘形制动加单侧踏面制动的复合制动系统。同时，在车轴的端部装有电子防滑器装置，以实现充分利用轮轨间的黏着系数，防止制动时车轮抱死擦伤车轮。

二、SW-160型转向架检修

1. 构架检修

构架组成主要实施状态修。

（1）清除构架表面锈垢，分解检修构架表面裂纹长度不超过截面周长20%时焊修或焊后补强，焊修时须采用与构架材料配套的焊条，焊后局部热处理以消除热应力。

（2）构架腐蚀深度不超过20%时可不焊修，腐蚀深度不超过30%或任意100 mm×100 mm范围内腐蚀深度超过30%但面积之和不大于25 cm²时焊修、补强，超限时更换。

（3）构架上各种吊座（定位座、制动吊座、各种减振器座、高度阀座、防过充座、扭杆座、抗蛇行减振器座）弯曲变形时调修，与车体相连的牵引支座、抗蛇行减振器座等须无缺陷、裂纹，状态良好。裂纹时焊修、补强或更换，腐蚀超过30%时更换；构架上组焊件原焊缝裂纹时须清除焊波后焊修；焊接式构架焊修后须对焊缝探伤检查。

（4）定位转臂座出现裂纹时焊修，变形时更换。

（5）清除构架附加空气室内的杂质和水分，构架附加空气室泄漏时焊修，焊后热处理，并进行600 kPa压力空气试验。

（6）构架、摇枕上的磨耗板厚度不小于2 mm，焊缝开焊时焊修。纵向、横向缓冲器橡胶老化、破损时更新。横向挡体、座裂纹时焊修或更换。转向架与车体落成后横向止挡与中心销组成每侧间隙为（40±2）mm。超过时在纵向辅助梁上加调整垫，不足时加工横向止挡端部进行调整。

（7）构架上单元制动缸限位螺栓无松动，折损、失效时更新。

（8）构架组成检修后须按相关要求涂底、面漆。

（9）脱轨、颠覆车辆或构架主体结构焊修等情况，测量构架各部定位尺寸（见图3-21）。SW-160型转向架构架定位尺寸须满足表3-1所示的要求。

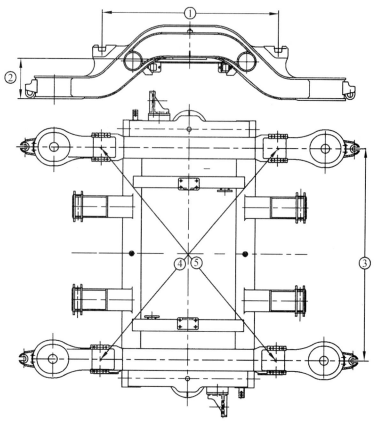

图 3-21　SW-160 型转向架构架定位尺寸示意图

表 3-1　SW-160 型转向架构架定位尺寸

序号	检测部位	尺寸要求/mm
1	①定位臂中心纵向距离	1 660±1
2	②空气弹簧支撑面与弹簧座顶面距离	四角高差≤2
3	③定位臂中心横向距离	1 956±1
4	④、⑤定位臂中心对角线距离	┃④－⑤┃≤3

2. 中央悬挂检修

（1）旁承段修要求。

① SW-160 型转向架旁承磨耗板磨耗面须光滑、清洁，偏磨不大于 1 mm，凸出旁承盒 5 mm 以上，下旁承磨耗板铜层剥离面积超过 10%时须更新；检查磨耗层状态不良者更换。同一转向架应同时更新。

② 为调整钩高，聚乙烯磨耗板磨耗后可在旁承盒内加垫调整，使旁承组成高度为（54±1）mm，磨耗板厚度≤20 mm 时更新。下旁承磨耗板调整垫板采用铁垫板，数量不得超过 3 块，总高度不得超过 40 mm。上旁承须保持光洁，不得存在杂物、锈蚀。

③ 旁承体裂纹时更换。

（2）摇枕及悬吊装置段修要求。

① 摇枕及悬吊装置须配件齐全，各部件无裂纹、折损，作用良好，紧固件无松动。

② 空气弹簧胶囊老化、龟裂、破损漏气时更换。

③ 摇枕风管路各截断塞门、止回阀现车试验，作用不良时更换。

④ 摇枕裂纹时焊修或焊后补强；焊修时须采用与摇枕钢材配套的焊条，焊后须消除热应力。

⑤ 焊接在摇枕上的组合件弯曲、变形时调修，裂纹时焊修或更换。原焊缝裂纹时焊修。

⑥ 各阀如有拆卸，须清除摇枕附加空气室内部杂质。各风管损坏或裂损更换时须采用不锈钢管。

⑦ 摇枕附加空气室泄漏时焊修，焊后热处理，并进行 600 kPa 压力空气充气试验，不得泄漏。

⑧ 中心销橡胶套橡胶老化、裂损或与金属脱胶影响作用时更换，组装时橡胶套距中心销座上平面距离：209HS 型转向架为 49^{+2}_{-3} mm；CW-2 型转向架为 347^{+2}_{-3} mm；206KP 型、SW-160 型转向架为 63^{+2}_{-3} mm。

⑨ 弹簧托梁：弹簧托梁裂纹时焊修，变形时更换；腐蚀时补强焊修；连接轴腐蚀深度超过原形 20%、其他各件腐蚀磨耗深度超过原件厚度 30%时焊修、补强或挖补、更换。横向缓冲器体、座裂纹时焊修或更换，缓冲器橡胶裂损时更新。

（3）空气弹簧。

SW-160 型转向架采用自密封式空气弹簧，在车辆自重下，空气弹簧无气时高度约为 170 mm，此时构架的测量座顶面与空气弹簧上平面高差为（30±5）mm；空气弹簧充气后，其标准高度为 200 mm，此时可以通过调整其调整杆长度，使高度差仍保持（30±5）mm（同一摇枕两侧之差不大于 3 mm）。差压阀的开启压差为 150 kPa。

任务三　高速客车转向架检修

一、CW-200K 型客车转向架

CW-200K 型转向架是在 CW-200 型转向架的基础上加以改进，同时借鉴和吸收了国外高速转向架的结构、自主研制开发的，适用于 160 km/h 速度等级的客车。

任务三课前任务单

CW-200K 型转向架基本结构为无摇枕、无摇动台、无旁承的"三无"转向架。轴箱定位采用轴箱转臂定位方式，并安装有垂向减振器。中央悬挂装置采用大变位空气弹簧直接支撑车体。车体和转向架间通过牵引拉杆传递水平力，并装有抗蛇行减振器。基础制动为每轴两制动盘和防滑器的单元制动方式。转向架主要由构架组成、轴箱定位装置、中央悬挂装置、盘形制动装置等部分组成，如图 3-22 所示。

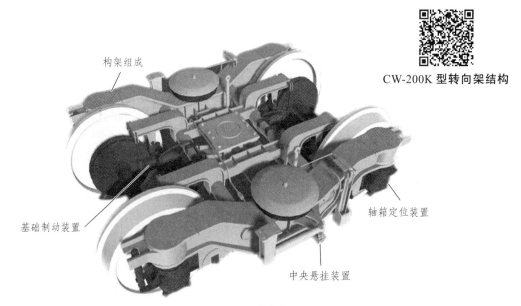

图 3-22　CW-200K 型转向架

　　CW-200K 型转向架没有心盘装置，虽然转向架上还有类似心盘的装置存在，但它仅作为牵引及转动中心之用，而车体上的全部重量通过中央弹簧悬挂装置直接传递给转向架构架。牵引装置采用单拉杆结构，杆身为整体锻件，两端装有相同的球形橡胶节点，一端与构架相连，另一端与车辆牵引座连接。牵引装置在垂向、横向的位移主要由拉杆两端的球形橡胶变形来实现，垂向和横向刚度很小，对中央悬挂系统的振动性能影响很小，具有良好的随动性。牵引装置的纵向刚度由牵引拉杆弹性节点提供。

　　1. 构架组成

　　构架为 H 形钢板焊接结构，由两根侧梁和两根横梁组成，如图 3-23 所示。两横梁间设有纵向梁，侧梁为中间下凹的鱼腹形，由 4 块钢板组焊成箱形封闭结构。侧梁内有密封隔板，使侧梁内腔成为空气弹簧的附加空气室。横梁采用无缝钢管。在侧梁上焊有定位座、横向减振器座、高度阀座和防过充装置等，在横梁上焊有盘形单元制动吊座、抗侧滚扭杆座和牵引拉杆座等。钢板材料为 16MnR，既保证有足够的刚度，同时又保证有良好的焊接性。通过优化设计，在保证足够强度和刚度的基础上，尽量减轻质量，构架组成质量约为 1 435 kg。

　　2. 轮对轴箱定位装置

　　（1）车轴为 RD3B 型，轴颈中心距为 2 000 mm，轴重（负荷）为 16.5 t。车轮采用整体碾钢车轮，为 LM 磨耗型踏面的 KKD 型，轮对组装后动平衡值不大于 0.75 N·m。轴承采用 SKF 短圆柱滚子轴承，其外形轮廓尺寸为 130 mm×250 mm×（2×80）mm。轴箱体上装有轴温传感器，每个车轴的一端装有用于防止防滑器的测速齿轮以及轴承发生电蚀用的接地装置，如图 3-24 和图 3-25 所示。

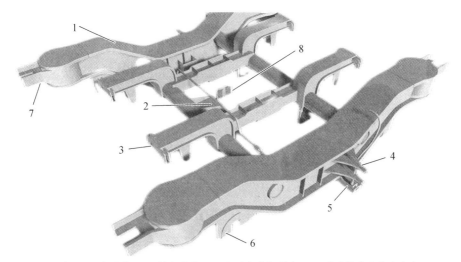

1—构架；2—牵引座；3—制动吊座；4—抗蛇行减振器座；5—高度阀座及防过冲座；
6—定位座；7—垂向减振器座；8—横向减振器座。

图 3-23　构架组成

图 3-24　传感器

图 3-25　接地轴端

（2）轴温报警装置。在构架侧梁外侧安装有轴温报警装置的接线盒和连接线，温度传感头安装在轴箱体上，用来检测车辆运行过程中轴箱内部温度的变化，一旦轴箱内部的温度高于外界温度 40 ℃，车上报警器立即发出警报，提醒列车工作人员注意检查确认。

（3）轴箱定位装置。轴箱定位采用分体式轴箱结构的无磨耗转臂式结构。轴箱转臂一端与轴箱体连接，另一端压装于定位节点，并通过定位座与构架相连，如图 3-26 所示。

轴箱定位节点组成包括轴箱定位转轴、定位套，它是轮对轴箱与构架联系的纽带，决定轮对轴箱对构架定位的刚度并承受两者交变的纵向力和横向力。转臂和箍为整体加工，分解时只需将箍和转臂间的连接螺栓拧开即可将轮对推出。

轴箱弹簧由内、外圈弹簧，上、下夹板及预压紧螺栓、螺母组成一体。螺母上开有销孔，弹簧组装后须穿开口销。整套轴箱弹簧装在轴箱顶部。在轴箱转臂和构架间设有垂向油压减振器（见图 3-26），安装尺寸为 423 mm，工作行程为 ± 70 mm。该减振器用以有效控制转向架的垂直振动和点头振动。

图 3-26　轴箱及轴箱定位装置

3. 中央悬挂装置

中央悬挂装置包括空气弹簧、高度阀、差压阀、横向止挡、横向减振器、抗蛇行减振器、抗侧滚扭杆、防过充装置及牵引装置等主要部件，如图 3-27 所示。

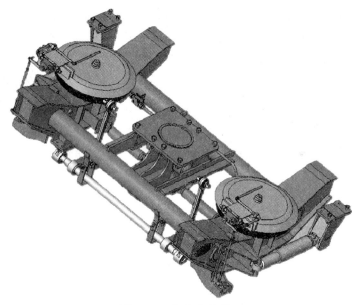

图 3-27　中央悬挂装置

中央悬挂装置为无摇动台结构，采用高柔度空气弹簧。两侧设两个横向减振器，两个横向止挡，横向止挡与纵向梁的间隙为（40±2）mm。车体与转向架之间装有两个对称的抗蛇行减振器，使车辆在高速运行时可以减小轮缘磨耗和悬挂系统的作用力，从而提高车辆运行的稳定性和平稳性。

（1）空气弹簧。

空气弹簧是无摇枕转向架的重要部件之一，由上盖板、空气胶囊、底座橡胶垫和可变节流阀组成，转向架构架侧梁内部作为空气弹簧的附加空气室，空气弹簧的下部通风口与附加空气室连接，上部进风口与车体管路连接，如图 3-28 所示。空气弹簧的胶囊气室与附加空气室间设置节流孔，对车体的垂向振动起到一定的衰减作用，因此不需要加装垂直油压减振器。安装空气弹簧时，上部进风口和下部通风口的外部表面须涂润滑脂防锈，O 形圈涂润滑脂进行保护。

图 3-28　空气弹簧

（2）差压阀。

两个附加空气室由管子相通，管路间设有差压阀，防止两侧空簧压差过大影响安全。差压阀压差为 120 kPa。空气弹簧系统设有高度控制阀，以保证车体在任何静载下与轨面保持相同高度。

（3）横向止挡。

横向止挡设在中央牵引座上，与纵向梁的间隙为 40 mm，其作用主要是防止过曲线时转向架与车体的横向位移过大并保证车辆运行时具有良好的横向平稳性。

（4）横向减振器。

横向减振器每侧设 1 个，分别连在中央牵引座和构架上的减振器座上，其作用是保证车辆运行时具有良好的横向平稳性。

（5）抗蛇行减振器。

抗蛇行减振器分别安装在转向架的两侧，一端与构架上的减振器座连接，另一端与车体下的减振器座连接。其作用是提高车辆的蛇行失稳临界速度，从而保证运动稳定性和平稳性，同时又不降低曲线的通过能力。

（6）牵引装置。

如图 3-29 所示，牵引装置采用单拉杆结构，杆身为整体锻件，两端装有相同的球形橡胶节点，一端与构架相连，另一端与车辆牵引座连接。牵引装置在垂向、横向的位移主要由拉杆两端的球形橡胶变形来实现，垂向和横向刚度很小，对中央悬挂系统的振动性能影响很小，具有良好的随动性，牵引装置的纵向刚度由牵引拉杆弹性节点提供。

图 3-29　中央牵引结构

（7）抗侧滚扭杆。

抗侧滚扭杆主要由扭杆、扭臂、连杆、支承座、纤维轴承与球面关节轴承组成。扭臂一端与构架上的扭杆座连接，另一端与车体枕梁下的扭杆座连接，如图 3-30 所示。其作用主要是车辆通过曲线时依靠扭杆的扭转变形限制车体的侧滚角度，而车体上下振动时扭杆不发生扭转，对车体不产生作业。扭杆是该装置中最主要的受力件，承受循环扭矩作用。扭杆和扭臂之间采用可靠性很高的圆锥形渐开线花键连接，能够传递较大的扭矩。连杆与扭臂及车体之间采用自润滑关节轴承连接，且本身带有防尘密封装置。

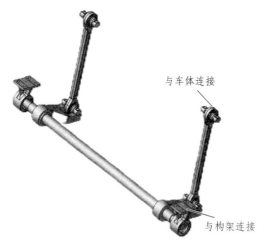

图 3-30　抗侧滚扭杆

（8）防过充装置。

在构架的两外侧，各有一根防过充安全钢丝绳。安全钢丝绳的功能：当车辆出现异常状态时，即空气弹簧处于过充状态，高度控制阀、压差阀同时处于故障状态时，由安全钢丝绳将车体和构架拉住，限制空气弹簧的高度，保证车辆与限界之间的有效安全距离，从而达到保证车辆行车安全的目的。安全钢丝绳由调整端头、钢丝绳组成。调整端头可以使钢索的长度在 0 ~ 35 mm 内进行调整，以满足车轮镟修后对车钩高度的调整。

4. 基础制动装置

在基础制动装置中，每个车轴安装 2 个轴装式制动盘，2 个带有间隙调整器的单元制动缸，闸片的材质采用粉末冶金，可满足最高运行速度 200 km/h 的要求。该制动盘与闸片组成的一对摩擦副，具有摩擦系数稳定、导热率高等特点。

二、SW-220K 型转向架

SW-220K 型转向架的可持续运行速度为 160 km/h，最高试验速度为 250 km/h，可适应各种 160 km/h 速度等级的客车（除制动装置外，该转向架可满足 220 km/h 的运用要求）使用，装用于我国主要铁路干线上的 160 km/h 特快客车（即 25T 型客车）上。

SW-200K 型转向架适用车型包括座车、卧铺车、餐车、行李车、发电车和高档车等。该型转向架具有结构简单、车辆落成方便、运行性能好、易于维护等优点。

SW-220K 型转向架采用无摇动台、无摇枕、单转臂无磨耗弹性轴箱定位，通过优选轴箱定位刚度和车体支撑刚度，以及加设抗蛇行运动的减振器，使转向架具有较高的运行稳定性。同时，采用的空气弹簧、各种阻尼器以及它们的组合，使转向架的舒适性大大提高，即使在车轮磨耗情况下，同样能获得良好的舒适性。转向架采用的无摇枕结构，结构简单，零部件少，通过提高各零部件的可靠性，使转向架整体的可靠性得到提高。在维修保养方面，该型转向架除车轮和盘形制动装置外，在轴箱支撑装置、中央悬挂装置等传力结构中，均采用无滑动摩擦的弹性结构，加之转向架整体部件数量少，转向架保养维修性能大幅提高，并可在最小限度的保养维修条件下保持长期稳定的运行性能。

SW-220K 型转向架由构架组成、轮对轴箱定位装置、中央空气弹簧悬挂系统、盘形制动装置及轴温报警装置五大部分组成，如图 3-31 所示。

1. 构架组成

构架为钢板焊接结构，平面呈 "H" 形，主要由侧梁组成、横梁组成、纵向辅助梁、空气弹簧支撑梁和定位臂等组成，如图 3-32 所示。侧梁的中部为凹形，横梁的内腔与空气弹簧支撑梁的内腔组成空气弹簧的附加空气室。

（1）侧梁采用由 4 块钢板组成箱形断面的焊接结构，上、下盖板厚分别为 12 mm、16 mm，腹板厚 12 mm。侧梁中部为 U 形。采用 Q345C（或 ST52-3）焊接结构用轧制钢板。与弹性节点连接的定位臂为铸钢件（ZG25MnNi），其与侧梁连接部为圆滑过渡，力求应力缓和。

（2）横梁采用 ϕ203 mm × 12 mm 无缝钢管（材质为 Q345C 或 ST52-3），表面经酸洗磷化处理。其内腔作为空气弹簧的附加空气室。在横梁上焊有制动吊座、牵引座及空气弹簧的防过冲座等零件。

（3）辅助梁组成为提高构架刚度，在两横梁之间由纵向辅助梁连接，其上安装有横向减振器座和横向止挡座等。辅助梁采用箱形断面的焊接结构。

（4）空气弹簧支撑梁位于侧梁外侧的两横梁之间，是由 3 块板组焊而成的槽形结构，它与侧梁外侧腹板组成封闭内腔，与横梁内腔相通，共同组成空气弹簧的附加空气室，构架空气弹簧安装座的横向跨距为 2 300 mm。

（5）SW-220K 型转向架在横梁上设有防过冲座，与牵引拉杆头部之间设置 70 mm 的间隙，具有阻止车体过高上升的功能。

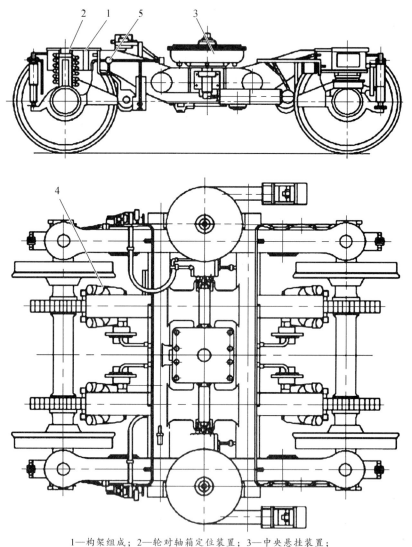

1—构架组成；2—轮对轴箱定位装置；3—中央悬挂装置；
4—基础制动装置；5—轴温报警装置。

图 3-31　SW-220K 型转向架

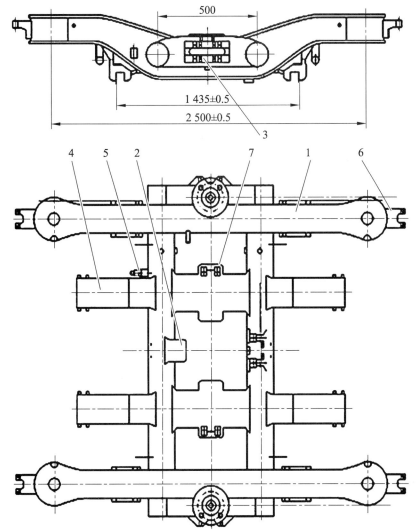

1—构架；2—防过冲座；3—抗蛇行减振安装座；4—制动吊梁组成；5—手制动转轴；
6—垂向减振器座；7—横向减振器座。

图 3-32　SW-220K 型转向架构架组成

2. 轮对轴箱定位装置

（1）轮对轴箱。

轮对轴箱采用 KKD 车轮、RD3A1 车轴、轴装制动盘、804468/804469
（进口 FAG）或 BClB322880/BClBCB322881（进口 SKF）轴承，固定轴距为
2 500 mm。轮对轴箱的轴端有 3 种形式：普通轴端、带防滑速度传感器轴端
和接地轴端，如图 3-33 所示。转向架的 1、2、4、6、7、8 位轴端接有接地电阻，2、4、6、
8 位轴端装有防滑器传感装置，3、5 位轴端装有接地装置，1、7 位为普通轴端。

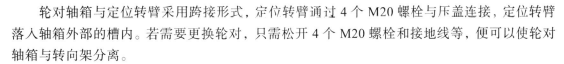

轴箱装置

轮对轴箱与定位转臂采用跨接形式，定位转臂通过 4 个 M20 螺栓与压盖连接，定位转臂
落入轴箱外部的槽内。若需要更换轮对，只需松开 4 个 M20 螺栓和接地线等，便可以使轮对
轴箱与转向架分离。

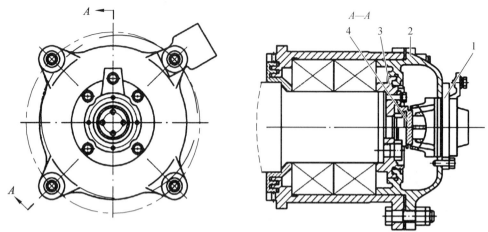

1—接地装置；2—轴箱盖；3—轴承压板；4—摩擦片。

图 3-33 轴箱、轴端接地装置

（2）轴箱定位装置。

轴箱定位装置为单转臂无磨耗弹性定位，定位转臂是该装置中的骨架，是轮对轴箱与构架的联系纽带，如图 3-34 所示。为减小定位节点刚度对一系垂向刚度的附加影响，定位转臂选择尽可能长，其长度为 550 mm，采用铸造件（ZG25MnNi），如图 3-35 所示。

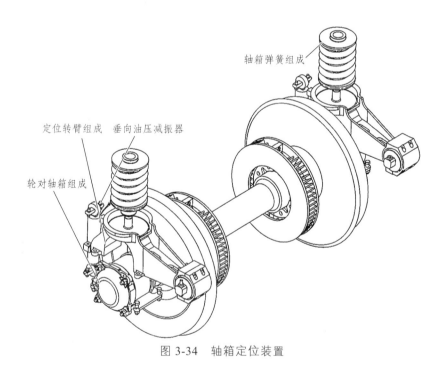

图 3-34 轴箱定位装置

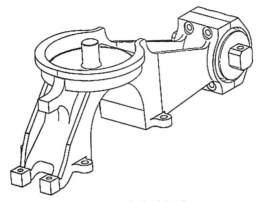

图 3-35　定位臂组成

3. 中央悬挂装置

中央悬挂装置如图 3-36 所示。

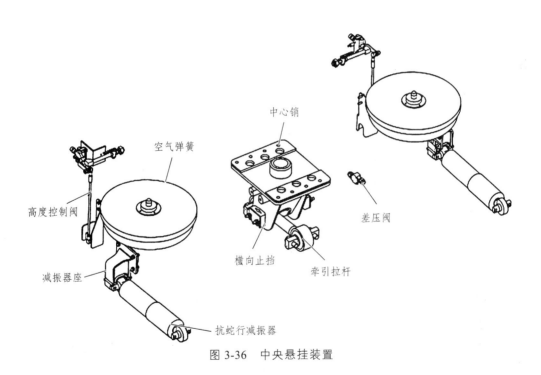

图 3-36　中央悬挂装置

（1）空气弹簧。

空气弹簧是由气囊和附加的橡胶弹簧组合而成的自由膜形式，适用于水平位移大的无摇枕转向架。空气弹簧组成如图 3-37 所示。

气囊的上下支口为自密封结构。上盖板上设有定位柱，与车体相连，下部通气口与构架相连，为圆柱面并用 O 形橡胶圈密封。为使空气弹簧无气状态时转向架能够运行，在下支座上面设有特殊的滑板，以提高转向架的曲线通过性能。当空气弹簧破损无气时，附加的橡胶弹簧提供二系垂向刚度，确保车辆运行安全。采用的高度控制阀为机械式纯空气阀（SAB）或 LV-3 型阀，两种高度控制阀均分左右。高度控制阀安装在车体上。

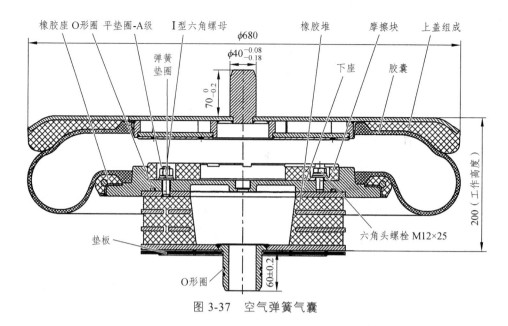

图 3-37　空气弹簧气囊

（2）二系横向减振器。

二系横向减振器为 DISPEN 或 KONI 型，阻尼系数为 40 kN·s/m，行程为 160 mm，节点为球铰结构，刚度为 10 MN/m，如图 3-38 所示。

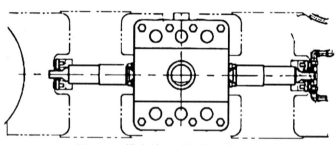

图 3-38　横向油压减振器及牵引座

（3）横向缓冲器。

横向缓冲器是为限制车体运行中（特别是曲线上）过大的横移而设置的。为了避免运行中车体频繁碰撞缓冲器或者接触后出现硬性冲击，本系统将缓冲器与止挡的间隙设置为（40±2）mm，同时缓冲器设计成非线性特性，它与空气弹簧的横向刚度共同完成限制车体的横移，且位移较大时，可提供非线性增长的复原力。

（4）牵引装置。

牵引装置采用单拉杆结构，如图 3-39 所示，安装在车体的中心销与带缓冲的拉杆连接传递牵引力和制动力。

为降低转向架传递给车体的振动，每台转向架的前后牵引刚度设置为 5 MN/m。

牵引装置具有如下特点：转向架相对于车体的回转依靠牵引杆端部节点中橡胶的弹性变形；转向架横向（垂向）移动时的恢复力，除依靠空气弹簧横向（垂向）刚度外，还依靠两拉杆两端橡胶节点的刚度，但这部分的作用很小；牵引装置内无相对滑动部分，为无磨耗结构；转向架和车体分离时，应先拆卸牵引杆的两端螺栓。

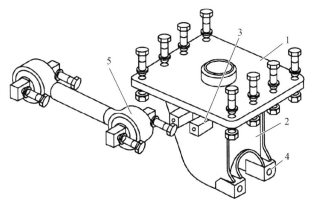

1—安装座；2—中心销连接体；3—减振器安装座；4—拉杆安装块；5—牵引拉杆。

图 3-39　牵引装置

（5）抗蛇行减振器。

为了获得稳定的回转阻力，防止转向架的蛇行运动，采用了抗蛇行油压减振器，代替了以往转向架使用旁承摩擦副提供阻力的方式。抗蛇行减振器为 DISPEN 或 KONI 型，阻尼系数为 600 kN·s/m，行程为 320 mm，节点为球铰结构，刚度为 25 MN/m。

4. 基础制动装置

如图 3-40 所示，盘形制动装置主要由内外侧杠杆、连杆、闸片托、制动缸、闸片及连接件组成。制动缸为直径 ϕ203 mm 的活塞式单元制动缸，内有间隙自动调整器，可调整闸片与制动盘的间隙。制动缸最大压力：F8 型阀为 480 kPa，104 型阀为 420 kPa。活塞杆最大行程为（28±2）mm。丝杆伸出量：每次（14±2）mm，最大 120 mm，有效伸出量为 4~6 mm。每辆车的一位转向架设有一个带手制动装置的杠杆。制动盘采用轴装式，制动盘直径为 ϕ640 mm，摩擦半径为 R 247 mm，由整体铸铁结构制动盘环和盘毂组成，通过螺栓、垫块和弹性套连接，单面允许磨耗量为 7 mm；闸片与现有提速客车转向架 SW-160 转向架基础制动装置闸片相同，可完全互换使用。

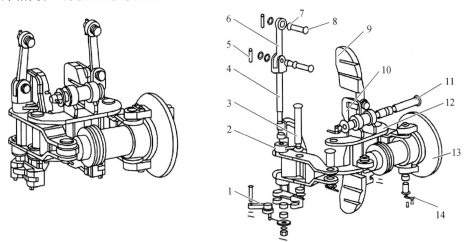

1—锁铁；2—夹钳杠杆；3—圆销；4—闸片托销；5—扁开口销；6—闸片托吊；7—钢衬套；8—扁孔圆销；
9—闸片；10—闸片托；11—螺头圆销；12—连杆组成；13—单元制动缸；14—锁紧压板。

图 3-40　盘形制动装置

任务四 弹簧减振装置

一、减振装置概述

减振器是铁道车辆上不可缺少的一个重要部件。车辆的车轮与钢轨面之间是钢对钢的接触，车轮表面的不规则和轨道的不平顺都将直接经车轮传到转向架的悬挂部件上去，从而引起车辆各部件的高频和低频振动，如果这种振动不经过减振器来减弱，则会降低机械部件的结构强度和使用寿命以及恶化运行品质，这对铁路运输的安全性、舒适性和经济性都是不利的。铁道车辆弹簧装置的作用主要体现在两个方面：一是使车辆的质量及载荷比较均衡地传递给各轮轴，并使车辆在静载状况下（包括空、重车），两端的车钩距轨面高度满足《铁路技术管理规程》规定的要求，以保证车辆的正常连挂；二是缓和因线路的不平顺、轨缝、道岔、钢轨磨耗和不均匀下沉，以及因车轮擦伤、车轮不圆、轴颈偏心等原因引起的车辆振动和冲击。

车辆上采用的弹簧减振装置（见图 3-41），按其主要作用的不同，大体可分为三类：一类是主要起缓和冲击作用的弹簧装置，如中央及轴箱的螺旋圆弹簧；二类是主要起衰减（消耗能量）振动作用的减振装置，如垂向、横向减振器；三类是主要起定位（弹性约束）作用的定位装置，如轴箱轮对纵、横方向的弹性定位装置，摇动台的横向缓冲器及纵向牵引拉杆。

（a）减振器　　　　　　（b）螺旋圆弹簧　　　　　　（c）抗侧滚扭杆

图 3-41　减振装置

二、减振器在车辆上的应用

减振器在铁道客车车辆转向架一系悬挂减振装置和二系悬挂减振装置中广泛使用，如轴箱减振器（见图 3-42）、垂向减振器、横向减振器、抗蛇行减振器等。

图 3-42　轴箱垂向减振器

（一）轴箱减振器

与轴箱弹簧并联的轴箱减振器，用于第一系悬挂，轴箱减振器上端与转向架构架相连，下端连接在轴箱部分，连接形式采用橡胶套的销接式。在正常使用情况下，减振器相对销和套的转角都不大，橡胶套产生的弹性变形使磨耗不存在。但要考虑到便于更换轴箱弹簧，应允许松开螺母之后，减振器可做大角度的转动，以减少轴箱与转向架之间的垂向振动，特别是衰减构架相对于轮对的点头振动。

（二）二系垂向减振器

二系垂向减振器与中央（摇枕）弹簧（如空气弹簧）并联，用于控制车体与转向架之间的垂向振动，即点头振动和浮沉振动。

（三）二系横向减振器

二系横向减振器安装在摇枕与车体之间，用于控制车体与转向架之间的横向运动，即横摆和摇头振动，也用于客车相邻车端之间，以减少两者之间的相对运动。横向油压减振器一般是水平地安装于摇枕（牵引座）与构架之间。

（四）抗蛇行减振器

抗蛇行减振器安装于车体与转向架之间，它又可称为纵向油压减振器，是目前高速客车转向架都采用的装置，用来抑制转向架的蛇行运动，如图 3-43 所示。

抗蛇行减振器具有一般油压减振器的特点。抗蛇行运动油压减振器的阻力特性，可以同时使车辆蛇行运动稳定性和曲线通过性能都得到适宜的阻力值，所以在高速客车转向架上广泛采用抗蛇行运动油压减振器。为保证抗蛇行运动减振器的正常使用，还需注意正确选择安装位置。两端节点的连接装置应能适应车体与转向架之间相对空间位移，使之具有良好的随动性。

图 3-43 抗蛇行减振器

（五）车体端部纵向和横向减振器

车体端部纵向和横向减振器用于铰接式高速客车或转向架式高速动车组的两相邻车端之间，来衰减车体的纵向、垂向和横向振动。

三、减振器工作原理

减振器工作原理

油压减振器的基本原理如图 3-44 所示。

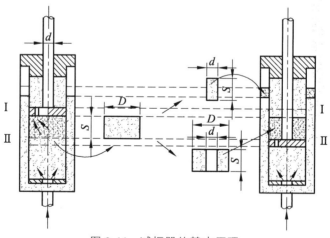

图 3-44 减振器的基本原理

油压减振器是一个密封、充满油液的油缸，油缸内有一活塞，把油缸分为上下两部分。活塞上有一小孔，称为节流孔。如果把油缸固定在弹簧托板上，活塞固定在摇枕上，当摇枕做上下振动时，活塞杆向上运动时，油缸上部分体积缩小，而油缸下部分的体积增大，油缸下部油液的压力降低。油缸上下两部分的压力不同，于是压力高的上部分的油液通过节流孔流到油缸下部分去填充活塞移动后产生的空间。油液通过微小的节流孔时要产生阻力，阻力大小和油液流动的速度以及节流孔的形状和大小有关。油液流动的速度越大，阻力也越大。当活塞向下运动时，则油缸上部体积逐渐增大，而油缸下部体积减小，油液通过活塞上的节流孔由下部流向上部，产生阻力。因此，车辆振动时，油压减振器起减振作用。以上所说的情况是在假设活塞杆不占据油缸体积的情况下产生的，而实际的活塞杆具有一定的体积，当减振器工作时，油缸上部和下部体积的变化是不相等的。若活塞杆动作向下，油缸下部分排出油液至储油缸中，上部不足油液由储油缸补充。反之，当活塞杆动作向上时，活塞上部排出的油液不足填充油缸下部体积增大的部分，便会产生真空，影响减振器的正常工作。为了避免上述现象产生，在减振器油缸外，增加一储油缸，在油缸底部有一进油孔，当减振器工作时，不足的油液由储油缸补充，多余的油液存在储油缸中。

在客车转向架中采用的减振器，其实际结构要复杂得多，因为要采用复杂结构来防止减振器的泄漏和保证减振器各部分工作可靠、耐用。

四、空气弹簧装置的应用及特点

铁道车辆悬挂装置采用空气弹簧，其主要优点是：

（1）空气弹簧的刚度可选择低值，以降低车辆的自振频率。

（2）空气弹簧具有非线性特性，可以根据车辆振动性能的需要设计成拥有比较理想的弹性特性曲线。在平衡位置振动幅度较小时（正常运行时的振幅），刚度较低，若位移过大，刚度显著增加，以限制车体的振幅。弹性曲线的形状可设计成图 3-45（c）中的曲线 1。

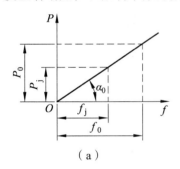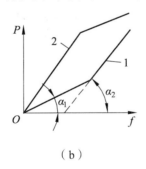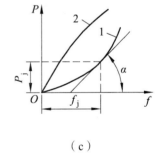

| （a） | （b） | （c） |

图 3-45　弹簧挠力图

（3）空气弹簧的刚度随载荷而改变，从而保持空、重车时车体的自振频率几乎相等，使空、重车不同状态下的运行平稳性接近。

（4）空气弹簧和高度控制阀并用时，使车体在不同的静载荷下，保持车辆地板面距轨面的高度不变。

（5）同一空气弹簧可以同时承受三维方向的载荷。利用空气弹簧的横向弹性，代替传统的转向架摇动台装置，从而简化结构，减轻自重。

（6）在空气弹簧本体和附加空气室之间装设有适宜的节流孔，可以代替垂向安装的液压减振器。

（7）空气弹簧具有良好的吸收高频振动和隔声性能。

采用空气弹簧的缺点是：由于它的附件（如高度控制阀、差压阀）较多，使成本较高，并增加了维护与检修的工作量。然而，采用空气弹簧的显著特点，使它在地铁车辆与高速客车上得到广泛应用。

1. 空气弹簧装置的组成

空气弹簧装置的整个系统如图 3-46 所示，主要由空气弹簧本体、附加空气室、高度控制阀、差压阀及滤尘器等组成。空气弹簧所需要的压力空气由列车制动主管 1 经 T 形支管 2、截断塞门 3、滤尘止回阀 4 进入空气弹簧储风缸 5，再经纵贯车底的空气弹簧主管向两端转向架上的空气弹簧供气。转向架上的空气弹簧管路与其主管用连接软管 6 接通，压力空气再经高度控制阀 7 进入附加空气室 10 和空气弹簧本体 8。

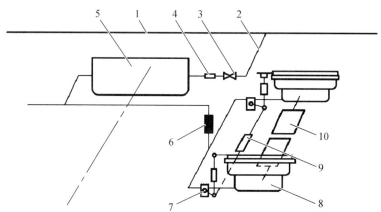

1—列车主风管；2—支管；3—截断塞门；4—止回阀；5—储风缸；6—连接软管；
7—高度控制阀；8—空气弹簧；9—差压阀；10—附加空气室。

图 3-46　空气弹簧装置系统

（一）弹簧气囊

自由膜式空气弹簧的结构如图 3-47 所示，由于它没有约束橡胶囊变形的内、外筒，可以减轻橡胶囊的磨耗，提高了使用寿命。它本身的安装高度比较低，可以明显降低车辆地板面距轨面的高度。自由膜式空气弹簧质量小，并且其弹性特性可以通过改变上盖板边缘的包角加以适当调整，使弹簧具有良好的负载特性。所以，在无摇动台装置的空气弹簧转向架上应用较多。

空气弹簧的工作过程

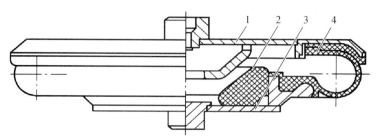

1—上盖板；2—橡胶垫；3—下盖板；4—橡胶囊。

图 3-47　自由膜式空气弹簧

空气弹簧的密封要求高，以保证弹簧性能稳定和节省压缩空气，一般采用压力自封式和螺钉紧封式两种密封方式。压力自封式是利用空气囊内部的空气压力将橡胶囊的端面与盖板（或内、外筒）卡紧加以密封；螺钉紧封式是利用金属卡板与螺钉夹紧加以密封。压力自封式的结构简单，组装检修方便，应用较多。

空气弹簧橡胶囊由内、外橡胶层，帘线层和成型钢丝圈组成，如图3-48所示。内层橡胶主要用以密封，需采用气密性和耐油性较好的橡胶材质，外层橡胶除了密封外，还起保护作用。因此，外层橡胶应采用能抗太阳辐射和臭氧侵蚀并耐老化的橡胶材质，还应满足环境温度的要求，一般为氯丁橡胶。帘线的层数为偶数，一般为两层或四层，层层帘线相交叉，并与空气囊的经线方向成一定角度布置。由于空气弹簧上的载荷主要是由帘线承受，而帘线的材质对空气弹簧的耐压性和耐久性起着决定性的作用，故采用高强度的人造丝、维尼龙或卡普隆作为帘线。

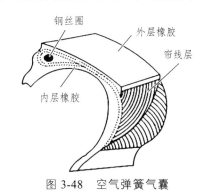

图3-48 空气弹簧气囊

空气弹簧气囊的主要特点：

① 采用全压力自密封方式，因而结构简单，组装维修方便，质量小。

② 下座为橡胶堆结构，以实现弹性支撑，可以通过有效利用橡胶堆的剪切与弯曲变形而降低空气弹簧的横向刚度，并可在空气弹簧无气状态时，保证车辆具有一定的运行品质。

③ 设有可调阻尼节流阀，可在较宽的振动频率范围内提供适中的减振阻尼。

（二）空气弹簧节流孔

在空气弹簧本体和附加空气室之间装设有适宜的节流孔（参见图3-49），当空气弹簧垂向变位时，上述两者之间将产生压力差。若空气弹簧处于静态变位（缓缓变位）过程，其压力差较小，若是在振动过程（快速变位），则其压力较大。空气流过节流孔由于阻力而耗散部分的振动能量，使之具有减振作用。一般采用空气弹簧悬挂装置的车辆，都采用这种减振方式。

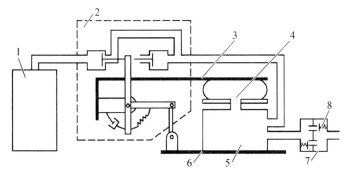

1—空气源；2—高度控制阀；3—地板面；4—节流孔；5—辅助空气室；
6—构架；7—差压阀；8—单向阀。

图3-49 空气弹簧装置示意图

空气弹簧原理图

（三）高度控制阀及差压阀

铁道车辆上采用的高度控制阀及差压阀是空气弹簧悬挂系统装置中一个重要的组成部分。空气弹簧的优点只有在采用良好的高度控制阀情况下才能充分体现出来。

1. 高度控制阀

（1）高度控制阀的作用与组成。

高度控制阀的主要作用：维持车体在不同静载荷下都与轨面保持一定的高度；在直线上运行时，车辆在正常的振动情况下不发生进、排气作用；在车辆通过曲线时，由于车体的倾斜，使得转向架左右两侧的高度控制阀分别产生进、排气的不同作用，从而减少车辆的倾斜。

高度控制阀一般可分为机械式和电磁式两种，按组成的不同又可分为有延时机构和无延时机构；按引起高度控制阀产生进、排气作用的传动方式还可分为直顶式和杠杆式等。高度控制阀的组成结构如图 3-50 所示，一般由高度控制机构、进排气机构和延时机构等部分组成。

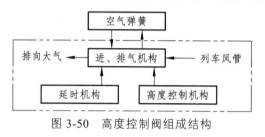

空气弹簧工作高度
控制过程

图 3-50 高度控制阀组成结构

（2）高度控制阀的工作原理。

由于车体静载荷的增加（或减小），空气弹簧被压缩（或伸长），使空气弹簧高度降低（或增高）。随之，车体距轨面高度发生改变，这样，高度控制机构使进、排气机构工作，向空气弹簧充气（或排气），当空气弹簧的内压与所承受的静载荷相平衡时，空气弹簧恢复到原来的高度，高度控制机构停止工作，进、排气机构处于关闭状态，充气（或排气）停止。

延时机构一般由缓冲弹簧和阻尼减振器（油压阻尼或空气阻尼）组成，该机构使得车辆运行时，空气弹簧在正常的振动情况下，即空气弹簧高度（幅度）虽有变化，但不发生进、排气作用。此时，仅仅是该机构的缓冲弹簧伸缩变形，而进、排气阀并不作用。但是，当振动的频率低于某一值时（该频率值要低于车辆正常振动的频率，又称为截止频率），进、排气阀工作，使空气弹簧进、排气，为此，需选取适宜的缓冲弹簧刚度和减振器阻尼值。这样，就可实现车辆运行时在正常振动中（振动频率高于截止频率）空气弹簧不进气或不排气，而当静载荷变化或车辆通过曲线时（变化频率低于截止频率），空气弹簧再充气或排气。进、排气机构一般由几组阀门组成，而阀门的开启或关闭受到高度控制机构和延时机构的控制。

高度控制机构一般由杆件组成，按传动方式不同，可分为直顶式和杠杆式。直顶式是由高度控制阀的接触杆直接把空气弹簧高度（即车体距轨面高度）的变化情况（幅值和频率）传递给进排气机构和延时机构。杠杆式是把空气弹簧高度变化情况，通过杠杆机构，将空气弹簧的大位移（振幅）转换成小位移，再传递给进排气机构和延时机构。直顶式比杠杆式减少了一套杠杆传动机构，其结构简单，并克服了杠杆传动中销套连接产生的误差，但对其安装的垂直度要求比较严格。

（3）高度控制阀的主要特性及参数。

① 截止频率。为保证在直线运行时，车辆在正常振动过程中，空气弹簧不发生充、排气作用，要求高度控制阀工作的频率必须低于车辆的垂直低主振频率，称为截止频率。只有车辆高度变化的频率低于该值时（如静止状态车辆载荷的变化及车辆通过曲线时），高度控制阀才充、排气。对于高速车辆，因弹簧悬挂装置的刚度非常小，则要求较低的截止频率。因此可以看出，截止频率是延时机构正常工作的重要参数，一般该值为 1Hz 左右。

② 无感区。为避免车辆载荷发生微小变化高度控制阀就发生充、排气作用，以及由于安装高度控制阀必然存在的高度差确定所允许的适宜值，需要该阀有无感区。在无感区高度变化范围内，高度控制阀不发生充、排气作用。一般无感区约为 ±4 mm。

③ 延迟时间。高度控制阀设有延时机构，目的是使高度控制阀具有"截止频率"和"无感区"的性能。为此需要有确定的延迟时间，一般为 1 s 左右。

④ 充、排气时间。设有该参数值是为保证转向架左右高度控制阀充、排气快慢尽可能一致，以减小空气弹簧承载的不均衡性，并保证在规定的时间内，空气弹簧的充、排气量的多少符合所规定的要求，所以它是保证高度控制阀充、排气的快慢符合规定要求的特性参数。例如，规定某容积为 12L 的空气弹簧，内压从 0 升到 0.42 MPa 时，充气时间为 5.5 s，而从 0.42 MPa 降至 0.2 MPa 时，排气时间为 7.75 s。

⑤ 供风风压。要求列车供风的风压符合高度控制阀正常工作所需的数值，铁道车辆列车管风压一般为 0.6 MPa。

⑥ 检修期。为保证高度控制阀的正常工作，减少维修量，延长使用寿命，保证质量，要规定无检修期。例如，对某型高度控制阀规定车辆运行 20 万千米之内无检修。

在确定上述各主要特性参数值时，应注意要结合车辆悬挂参数、运行速度、空气弹簧类型、线路条件及高度控制阀的结构形式等具体条件选择。

2. LV-3 型高度控制阀

（1）结构。

普通双层客车和准高速客车采用的 LV-3 型（国产型号为 GTF-Ⅱ）高度控制阀的结构如图 3-51 所示。高度控制阀由高度控制机构、进排气机构和延时机构三部分组成。高度控制阀的控制机构主要包括连杆套筒 18、连杆 17 和主轴 6。它们主要完成进、排气的控制。

高度控制阀的进、排气机构主要由高度控制阀体 1、过滤网 10、空气节流阀 11、进气阀体 12、进气阀 13、单向阀 14、排气阀体 15 和排气阀 16 等组成。进气阀的低压侧和排气阀的高压侧（即空气弹簧侧）组成通道并进行联系。通过控制机构的控制，即打开或关闭进、排气阀来完成进、排气。

高度控制阀的延时机构主要由活塞 3、吸入阀 4、缸盖 5、缓冲弹簧 7、弹簧支架 8 和减振器支架 9 组成。延时机构以硅油作为阻尼介质，使得车辆运行时，空气弹簧在正常的振动情况下，即空气弹簧高度虽有变化，但不发生进、排气作用，仅是该机构的缓冲弹簧扭转变形，其进、排气阀并不工作，这样一方面可减少高度控制阀的误动作，另一方面可起到节省压力空气的作用。另外，高度控制阀的主轴 6、活塞 3、吸入阀 4 和缸盖 5 等部件全部浸泡在硅油中。在主轴上装有弹簧支架 8 和减振器支架 9，可在主轴上自由回转，弹簧支架和减振器支架同时接触缓冲弹簧。在主轴旋转时，转动缓冲弹簧，由此产生的力带动减振器支架和连动突起的活塞，使进气阀和排气阀动作。连杆在水平位置约 ±45° 范围内旋转时，设在本体内的限位机构能够限制缓冲弹簧产生过度动作。

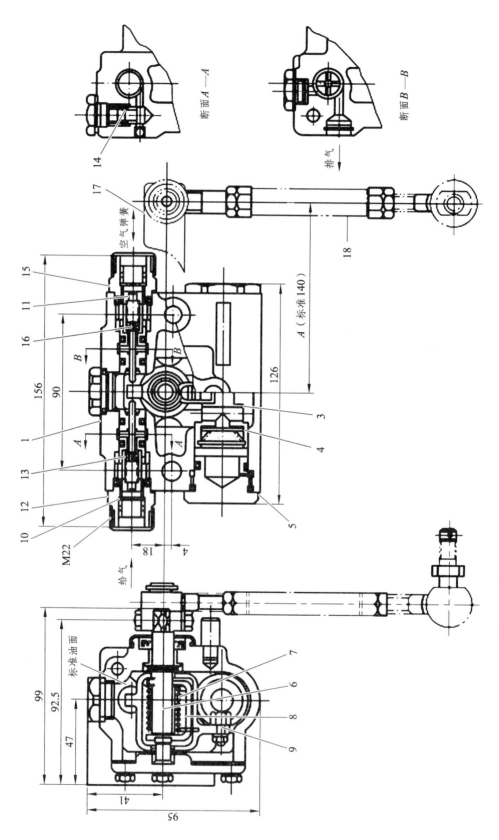

断面 A—A

14

断面 B—B

排气

17

空气弹簧

15

11

16

B

156

90

B

1

A

13

A

12

10

M22

18

4

给气

3

4

5

18

A（标准 140）

126

标准油面

99

92.5

47

41

95

7

6

8

9

1—阀体；3—活塞；4—吸入阀；5—缸盖；6—主轴；7—缓冲弹簧；8—弹簧支架；9—减振器支架；

10—过滤网；11—空气节流阀；12—进气阀体；13—进气阀；14—单向阀；

15—排气阀网；16—排气阀；17—连杆；18—连杆套筒。

图 3-51 LV-3 型高度控制阀的结构

（2）作用原理。

空气弹簧在车体载荷增加时（见图 3-52），由于其内压顶不住，因而被压缩，高度降低。此时控制机构的连杆向上动作，带动主轴旋转，由于延时机构的作用，一定时间后打开进气阀，空气弹簧风缸中的高压空气进入空气弹簧，使空气弹簧高度增加，并使连杆逐渐恢复到水平状态，此时进气阀迅速关闭，空气弹簧恢复至原来的设定高度。相反，空气弹簧在车体载荷减小时（见图 3-53），空气弹簧的内压将过剩，因而空气弹簧伸长，高度增加。此时控制机构的连杆向下动作，带动主轴旋转，由于延时机构的作用，一定时间之后打开排气阀，空气弹簧内的压力空气由排气阀排入大气，空气弹簧的高度随之下降，同时连杆逐渐恢复到水平状态，排气阀迅速关闭，空气弹簧高度恢复至原来的设定位置。

进气阀和排气阀的开启动作，需要一定的时间间隔。相比之下，进气阀和排气阀的关闭动作却要迅速得多，这便是高度控制阀的最大特点。这种效果的产生，是由于延时机构的作用。为加深对进、排气阀动作的理解，稍作以下说明。

如图 3-52 所示，连杆向上动作，带动主轴旋转，转动缓冲弹簧，由此产生的力将减振器支架下的活塞向右侧推动，活塞的吸入阀上有单向阀。由于活塞的动作，活塞的右侧成为液压室，在油缸盖上设有液压节流孔 a，形成减振作用，液压油经节流孔 a 排出，从高度控制阀的侧面通路流回中心油室。正是由于节流孔的节流作用产生了抵抗力，使打开进气阀的动作得到延时。

此时活塞的左侧呈负压状态，吸入阀的单向阀开启，来自中心油室的油作为补充。随着活塞的动作，减振器支架转动，进气阀打开，进行充气。

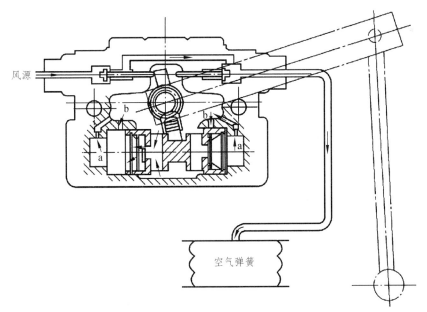

图 3-52 高度控制阀进气图

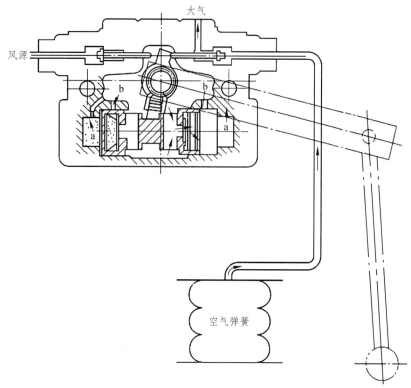

图 3-53　高度控制阀排气图

相反，在进气阀关闭过程中，缓冲弹簧和减振支架突起部分动作，使活塞往中心部位归位。这时减振器成了不起作用的机构，活塞右侧前面几乎不存在反作用力，左侧油室的油可不经过压缩从通道孔 b 流出，进入中心油室。同时，右侧吸入阀的单向阀开启吸入油，活塞逐渐返回中心部位时，两侧通道孔 b 均被堵死。这样，在下次活塞动作时，又可形成时间上的延迟。由此可见，进气阀关闭比开启迅速。同样排气阀的开启与关闭，原理与进气阀的开启与关闭相同。

由于具有以上动作，行驶的车辆产生振动，即使是弹簧支架随之振动，由于减振器产生的抵抗力，减振器支架也不会振动，结果振动被缓冲弹簧吸收，进气阀和排气阀不致因误动作而开启，从而防止了压缩空气的浪费，另外，进、排气阀的复位迅速，使振动性能稳定。

3. 差压阀

（1）差压阀的作用。

差压阀是保证一个转向架两侧空气弹簧的内压之差，不超过为保证行车安全规定的某一定值，若超出，则差压阀自动沟通左右两侧的空气弹簧，使压差维持在该定值以下。所以差压阀在空气弹簧悬挂系统装置中起保证安全的作用。

在由 4 个空气弹簧直接支承于车体的车辆悬挂系统中，即使是车辆的几何尺寸、质量等都为对称的参数及结构，空气弹簧的内压往往也不是均衡的，即当车辆斜对角两处的空气弹簧内压增大时，而另一对角两处的空气弹簧内压减小，把这种斜对角之间内压不均衡状况称为"对角压差"，该状态下各空气弹簧上的承载也是斜对称形的。这是因为在实际过程中，由于各空气弹簧充排气时间及速度的差别、线路不平顺、各高度控制阀的高度控制杆有效长度（高度差）的不同及车辆载荷的不均衡等原因，使得静止或运行中的转向架的左右两侧空气弹簧内压力有区别。当不采用差压阀时，其压差可达 0.1 ~ 0.15 MPa。这会使转向架两侧的垂直载荷很不均衡，使减载侧抵抗脱轨的能力明显降低。为保证车辆平稳、安全地运行，防止脱轨，必须在空气弹簧悬挂系统中设有差压阀。

差压阀的结构如图 3-54 所示。当左右两侧空簧压差小于某一定值时（一般为 ≤ 0.08 MPa），左右两个阀都处于关闭状态，左右两个空簧均不相通。若左边空簧压力增高，并超过该定值时，即阀中下室空气压力大于上室空气压力，左阀的弹簧受压缩，打开阀门，使压力空气从左边流向右边。反之，上室压力高时，右阀弹簧压缩，打开阀门，使压力空气从右边流向左边。由于差压阀的这种安全作用，使得空气弹簧的承载符合安全要求。

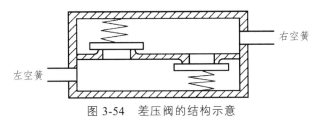

左空簧　　　　　　　　　右空簧

图 3-54　差压阀的结构示意

（2）差压阀差压值的选择。

在选择差压阀的差压值时，应注意以下几点。

① 在转向架左右两侧空气弹簧为均载条件下，车辆正常运行时，该压差值应不影响由于车辆振动所引起的空气弹簧内压变化的值。

② 差压阀的差压值应高于车辆在曲线（包括过渡曲线）上运行时，仅是由于车体两侧增减载的载荷变化，使左右两个空气弹簧内压变化的压差值（包括高度控制阀的充、排气作用）。

③ 在上述两个要求的允许条件下，尽量取较小的压差值，使各空气弹簧承载不会发生过分的不均衡，以提高车辆的运行平稳性和抗脱轨性能。

④ 当转向架一侧空气弹簧发生破裂事故时，另一侧空气弹簧内压不能过高，并仍使车辆能以较低速安全运行，以便于事故的处理。

一般差压阀的压差值取 0.08 ~ 0.12 MPa。在取值时应根据车型的结构形式、载重、车体重心高度、运行条件、运行速度以及采用空气弹簧和高度控制阀的形式等因素考虑确定。

五、抗侧滚扭杆

1. 抗侧滚扭杆装置组成

高速车辆为了改善垂向动力学性能，克服转向架由于二系弹簧刚度较低而导致车辆在运动中的侧滚幅度加大的缺点，从而增加舒适度，在转向架中增设了抗侧滚扭杆装置。抗侧滚扭杆装置由 1 根扭杆、2 个扭臂、1 个可调节连杆、1 个固定连杆和 2 个支承座组成，如图 3-55 所示。

抗侧滚扭杆及
其工作原理

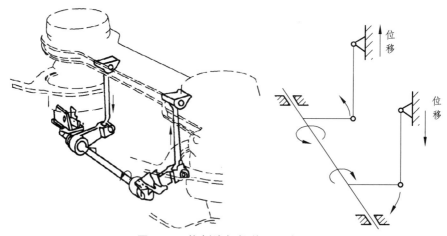

图 3-55 抗侧滚扭杆装置示意图

2. 结构特点

（1）扭杆与扭臂的连接采用圆锥直齿渐开线花键连接，外加防松垫圈和圆螺母紧固，该连接能使扭杆与扭臂之间紧密无间隙，连杆便于安装与拆卸。

（2）在支承座中采用了自润滑聚四氟纤维关节轴承，避免了因扭杆弯曲而影响轴承的使用寿命。

（3）连杆与扭臂及连杆与连杆座的连接均采用自润滑聚四氟纤维杆端关节轴承。

（4）连杆采用单杆可调结构，安装时只需调节 1 根可调连杆的长度即可使平衡位置时扭杆不受扭矩的作用。

3. 抗侧滚扭杆装置的设置位置

抗侧滚扭杆装置的作用特性，决定它应设置在空气弹簧（中央弹簧）的上、下支承部分之间。因转向架结构形式不同，它可以设置在摇枕与弹簧托梁之间，如设有摇动台装置的209HS 型和 CW-2C 型客车转向架；或者设置在摇枕与构架之间，如采用无摇动台装置的206KP 型和 SW-160 型客车转向架；还可以设置在车体与构架之间，如无心盘、无旁承、无摇动台装置的高速客车转向架。

4. 工作原理

如图 3-55 所示，当左右弹簧发生相互反向的垂向位移时（即车体侧滚时），水平放置的两个扭臂对扭杆（扭臂与扭杆之间近似为刚性节点）分别有一个相互反向的力与力矩的作用，使弹性扭杆承受扭矩而产生扭转弹性变形，起着扭杆弹簧的作用。扭杆弹簧的反扭矩，总是与车体产生侧滚角位移的方向相反，以约束车体的侧滚振动。但是，当左右弹簧为同向垂直位移时，因扭杆两端为转轴及轴承支承，所以左右两个扭臂只是使扭杆产生同向的转动，而不发生扭杆弹簧作用，故对车体不产生抗侧滚作用。从上述作用原理可知，抗侧滚扭杆装置既增强了中央悬挂装置的抗侧滚性能，又不影响或基本上不影响中央悬挂装置中原弹簧的柔软弹性。

扭杆弹簧的主体为一直杆，它是利用扭杆的扭转弹性变形起弹簧作用的。在适用范围内扭转力矩与扭转角的特性曲线呈线性。扭杆弹簧具有自重轻、结构简单、单位体积变形大及占空间位置小等特点，所以在铁道车辆上用于抗侧滚装置。扭杆弹簧的材质和制造精度要求较高，在制造加工及检修过程中对其防腐处理要及时，并需进行探伤检验。

虽然抗侧滚扭杆装置安装的位置有所不同，但都有相同的主要性能要求：

（1）应具有前述的作用特点和适宜的抗侧滚扭转刚度，同时应具有能适应空气弹簧（中央弹簧）上、下支承两部分之间相对运动的随动性。

（2）在垂向、横向及纵向的三个方向上，均应尽量减小对中央悬挂装置刚度的影响。

（3）扭杆与转臂之间应有足够大的刚度。

（4）应注意防止车辆高频振动的传递。

任务五　快速客车转向架修程管理与质量要求

一、车辆转向架检修修程管理

任务五课前任务单

25T 型客车 A2、A3 级修程管理，通过对转向架零部件实施分单元、分部位的换件修和状态修，在保证客车安全的同时，利用库停时间分次在整备线、段修库内进行检修，对换下零部件按 A3 级检修要求进行集中检修；在状态修中更换的零部件检修时执行换件修标准。A3 级修在车辆段（厂）内进行架车检修，对换下的零部件进行异地检测和专业化集中修，在状态修中更换的零部件检修中通过对转向架重点部位实施大范围的换件检修，确保客车运行安全，实施如表 3-2 所示。

表 3-2　转向架修程实施表

检修范围		转向架相关检修内容	
		A2	A3
转向架	换件修	（1）轮对轴箱装置：接地装置、轮对轴箱； （2）转向架：油压减振器	（1）轮对轴箱装置：轮对、制动盘、轴箱； （2）转向架：空气弹簧、差压阀、高度调整阀、抗侧滚扭杆装置（CW-200K）及其供风管路系统、安全钢丝绳（CW-200K）、轴箱弹簧、油压减振器、构架组成、轴箱节点定位套、横向缓冲器橡胶件、牵引拉杆、转臂、轴箱节点装置、AM96 型转向架各橡胶节点； （3）制动装置：基础制动装置
	状态修	（1）转向架：构架组成、轴箱节点定位套、横向缓冲器、定位套、轴箱定位装置、轴箱弹簧、牵引拉杆、横向挡、抗侧滚扭杆（CW-200K、AM96）、空气弹簧、高度调整阀、差压阀、AM96 空气弹簧排风阀； （2）制动装置：基础制动装置及手制动机、电空制动装置及供风管系	制动装置：基础制动装置

二、转向架检修基本要求

转向架导柱、牵引拉杆安装座状态良好者可不分解，其他配件均需分解检修。检修时须符合以下要求：

CW-200K 型转向架落成

（1）转向架各部件清除表面锈垢，焊接构架防腐层整体状态良好者可局部修补。除锈时不许损伤螺纹和精装配面。

（2）与车体连接的牵引拉杆座、抗侧滚扭杆座和抗蛇行减振器座弯曲、变形时调修，裂损时焊修、补强或更换，腐蚀深度超过 30% 时更换，构架上组焊件原焊缝裂纹时焊修。

（3）各螺纹连接配件螺纹须良好，构架上螺纹损坏时堵焊后加修或用钢丝螺套修复（轴端螺栓孔除外），钢丝螺套的基孔螺纹大径到母材边缘最小距离须大于 10 mm。原钢丝螺套损坏时更新。

（4）衬套裂纹、缺损、松动时更新，衬套（销孔）内孔直径磨耗量大于 1 mm 时更新。

（5）转向架上各风管损坏或裂损更换时采用不锈钢管。

（6）钢丝绳有断股或断丝数量超过总数 10% 时更新，钢丝绳胶套脱落、破损时更新。

（7）金属配件组装结合面（配合面除外），在组装前均须涂刷防锈漆。

（8）圆、扁开口销须更新，防松止铁、防松铁丝状态不良或分解时须更新。

（9）中心牵引体橡胶节点、中心销橡胶套、定位转臂节点 A2 修有下列情况之一时更新，定位转臂节点更新时，同一轮对须同时更新；除中心销橡胶套外，A3 修时更新：

① 橡胶与金属件结合面之间开裂长度超过 1/4 圆周且深度大于 5 mm；

② 橡胶表面周向裂纹长度超过 1/4 圆周且深度大于 5 mm；

③ 橡胶表面周向贯通裂纹且深度大于 3 mm。

（10）采用压装方式的各节点须为过盈配合，压装后须紧固、无松动。

（一）构 架

构架检修质量要求：

（1）构架裂纹时焊修或更换。腐蚀深度不超过 20% 时可不焊修，腐蚀深度不超过 30% 或任意 100 mm × 100 mm 范围内腐蚀深度超过 30% 但面积之和不大于 25 cm² 时焊修、补强，超限时更换。

（2）构架上各种吊座、补强板弯曲变形时调修，裂纹时焊修或更换，腐蚀深度超过 30% 时更换；构架上组焊件原焊缝裂纹时须焊修，焊接式构架焊修后须对焊缝探伤检查。

（3）定位转臂座裂纹时焊修，变形时更换。

（4）脱轨、颠覆车辆或构架主体结构焊修时，测量构架定位尺寸（见图 3-56、图 3-57），符合表 3-3 所述要求。

表 3-3　转向架构架定位尺寸

序号	检测部位	尺寸要求/mm	
		CW-200（K）	SW-220K
1	①定位座中心纵向距离	1 740±1	1 455±1
2	②定位座底面与弹簧座顶面距离	四角高差≤2	四角高差≤2
3	③定位座中心横向距离	2 000±1	2 000±1
4	④、⑤定位座中心对角线距离	｜④－⑤｜≤3	｜④－⑤｜≤3

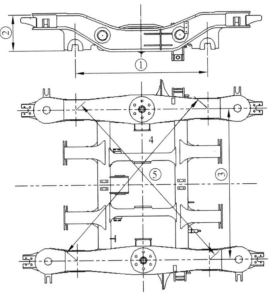

图 3-56　CW-200（K）型转向架构架定位尺寸示意图

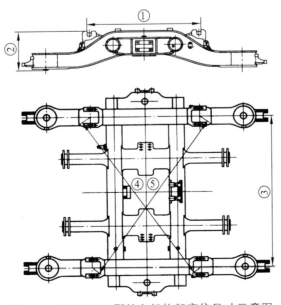

图 3-57　SW-220K 型转向架构架定位尺寸示意图

（5）构架附加空气室须清除杂质，泄漏时焊修。

（6）构架上单元制动缸限位螺栓无松动，折损、失效时更新。

（二）轴箱定位装置

1. 转臂、轴箱节点装置

（1）转臂定位轴及套偏磨、裂纹时成套更新。

（2）定位转臂和轴箱夹紧箍（轴箱压盖）、节点夹紧箍须原套检修，除锈时不得损伤组装面，裂纹、变形时更换，组装时原位安装。

（3）CW-200（K）转臂报废时须与轴箱夹紧箍成套更新，轴箱夹紧箍报废时须与转臂成套更新或单独更新为φ282 mm 的新箍；轴箱定位套与转臂圆孔配合过盈量为 0.1～0.2 mm。转臂与轴箱夹紧箍检修后与轴箱接触面涂 30～50 μm 厚的防锈底漆，其他转向架定位转臂和轴箱夹紧箍（轴箱压盖）、节点夹紧箍检修后，与轴箱和节点接触面涂润滑脂，其余部位涂油漆。

（4）SW-220K 转臂和节点夹紧箍与节点组装时，节点夹紧箍上的定位销大端对准定位节点上的定位孔，紧固时节点须有压缩量，紧固后转臂和节点夹紧箍应无间隙。

（5）转臂节点（轴箱节点）锁紧板弯曲变形大于 2 mm 或裂纹时更换。

（6）轮对提吊腐蚀厚度超过 30%或裂纹时更新。

（7）转臂节点更新时同一轮对同时更新。

2. 钢弹簧

（1）弹簧裂纹、折损或腐蚀超过原簧径 6%时更换。

（2）弹簧夹板中心孔磨耗大于 2 mm 时焊修或更换，夹板裂纹、腐蚀超过 30%时更换。绝缘套磨耗大于 2 mm 或破损时更新。

（3）支撑圈长度不小于 5/8 圈。

（4）按规定载荷进行试验，试验载荷下的高度不超出设计载荷高度的 ±5%。轴箱弹簧载荷试验高度差：25T 型客车同一轮对及转向架同一侧不大于 3 mm，同一转向架不大于 5 mm。

（5）弹簧组装时，内外圈弹簧旋向须相反。

（6）有预压缩要求的钢弹簧按预压缩高度组装：

① CW-200（K）型转向架：（310±2）mm（含上下夹板），下夹板无硫化橡胶的为（300±2）mm。

② SW-220K 型转向架：（270±2）mm（不含上下夹板）。

3. 轮对轴箱装置

轮对轴箱装置检修按《铁路客车轮轴组装检修及管理规则》执行。

（三）牵引拉杆牵引装置

（1）牵引拉杆横向裂纹时报废，表面纵向裂纹深度不大于 2 mm、磨痕深度不大于 3 mm 时打磨消除并圆滑过渡，超限时报废。SW-220K 牵引拉杆的磕碰伤深度大于 2 mm 或裂纹时报废，磕碰伤深度不大于 2 mm 时打磨消除并圆滑过渡。牵引拉杆孔划伤深度不大于 1 mm

时须打磨圆滑过渡，大于 1 mm 或影响橡胶节点压装时报废。

（2）CW-200（K）、SW-220K 型转向架 A2 修时，牵引拉杆橡胶节点老化、裂损时更新，A3 修时更新。

（3）SW-220K 型转向架牵引拉杆 M30 安装螺栓更新。CW-200（K）型转向架牵引拉杆锁紧板弯曲变形大于 2 mm 时更新。

（四）中央悬挂装置

1. 空气弹簧及附属装置

（1）空气弹簧 A2 修时外观检查，无异状时进行气密性试验，试验合格者可不分解，A3 修时分解检查尼龙块、钢弹簧和节流阀等内部配件，须状态良好。胶囊老化、龟裂、破损时更新。空气弹簧各零部件更换判定标准见表 3-4。

表 3-4　空气弹簧各零部件更新判定标准

部位	缺陷	达到下列条件之一者更新
胶囊	龟裂	帘线外露
	磨损	深度大于 1 mm，橡胶囊帘线外露
	裂纹	深度大于 1 mm，裂纹长度大于 30 mm
	鼓泡	直径 20 mm 以下超过 2 处，直径 30 mm 以下超过 1 处
上盖板	变形	不能保证与橡胶囊密封
	缺损	不能保证与橡胶囊密封
橡胶堆	龟裂	橡胶与金属分离深度大于 20 mm，长度超过 1/4 圆周

（2）上盖板裂纹、弯曲变形影响安装和密封时更新，上盖板硫化橡胶层状态不良影响密封性能时更新。胶囊安装座、扣环须光滑、平整、清洁。组装螺栓不许与胶囊接触。

（3）进气口（节流阀）橡胶密封圈更新。

（4）空气弹簧橡胶垫破损、老化时更新。

（5）橡胶支持座脱胶时更新。

（6）节流阀脱落、损坏、锈蚀时更换，安装节流阀时须涂抹螺纹锁固胶。

（7）空气弹簧辅助钢弹簧裂纹时更换，自由高须符合（259±6）mm，不符合时调修或更换。

（8）空气弹簧气密性试验：空气弹簧在标准工作高度（±2 mm）下，充气至 500 kPa，保压 10 min，泄漏不大于 10 kPa，或浸入水中 3 min 无连续气泡。

2. 高度阀、差压阀、安全阀

高度阀、差压阀 A2 修时试验台试验，良好者可不分解，A3 修时分解检修。高度阀调整杆组成的上、下关节轴承动作灵活，窜动量不大于 0.5 mm。杆体弯曲变形时调修或更换。

3. 抗侧滚扭杆装置

（1）扭杆、扭臂、连杆有裂纹时更新。

（2）关节轴承（销轴）、橡胶密封圈、胶垫、轴套 A2 修时状态检查，不良时更新。

（3）扭杆与扭臂松动时须分解检修。

（4）扭杆弯曲大于 8 mm 时调修，扭杆端轴直径磨耗大于 2 mm 时焊修或更换。

（5）杆身腐蚀深度大于 2 mm 时更换。

（6）扭杆支承座裂损时更新。

（7）安全吊、连杆安全托变形时调修，腐蚀深度超过 30%时更新。

（8）装用轴套的扭杆须向支撑座内注适量润滑脂。

4. 其他零部件

（1）横向拉杆裂纹时更换。

（2）各安全吊腐蚀深度超过 30%、变形时加修或更换，裂纹时更换，螺栓孔损坏时加修或更换。

（3）纵、横向缓冲器橡胶件老化、裂纹、脱胶时更新。

5. 基础制动装置

各圆、扁开口销须更新，各基础制动圆销磨耗大于 1 mm 时更新。

三、快速客车转向架组装

（一）基本要求

（1）各紧固件须紧固良好，无松动。

（2）全车轴箱弹簧（外圈）旋向须一致，并按试验载荷选配。

（3）各磨耗部位组装前须涂抹润滑脂。

（4）转臂定位结构，除 CW-200（K）以外，定位节点内套及外套表面、转臂及夹紧箍用于节点安装的内表面、定位轴和定位套的梯形外表面及定位臂的梯形槽部分组装前涂润滑脂。

（5）各销、套间隙不大于 2 mm，窜动量不大于 3 mm，窜动量大于 3 mm 时加垫调整。

（6）闸瓦托吊上部圆销和踏面清扫器上部圆销须安装扁开口销，并须卷起，吊座上圆销帽一侧须有安全挡，并安装圆开口销。

（7）闸瓦须更新。闸片厚度不小于 20 mm，同一单元制动缸两侧闸片厚度差不大于 5 mm，同侧上下闸片厚度差不大于 1 mm，同一闸片托的闸片同时更新。

（8）闸片托锁铁端部与闸片托支撑面间隙不大于 1.5 mm，闸片托支撑面与闸片背间隙不大于 2 mm，如图 3-58 所示。

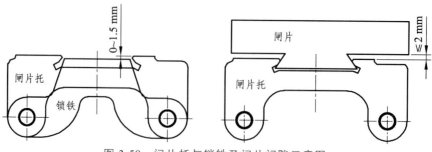

图 3-58　闸片托与锁铁及闸片间隙示意图

（9）基础制动装置须转动灵活，各部间隙须均匀，闸片与制动盘面间隙之和不小于 2 mm（允许单侧闸片不离开盘面，但须无压力）。

（10）标记速度 140 km/h、160 km/h 客车车轮直径差：同一转向架不大于 5 mm，同一车辆不大于 20 mm。

（二）CW-200（K）型转向架

（1）转臂与节点装置组装时，盖形螺母组装须在外侧。

（2）转臂节点套筒两端面相对两侧定位块间隙之差不大于 1 mm。

（3）轴箱凸台与转臂弹簧托盘下表面间隙须大于 0.1 mm，左、右间隙差不大于 1 mm。

（4）转臂和轴箱夹紧箍与轴箱体组装后，转臂和轴箱夹紧箍结合面处须无间隙。

（5）同一轮对两车轮内侧面与构架上的基准块的间隙差不大于 2 mm。

（6）轴箱节点处锁紧板上表面与定位座下表面的间隙不小于 2 mm，超限时可在梯形槽两侧面各加 1 块与接触面大小相同的等厚紫铜垫调整。锁紧板锁紧后，连接螺栓须穿防松铁丝。

（7）横向止挡与纵向梁挡板之间间隙为（40±2）mm。

（三）SW-220K 型转向架

（1）转臂定位轴与梯形槽接触面配合须严密，允许有不大于 0.1 mm 的局部间隙，定位轴与梯形槽底面间隙不小于 5 mm，超限时可在梯形槽两侧面各加 1 块与接触面大小相同的等厚紫铜垫调整。

（2）轴箱凸台与转臂弹簧座下平面间隙须大于 0.1 mm，且左、右间隙之差不大于 1 mm。

（3）转臂和轴箱夹紧箍与轴箱体组装后，转臂和轴箱夹紧箍结合面处须有间隙（允许螺栓紧固部位局部密贴）。

（4）同一轮对两车轮内侧面与构架上基准块的间隙差不大于 2 mm。

模块四 铁道车辆轮对轴承检修

课程模块任务活页

任务一 认识轮对结构

一、轮 对

任务一课前任务单

轮对由一根车轴和两个车轮组成。组装时采用过盈配合，在车轴压装机（油压机或水压机）上将车轮装于车轴两端，轮轴组成如图 4-1 所示，轮对各部位名称如图 4-2 所示。

轮对结构及分类标记

轮对车辆的重要部件，它承受车辆的全部重量（自重和载重）并引导车辆沿钢轨做高速行驶。轮对的质量直接影响列车的安全运行。因此，对轮对的要求是：① 具有足够的强度和刚度，要求在外力作用下不发生永久变形，且弹性变形限制在正常工作允许范围内，不发生脆性折断及疲劳裂纹等类型的破坏；② 在保证安全的条件下，尽可能地减轻轮对质量，并有一定的弹性，以减小轮轨之间的作用力；③ 车轴与车轮结合牢固；④ 具有阻力小和耐磨性好的优点，这样可大大地节省牵引动力。

图 4-1 轮轴组成三维示意图

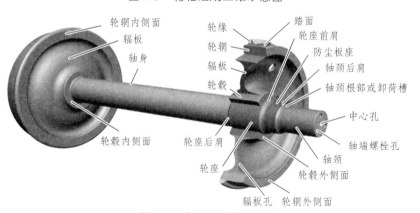

图 4-2 轮对各部位名称

轮对形式和基本尺寸如图 4-3 和表 4-1 所示。

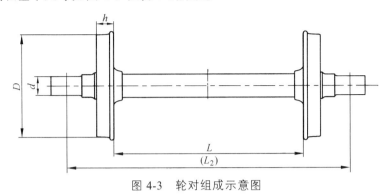

图 4-3 轮对组成示意图

表 4-1 轮对形式和基本尺寸

轮对型号	轮对基本尺寸 $d×D×L_2×L×h/$ （mm×mm×mm×mm×mm）	车轴型号	车轮型号	轴承型号	适用转向架型号
RD2	130×840×1 956×1 353×135	RD2	D、HDS、HDSA、HDZ、HDZA、HDZB、HDZC、HDZD	352226X2-2RZ、SKF 197726	转 K1、转 K2、转 K3、转 K4、
RE2A	150×840×1 981×1 353×135	RE2A	HESA、HEZB、HEZD	353130X2-2RZ、F-808997.TAROL150/250-B-TVP	转 K5、转 K6
RE2B	150×840×1 981×1 353×135	RE2B	HESA、HEZB、HEZD	353130B（C353130）、353130A、CTBU150（SKF ITALY V0R-7030A）	转 K5、转 K6
RF2	160×915×2 006.6×1 353×135	RF2	HFS、HFZ	353132A（352132A）、353132B（353132X2-2RS）	DZ1、DZ2、DZ3

安全搭载量：轮缘内侧距离与线路尺寸的关系。轮对在正常状态线路上运行时，轮缘的内侧距离和车轮踏面几何形状将是影响行车安全和运行平稳性的重要因素。轮缘内侧距有严格规定，保证轮缘与钢轨之间有一定游间，以减少轮缘与钢轨的磨耗，并实现轮对的自动调中作用，并且，避免对轮对两侧车轮直径的允许公差要求过高，避免轮轨之间的过分滑动及偏磨现象。我国《铁路技术管理规程》规定，对于标准轨距线路，无论在直线上或曲线上，其最小轨距为 1 433 mm，而轮对最大内侧距离为 1 359 mm，考虑到轮缘厚度及轮缘磨损，假定一侧轮缘紧贴钢轨，则另一侧车轮踏面满足安全搭载量，以保证行车安全，不会因搭载量不足而导致车辆脱轨。

二、车　轴

1. 车轴结构

车轴是轮对的主要配件，它除了与车轮组成轮对以外，两端还要与轴承润滑装置配合，保证车辆安全运行，如图 4-4 所示。铁道车辆使用的车轴，绝大多数为圆截面实心车轴。由于各部位受力状态不同，其直径也不一样。车轴是用优质碳素钢（40 钢或 50 钢）锻造制成的。车轴表面需锻造光平，不得有起层、裂纹、熔渣或其他质量缺陷。新造货车已全部使用滚动轴承车轴。

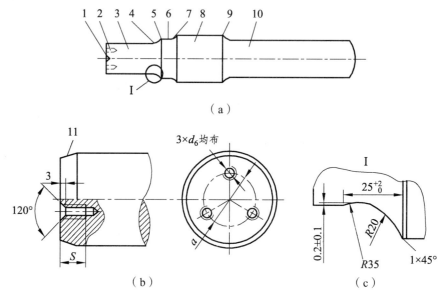

1—中心孔；2—轴端螺栓孔；3—轴颈；4—卸荷槽；5—轴颈后肩；6—防尘挡圈座；
7—轮座前肩；8—轮座；9—轮座后肩；10—轴身；11—轴端倒角。

图 4-4　滚动轴承车轴

（1）中心孔：工艺基准，加工车轴和组装、加工轮对时机床顶针孔支点，并可以作为校对轴颈、车轮圆度的中心。

（2）轴端螺栓孔：滚动轴承车轴安装轴端压板的地方，轴端压板的作用是防止滚动轴承内圈从轴颈上窜出。

（3）轴颈：安放轴承，承受垂直载荷。

（4）卸荷槽：为磨削轴颈时便于砂轮退刀，起退刀槽的作用，可以减少轴承内圈组装后与此处相互间的接触应力，有利于提高此处的疲劳强度。

（5）轴颈后肩：轴颈与防尘板座间的过渡圆弧，可防止应力集中。

（6）防尘挡圈座：安装轴承后挡并限制滚动轴承后移。

（7）轮座前肩：防尘板座与轮座之间的过渡圆弧，可防止应力集中。

（8）轮座：车轴和车轮配合的部位，是车轴受力最大的部位。

（9）轮座后肩：轮座与轴身之间的过渡圆弧，可防止应力集中。

（10）轴身：两轮座的连接部分，为增加其强度和减少应力集中，车轴轴身呈圆柱形。

（11）轴端倒角：轴端部设有 1∶10 的倒角，其作用是在压装滚动轴承时起引导作用。

注：标准滚动轴承车轴每端端部平分为 3 个扇形，两端共 6 个扇形，供刻打车轴标记之用。车辆尺寸代号如图 4-5 所示。

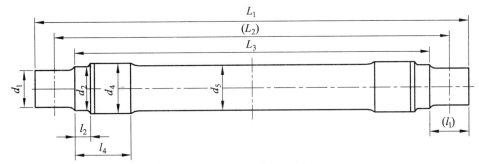

图 4-5　车轴尺寸代号示意图

2. 车轴的分类和使用范围

现行客货车辆常用车轴有 B、D、E 三类型号，其轴负荷分别为 12 t、21 t、25 t。标准滚动轴承车轴有 RF2、RD2、RE2、RC3、RC4、RD3、RD4、RD3P 等型号。其中，RF2、RD2、RE2 用于货车转向架，RC3、RD3 用于客车转向架，RD3P 用于盘型制动车轴。

三、车　轮

1. 车轮结构

我国铁路车辆上主要采用的是碾钢整体车轮，简称碾钢轮。其形状如图 4-6 所示。

（1）踏面：车轮与钢轨面相接触的外圆周面，具有一定的斜度。踏面与轨面在一定的摩擦力下完成滚动运行。

（2）轮缘：车轮内侧面的径向圆周突起部分。其作用是防止轮对出轨，保证车辆在直线和曲线上安全运行。

（3）轮辋：车轮具有完整踏面的径向厚度部分，以保证踏面内具有足够的强度，同时也便于加修踏面。

（4）轮毂：车轮中心圆周部分，固定在车轴轮座上，为车轮整个结构的主干与支承。

（5）轮毂孔：安装车轴用，该孔与车轴轮座部分直接固结在一起。

（6）轮辐板：连接轮辋与轮毂的部分，呈板状。轮辐板又呈曲面状，使车轮具有某些弹性，力在传递时较为缓和。

（7）辐板孔：为了便于加工和吊装轮对而设，每个

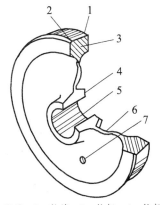

1—踏面；2—轮缘；3—轮辋；4—轮毂；
5—轮毂孔；6—辐板；7—辐板孔。
图 4-6　车轮结构

车轮上有两个。现在由于辐板孔用途不大且影响车轮的平衡性能，在 S 形辐板车轮上予以取消。

2. 轮缘和踏面的形状

为使轮对在钢轨上平稳运行，能顺利地通过曲线和道岔，且使踏面磨耗比较均匀，轮缘

和踏面必须有相应的外形。我国铁路车辆所使用的车轮轮缘和踏面有锥形（TB 型）、磨耗型（LM 型）和高速磨耗型（HLM 型）三种，如图 4-7 所示。磨耗型是在原锥形踏面的基础上发展起来的。其踏面外形较复杂，接近车轮磨耗后形成的曲线状态。《铁路货车轮对和滚动轴承组装及检修规则》规定：车轮踏面及轮缘必须按磨耗型踏面的外形加工及测量（新车轮可按原形）。

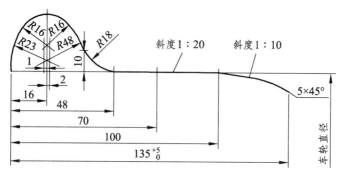

（a）锥形踏面外形

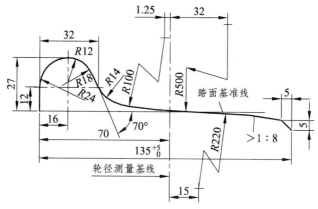

（b）磨耗型踏面外形

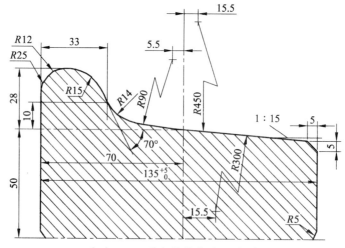

（c）HLM 型车轮轮缘踏面外形

图 4-7　轮缘和踏面的形状

车轮内侧面为加工基准面，车轮内侧面和踏面外侧面之间的距离称为轮辋宽度，标准车轮的轮辋宽度为 135 mm。

由车轮内侧面向外 70 mm 处踏面上一点称为基点，基点沿车轮一周组成的圆称为滚动圆，车轮的直径、轮辋的厚度、踏面的圆周磨耗深度都在此处测量。

以 LM 型车轮为例，由车轮内侧面向外 16 mm 处轮缘上一点称为轮缘顶点。过距车轮内侧面向外 70 mm 处踏面上一点做一水平线，为轮缘高度测定线。轮缘顶点至轮缘高度测定线的垂直距离为轮缘高度，标准轮缘高度为 27 mm。轮缘高度测定线铅垂线上 12 mm 做一水平线与轮缘相交，两交点间的距离称为轮缘厚度，标准轮缘厚度为 32 mm。

车轮轮缘踏面采取这种轮廓的原因：

（1）便于通过曲线。

车辆在曲线上运行时，由于离心力的作用，轮对偏向外轨，于是在外轨上滚动的车轮与钢轨接触部分的直径较大，而沿内轨滚动的车轮与钢轨接触部分直径较小。这样，造成在同一转角，外轮行走的路程长而内轮行走的路程短，正好和曲线区间线路的外轨长内轨短的情况相适应，使轮对较顺利地通过曲线，减少车轮在钢轨上的滑行。

（2）可自动调中。

由于踏面中部设有斜度，为使踏面与钢轨顶面接触良好，钢轨铺设时也使它向线路中心有相同的斜度，因此钢轨对车轮作用力的方向是指向线路中心的。车辆在直线线路上运行，当轮对受到横向力的作用使车辆中心线与轨道中心不一致时，则轮对在滚动过程中能自动纠正偏离方向。

（3）能顺利通过道岔。

线路上的道岔对车辆运行的平稳性和安全性影响较大，因此踏面的几何形状也应适应通过道岔的需要。由于尖轨前端顶面低于基本轨顶面，当轮对由道岔的尖轨过渡到基本轨时，为了防止撞到基本轨，要求踏面具有一定的斜度，并且把踏面的最外侧做成 5×45° 的倒角，以增大踏面和轨顶的间隔，保证车轮顺利通过道岔。

（4）使踏面磨耗比较均匀。

由于车轮踏面具有一定斜度，当车轮在轨道上运行时，回转圆直径也在不停地变化，致使车轮在钢轨上的接触点也不停地变换位置，结果使踏面磨耗比较均匀。

（5）防止车轮脱轨。

当车轮通过曲线时，常使轮缘紧靠外侧钢轨。此时如果车轮受到较大的横向力，则车轮可能从轮缘外侧面爬上钢轨而脱轨，但由于轮缘面有一定的斜度，尽管车轮有少量抬起，也会在车轮载荷的作用下顺着轮缘的斜坡滑至安全位置。这种情况不但在曲线上出现，在直线区段上轮对受较大的横向水平力时也会出现。可见轮缘上斜度的大小，对车辆运行的安全有着十分重要的作用。

3. 车轮的种类及材质要求

整体车轮按型号分为货车标准轮 HB 及 HBS、HD 及 HDS、HE 型，分别用于 30 t、50 t、60 t、75 t 车辆上，车轮直径均为 840 mm。为适应高速、重载运输发展的需要，后来又开发、研制了 S 形辐板整体碾钢轮，并于 1998 年批量生产。它的主要结构特点是：① 辐板为不同圆弧连接成的 S 形状；② LM 型踏面；③ 取消了辐板孔；④ 适当减薄轮毂孔壁厚度（为 40 mm）。

碾钢整体车轮尺寸代号如图 4-8 所示。

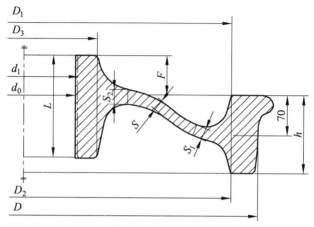

图 4-8　碾钢整体车轮尺寸代号示意图

四、轴　承

铁路车辆用滚动轴承均配置在簧下，除承受车辆载荷外，还直接承受着轮轨间发生的振动、冲击，其可靠性直接关系行车安全。因此，要求轴承耐振、耐冲击、寿命高、维护检修方便且要有较小的尺寸和质量。所以铁路车辆轴承均设计为非标准系列的形式，并多采用滚动体为向心滚子的轴承。我国铁路车辆主要采用圆柱滚子轴承和圆锥滚子轴承。

1. 滚动轴承的工作原理

运动物体与支承物之间的接触点在不断地变化的摩擦叫滚动摩擦。滚动轴承的摩擦就属于这种摩擦。滚动轴承一般由外圈、内圈、滚动体（滚子）、保持架组成。滚动轴承是借助于在内、外圈之间的滚动体滚动实现传力和滚动的。内圈紧配合于轴颈，外圈与轴箱之间允许有少许的转动，当车轮转动时内圈随轴颈转动，同时带动保持架与滚动体转动，滚动体一方面沿内外圈滚道做公转，另一方面绕自身轴心做自转，它们之间的接触点是在不断变化的，零件之间没有滑动摩擦，因此其摩擦阻力小，这是滚动摩擦的主要特点，如图 4-9 所示。

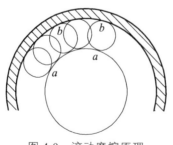

图 4-9　滚动摩擦原理

滚动轴承结构原理

滚动轴承有径向游隙和轴向游隙，以保证滚动体能自由转动。保持架用以维持各滚动体之间的位置，防止歪斜和相互碰撞，保证滚动体能沿滚道均匀分布。

每一个滚子轴承是由内圈、外圈、滚子及保持架 4 种零件组成。轴承内圈以一定的过盈量紧配合于车轴轴颈上，而外圈则是松配合于轴箱圆筒内。当车辆运行时，内圈与轴颈一同回转，并引导滚子一面绕其轴心自转，一面沿内外圈滚道滚转。滚子的自由转动由轴承的径向游隙和轴向游隙来保证。

径向游隙是指内外圈滚道与滚子之间的内部间隙。它是在轴承自由状态下，当外圈不动，内圈和滚子转动时，每转动 120° 测量一次径向间隙，共测量 3 次数据，算出算术平均值。车辆滚动轴承的径向游隙值一般比机械轴承大，这是因为车辆滚动轴承负荷大，轴承工作时内外圈之间的温差较大，同时也考虑到内圈与轴颈的过盈配合会使轴承径向游隙相应减少这一情况。圆柱轴承的径向游隙为 0.12～0.17 mm。

轴承各滚子的负荷分布，与轴承径向游隙的大小、轴承和轴箱的制造精度、轴箱和轴承之间配合游隙的大小、轴箱的结构和承载方式等因素有关。轴承径向游隙过大时，将使绝大部分负荷加在位于负荷作用线的滚子上，而旁边几个滚子受力很小甚至不受力，这样会缩短轴承的寿命。

轴向游隙是指轴承内外圈沿其轴线的相互位移量。其作用是避免滚子端部与内外圈挡边经常摩擦，保证轴承在转向架倾斜或轮对蛇行运转时正常地工作，并防止车辆通过弯道时滚子被卡住。单个圆柱轴承的轴向游隙定为 0.4～0.7 mm，成对圆柱轴承的轴向游隙定为 0.8～0.14 mm，球面轴承的轴向游隙由径向游隙决定。正确选择轴承游隙，应能保证滚子的负荷分布合理、自由转动灵活、振动和噪声小、在规定的温度下能正常工作。

2. 滚动轴承的特点

由于滚动轴承主要依靠元件间的滚动接触支承转动零件，故以滚动摩擦取代了滑动轴承中的滑动摩擦，因而具有摩擦阻力小、功率消耗少、启动容易等优点。铁路车辆采用滚动轴承与滑动轴承相比有以下优点。

（1）减小列车起动和运行阻力，增大列车牵引质量。

采用滚动轴承轴箱装置是铁路车辆技术现代化的重要措施之一，采用滚动轴承后，显著地降低了车辆起动阻力和运行阻力。经验证明：采用滚动轴承，列车起动阻力约降低 85%。当速度为 30、60、70 km/h 时，运行阻力分别降低 18%、12%、8%，并且改善了车辆走行部分的工作条件。因此，采用滚动轴承后，在牵引力相同的条件下，可大大提高列车的牵引质量。

（2）延长检修周期，减少材料消耗。

滚动轴承具有密封性能好、使用寿命长的特点，且使用润滑脂不易甩出和挥发，一次加油可以保持长时间润滑。如货车用的无轴箱滚动轴承，一次注油可用一个厂修期，在正常情况下可在 4 年内不需退卸检修。而货车滑动轴承每 3 个月就需进行一次检修给油，且每次段修都需对轴瓦白合金、油卷进行更换施修，修理工作量较大。因而装用滚动轴承的车辆不仅可延长轴箱装置检查和检修的周期，还可以节约大量的润滑油和有色金属，大大减少了材料消耗和检修工作量。

（3）滚动轴承承载均匀，燃轴事故少，安全可靠。

滚动轴承较滑动轴承具有优良的技术性能，装用滚动轴承的车辆，燃轴事故率显著下降，大大减少因燃轴甩车及切轴造成的列车颠覆事故，提高了运行的安全性和经济效果。

（4）提高运行速度，适应现代化运输。

滚动轴承的车辆由于产生的热量少，可以持续运行的距离较长，列车容易起动和加速，因而能够满足高速行驶的要求，适合于电力机车或内燃机车牵引。所以轴承滚动化是实现列车高速运行的必要条件之一。

现以我国客车常用轴承为例说明其表示方法。每个轴箱内有一对轴承，其代号为152726QT（外边的）和42726QT（里边的），其表示方法和含义如图4-10所示。

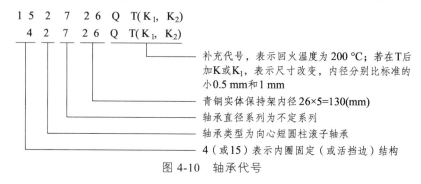

图4-10 轴承代号

注：以上两种轴承均为普通（G）级，所以前段均省去不写。

3. GB/T 272—2017 标准表示法

按照国标 GB/T 272—2017 规定，轴承代号由基本代号、前置代号和后置代号构成。

基本代号表示轴承的基本类型、结构和尺寸，是轴承代号的基础；前置、后置代号是轴承结构形式、尺寸、公差、技术要求有改变时，在其基本代号左右添加的补充代号。轴承代号排列见表4-2。

表4-2 轴承代号排列表

轴承代号											
前置代号	基本代号			后置代号							
				1	2	3	4	5	6	7	8
成套轴承分部件	类型代号	尺寸系列代号	内径代号	内部结构	密封与防尘套圈变形	保持架及材料	轴承材料	公差等级	游隙	配置	其他
		配合安装代号									

（1）基本代号。

滚动轴承（滚针轴承除外）的基本代号由轴承类型代号、尺寸系列代号、内径代号构成。

① 类型代号：轴承类型代号用数字或字母表示，见表4-3。

② 尺寸系列代号：由直径系列代号及轴承的宽和高度系列代号组合而成。尺寸系列见表4-4。

③ 基本代号编制规则：基本代号中，当轴承类型代号用字母表示时，编排时应与表示轴承尺寸的系列代号、内径代号或安装配合特征尺寸的数字之间空半个汉字距，如 NJ 3226，NA 4801。

④ 常用的轴承类型、尺寸系列代号、轴承代号见表4-4。

表 4-3　轴承类型表

代号	轴承类型	代号	轴承类型
0	双列角接触轴承	6	深沟球轴承
1	调心轴承	7	角接触球轴承
2	推力调心滚子轴承	8	推力圆柱滚子轴承
3	圆锥滚子轴承	N	圆柱滚子轴承 双列或多列用字母 NN 表示
4	双列深沟球轴承		
5	推力球轴承	U	外球面球轴承

注：在表中的代号后或前加字母和数字表示该轴承中的不同结构。

表 4-4　轴承名称类型代号

轴承类型	类型代号	尺寸系列代号	轴承代号
双内圈双列圆锥滚子轴承	35		350000
双外圈双列圆锥滚子轴承	37		370000
内圈无挡边圆柱滚子轴承	NU	23	NU2300
内圈单挡边圆柱滚子轴承	NJ	23	NJ2300
内圈单挡边并带平挡圈圆柱滚子轴承	NUP	23	NUP2300
双列圆柱滚子轴承	NN	30	NN3000
内圈无挡边带平挡圈圆柱滚子轴承	NJP		NJP0000
无挡边圆柱滚子轴承	NB		NB0000

（2）前置代号。

前置代号表示轴承的结构形状等特点，是增加在基本代号前的补充代号。前置代号用字母表示，见表4-5。

表 4-5　前置代号

代号	含　义	示例
F	凸缘外圈的向心球轴承（仅适用于 $d \leq 10$ mm）	F618/4
L	可分离轴承的可分离内圈或外圈	LNU207
R	不带可分离内圈或外圈的轴承（仅适用滚针轴承）	RNU207、RNA6904
WS	推力圆柱滚子轴承轴圈	WS81107
GS	推力圆柱滚子轴承座圈	GS81107
KOW-	无轴圈推力轴承	KOW-51108
KIW-	无座圈推力轴承	KIW-51108
K	滚子保持架轴承	K81107

（3）后置代号。

后置代号表示轴承尺寸、公差、材料、技术要求有改变时在基本代号后增加的补充代号，用字母（或加数字）表示。由于轴承后置代号内容众多，在这里不再详细介绍。

后置代号的编制必须符合下列规则：

① 后置代号置于基本代号的右边并与基本代号空半个汉字距（代号中有"-""/"除外）。

② 改变为4组（含4组）以后的内容，则在其代号前用"/"与前面代号隔开，如6205-2Z/P6，22308/P63。

③ 改变内容为第4组的后2组，在前组与后组代号中的数字或文字表示含义可能混淆时，两代号间空半个汉字距，如6208/P 62 VI。

现以我国客车用新型轴箱轴承为例说明其表示方法。每个轴箱内有一对轴承，其代号为NJP 3226X1（外边的）和NJ3226X1（里边的），其表示方法和含义如图4-11所示。

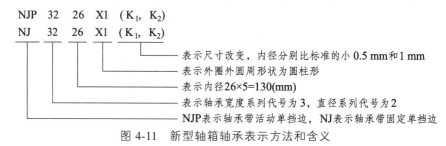

图 4-11　新型轴箱轴承表示方法和含义

4. 滚动轴承的选型

车辆滚动轴承选型的方法很多，目前较通用的是根据额定动载荷来选取。

额定动载荷是指额定寿命为 1×10^6 转时，轴承所能承受的负荷，它是代表轴承负荷能力的主要指标。

额定寿命是指一批同型号、同尺寸的轴承，在相同条件下转动时，其中90%的轴承在疲劳剥离前能够达到或超过的总转数，或在一定转速下的工作小时数。轴承的型号和尺寸不同，其额定动载荷也不相同，各种轴承的额定动载荷可在《滚动轴承产品样本》中查到。

新设计或改装轴承部件时，需要选择适用的轴承。选用轴承的程序一般如下：

（1）确定轴承的工作条件。

① 轴承所承受负荷的大小和方向（径向、轴向或径向与轴向同时作用）；

② 负荷性质（稳定负荷、交变负荷或冲击负荷）；

③ 轴承转速；

④ 轴承工作环境（温度、湿度、酸度等）；

⑤ 机器部件结构上的特殊要求（调心性能、轴向位移、可调整游隙以及对轴承的尺寸和旋转精度的要求等）；

⑥ 轴承的寿命。

（2）根据轴承的工作条件，选择轴承类型及确定轴承精度等级。

（3）选用轴承。

根据轴承的负荷、转速和要求的寿命，计算所需轴承的额定动负荷，并按此值在轴承产品样本中选取适用的轴承（计算值不大于"样本"的值）。需要注意，这里计算所取的轴承负荷，当轴承同时承受径向和轴向负荷时，必须换算为当量动负荷进行计算。

任务二 轮对轴承标记信息

一、车轴标记

车轴标记包括车轴制造标记、轮对组装标记和特殊标记。车轴标记刻打位置在车轴两端面上，以轴端中心孔中心与轴端三个螺栓孔中心的假想线及其延长线将轴端三等分，构成三个扇区，如图 4-12 所示。车轴标记按规定刻打在某一扇区内。

任务二课前任务单

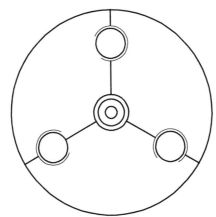

图 4-12 车轴标记分区示意图

1. 车轴制造标记

（1）车轴钢冶炼熔炼号：由阿拉伯数字或阿拉伯数字和字母组成，如 D1006048，字高 7 mm。

（2）车轴钢钢种标记：1 个字母，字高 7 mm，打在熔炼号后面，LZ50 钢钢种标记为"W"，LZ45CrV 钢钢种标记为"H"，LZ40 钢钢种标记省略。

（3）车轴制造（锻造）单位代号：3 位阿拉伯数字或字母，如 114，字高 7 mm。

（4）车轴锻造年月：年、月分别用 2 位阿拉伯数字表示，如 1012，字高 7 mm。

（5）车轴锻造顺序号（轴号）：用 1～6 位阿拉伯数字表示，从 1～999999 循环刻打；如 22772，字高 7 mm。2015 年之前生产的 LZ45CrV 钢车轴用 5 位阿拉伯数字表示，从 00001～99999 循环刻打。

（6）车轴方位标记："左"字标记，字高 7 mm。

（7）车轴轴型标记：用字母及阿拉伯数字表示，如 RF2、RE2B、RD2 等，字高 7 mm，角标字高 5 mm。

（8）车轴制造超声波穿透探伤检查钢印标记："↑"，高 10 mm。

（9）超声波穿透探伤工作者的责任钢印标记："C"，"C"字高 5 mm，超探工作者编号"1"字高 3 mm，三角形框高 8 mm，下底宽 10 mm。

（10）车轴制造标记集中刻打在轴端的某一扇区之内并永久保留，排列位置如图 4-13 所示。

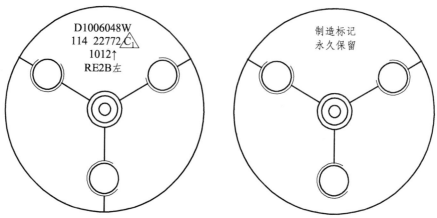

图 4-13　车轴标记示意图

2. 轮对组装标记

（1）轮对组装及组装单位标记："×××"，矩形框长 12 mm，高 7 mm，框内刻打轮对组装单位代号，字高 5 mm，如 131。

（2）轮对组装年、月、日：年、月、日分别用 2 位阿拉伯数字表示，字高 7 mm，如 110304。

（3）轮对第一次组装标记在车轴制造标记所处扇区按顺时针方向排列的下一个扇区内刻打，排列位置如图 4-14 所示，轮对第一次组装标记永久保留。

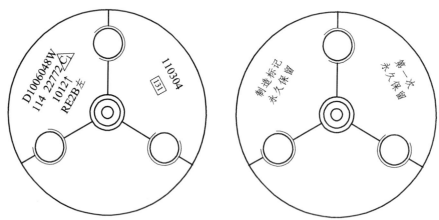

图 4-14　轮对标记示意图

（4）轮对再次组装时，组装标记在轮对第一次组装标记所处扇区按顺时针方向排列的下一个扇区内刻打，左端打满后在右端刻打，以此类推。各扇区均打满后，依次选择第二次及以后各次组装标记中可不保留者，将该扇区的所有标记全部磨除，重新刻打组装标记。

3. 车轴特殊标记

（1）"++"标记。车轴的轮座上有深度大于 0.3 mm 且小于 2.5 mm 的横裂纹经镟除后再组装成轮对时，在本次组装标记的扇区内增加刻打"++"标记（字高、宽均为 7 mm），带有"++"字标记的扇区内的所有标记永久保留，如图 4-15 所示。

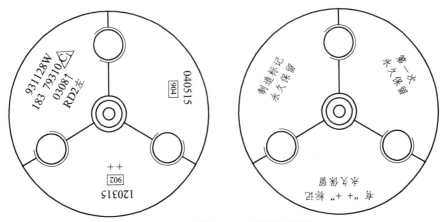

图 4-15　车轴双十字标记示意图

（2）等级标记。车轴轴颈公称直径比原形公称直径小 0.5 mm 等级的车轴，在本次组装日期和组装单位下面刻打 D1 标记，字高 7 mm，等级车轴标记永久保留，如图 4-16 所示。

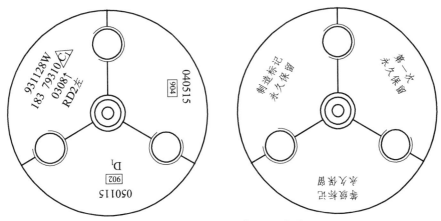

图 4-16　车轴等级标记示意图

4. 进口车轴标记

进口车轴轴端原有制造及组装等标记永久保留。

5. 改制轴端螺栓孔标记

改制轴端螺栓孔时，将需要永久保留的轴端标记依次转打在新刻制的各扇区内，按新的标记刻打。

6. 标记刻打要求

车轴轴端标记刻打清晰、准确，除规定刻打的标记外，不得刻打其他标记。

二、车轮标记

1. 碾钢车轮

（1）基本标记：制造年月、制造单位代号、车轮钢种代号、车轮型号、熔炼炉罐号、车轮顺序号、检验人员标记。

（2）标记要求及示例。

碾钢车轮标记冷打在轮毂内侧端面上；字高为 9～15 mm，字深不小于 0.2 mm，字迹清晰完整；字体下基线到轮毂孔边缘的距离不小于 10 mm。

标记示例：① 05 11 MG Ⅱ HDSA 05-2-2541 123 M；② 1412 TZ Ⅱ HESA 220436 ⚠，如图 4-17 所示。

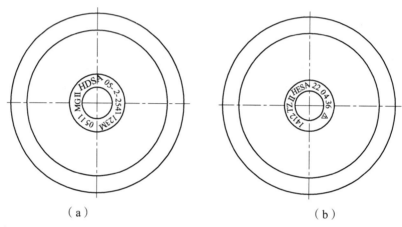

（a）　　　　　　　　　　　　　　（b）

图 4-17　碾钢车轮标记示例图

2. 铸钢车轮

（1）基本标记：制造年月、制造单位代号、车轮钢种代号、铸钢车轮代号、车轮型号、车轮顺序号。

（2）标记要求及示例。

铸钢车轮标记在车轮辐板内侧面上，铸造凸字标记，字高不小于 25 mm，标记清晰。

标记示例：07　02　CO　B　Z　HDZD　001456，如图 4-18 所示。

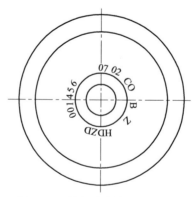

图 4-18　铸钢车轮标记示例图

3. 其他车轮标记示例

德国 BVV 公司制造的整体碾钢车轮标记在轮毂内侧端面上，如图 4-19 所示，包括制造单位标记、熔炼炉罐号及顺序号、车轮钢种代号、制造月年（各 2 位数字）、车轮型号。

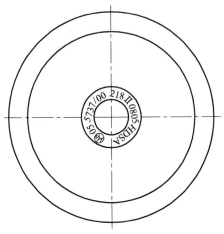

图 4-19　BVV 车轮标记示意图

4. 车轮直径

用白色油漆在辐板内侧面适当位置上标明车轮直径尺寸，字高不小于 25 mm，字迹清晰可辨，精确到小数点后一位，如图 4-20 所示。

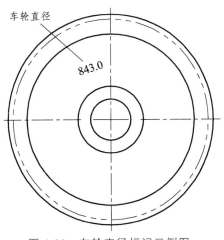

图 4-20　车轮直径标记示例图

三、轴承标记

1. 制造标记

（1）基本标记有轴承型号、制造单位代号和制造年月。在外圈制造年月后刻打生产顺序号，按 6 位阿拉伯数字编排，在内圈制造年月后刻打材料批次号，按 3 位阿拉伯数字编排。

（2）轴承公称内径比原形公称内径小 0.5 mm 等级的轴承，在内圈的轴承型号后再刻打"D1"标记。

（3）标记分别机械刻打在外圈外径凹槽中和内圈大端面上，相互之间要有明显的间隔。

（4）标记为永久性标志，清晰、易识别。

（5）标记字高 3.5 mm。标记示例如图 4-21 所示。

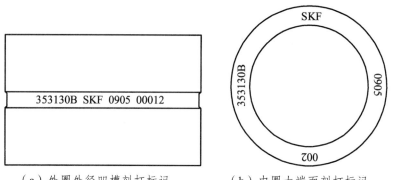

（a）外圈外径凹槽刻打标记　　　　（b）内圈大端面刻打标记

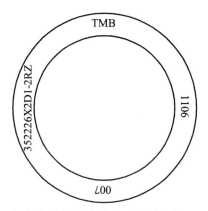

（c）等级轴承内圈大端面刻打标记

图 4-21　轴承制造标记示例图

2. 大修标记

（1）大修标记有轴承大修符号、轴承大修单位代号、轴承大修年月、补充新品标记（更换内圈或外圈新品时）和轴承编号。

（2）轴承外圈上的大修标记分别刻打在外圈外径凹槽中和刻写在外圈内径面上。外圈外径凹槽中的大修标记采用刻字机刻打，在轴承制造标记后面集中排列；外圈内径面上的大修标记可采用手工刻写，集中排列，不得损伤滚道。大修符号为"〇"、轴承大修单位代号（如"TMB"）、轴承大修年月（如"1407"）、补充新品标记"X"（补充新品外圈时在大修年月标记后面刻打）和轴承编号（按 5 位数逐月编排，外圈内径面上不刻写），外圈标记示例如图 4-22 所示。

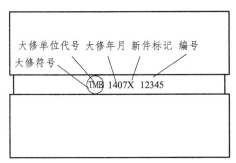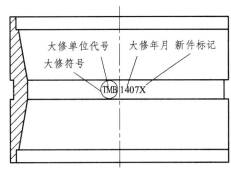

图 4-22　轴承大修外圈标记示意图

（3）轴承内圈上的大修标记采用刻字机刻打在内圈大端面上，在轴承制造标记后面集中排列，轴承大修符号为"○"、轴承大修单位代号（如"TMB"）、轴承大修年月（如"1407"）和补充新品标记"X"（补充新品内圈时在大修年月标记后面刻打），内圈标记示例如图 4-23 所示。

（4）轴承大修符号为直径 ϕ10 mm 的圆，其他拼音字母、汉字和阿拉伯数字的字高为 5 mm，深度不小于 0.15 mm。

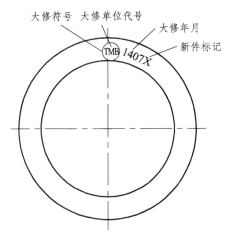

图 4-23　轴承大修内圈标记示意图

3. 一般检修标记

（1）一般检修标记由一般检修符号、检修单位代号、检修年月日组成。

（2）轴承外圈上的一般检修标记刻写在外圈内径面上，集中排列，不损伤滚道。内圈上的一般检修标记采用刻字机刻打在内圈大端面上，在轴承制造标记后面集中排列。一般检修符号为"◇"、一般检修单位代号（如"153"）、一般检修年月日（年份后两位、月日各两位，如"140321"），标记示例如图 4-24 所示。

（3）标记采用酸笔刻写或刻字机刻打，不损伤滚道。采用酸笔刻写时用中和液揩拭；数字及字母标记字高推荐 5 mm，字体端正、笔画清楚、排列整齐。

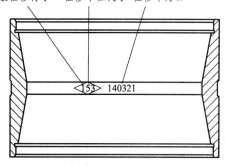
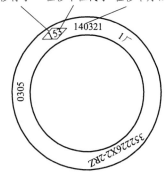

（a）外圈内径面刻写标记　　　　　（b）内圈大端面刻写标记

图 4-24　轴承一般检修标记示例图

4. 标志板标记

轴承标志板共分 A、B、C、D 四栏，如图 4-25 所示。

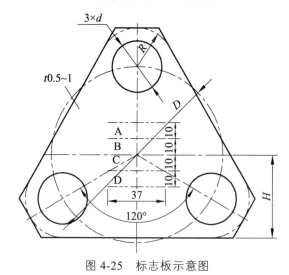

图 4-25　标志板示意图

（1）轮轴左端轴承的标志板。

A 栏：轴承首次装用年月、等级轴承标记、轴承制造（大修）单位代号、轴承分类代号。

B 栏：轮对第一次组装年月日、左、轴号。

C 栏：轴承本次装用年月日，车轴制造年月、车轴钢钢种代号、车轴制造单位代号。LZ50 钢钢种标记为"W"，LZ45CrV 钢钢种标记为"H"，LZ40 钢钢种标记为"S"。

D 栏：轴承本次装用单位代号、一般检修单位代号、一般检修符号。

（2）轮轴右端轴承的标志板。

A 栏：轴承首次装用年月、等级轴承标记、轴承制造（大修）单位代号、轴承分类代号。

B 栏：轮对最后一次组装年月日、轮对组装单位代号。

C 栏：轴承本次装用年月日。

D 栏：轴承本次装用单位代号、一般检修单位代号、一般检修符号。

（3）标志板标记刻打示例如图 4-26 所示。

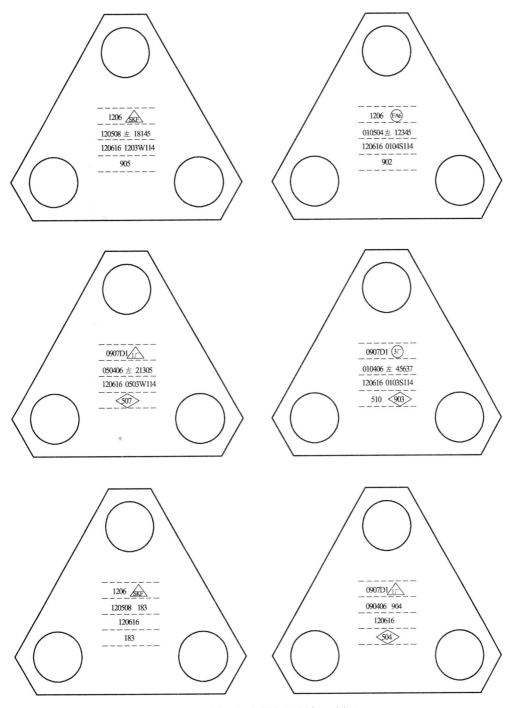

图 4-26　轴承标志板标记刻打示例图

任务三 轮轴检修工艺

铁路车辆轮轴修程从低级到高级依次分为一级修、二级修、三级修、四级修和新组装，轴承修程分为一般检修和大修。在车辆定期检修的框架下，实行以换件修和专业化集中修为主，以状态修为辅的检修管理体制，结合铁路车辆检修进行，但又与铁路车辆检修相对独立。

任务三课前任务单

轮轴一级修是经对轴承、车轮外观技术状态检查，无须退卸轴承，仅对车轮踏面进行镟修的轮轴检修，主要结合车辆段检修车间、货车站修进行，目的是维护轮轴的基本使用性能，修复后装用于临修车辆。二级修是经对轮轴外观技术状态检查，无须退卸轴承但需探伤的轮轴检修，主要结合车辆段段修、入段厂修进行，目的是维护轮轴的技术性能，修复后装用于段修及以下修程货车。三级修是经对轮轴外观技术状态检查，需退卸轴承而不需分解轮对的轮轴检修，主要结合车辆段段修、入段厂修、车辆造修工厂（公司）厂修进行，目的也是维护轮轴的技术性能，修复后可装用于各级修程货车，其中单端退卸轴承修复后装用于段修及以下修程货车。四级修是检修过程中需分解轮对并重新组装，且车轮踏面经过镟修（新品车轮除外）的轮轴检修，主要在车辆段轮轴（车轮）车间和车辆修造工厂（公司）进行，目的是恢复轮轴的技术性能，修复后可装用于各级修程货车。新组装是新品车轴、车轮、轴承及附件的全新组装，目的是满足新造货车、补充检修货车使用需要，可装用于新造铁路货车和各级修程货车。

铁路货车轴承一般检修主要在车辆段、车辆造修工厂（公司）进行，也有在轴承造修工厂（公司）进行，目的是维护轴承的技术性能，修复后可装用于三级修、四级修轮对。轴承大修在轴承造修工厂（公司）进行，目的是恢复轴承的技术性能，修复后可装用于三级修、四级修及新组装轮对。

一、轮轴一级修

（一）基本要求

轮轴检修实施检修资质管理，按规定通过一级修资质认证。作业场地相对独立，配置数控车轮车床及相关检测器具、样板，作业人员按专业上岗资质要求持证上岗。

（二）基本工艺流程

轮轴一级修工艺流程如图 4-27 所示。

图 4-27　轮轴一级修工艺流程图

（三）主要工装设备

数控车轮车床。

轮对检修常用工具

（四）主要检测器具

车轮检查器、轮径尺（仪）、轮对内侧距尺、游标卡尺、轴承轴向游隙测量仪、粗糙度比较样块等。

（五）检修作业

1. 外观技术状态检查

（1）建立轮轴卡片，查询铁路货车运用安全监控系统车辆轮轴故障预报信息，确认轴承不需要退卸。

（2）检查轴承外观技术状态，标志板、施封锁、螺栓等外观状态良好、标记清晰，前盖、后挡、外圈、密封罩无碰伤变形，轴承无甩油、渗油，转动灵活、无异音卡滞；测量轴承轴向游隙不超过 0.75 mm；检查标志板确认各型新造、大修轴承在规定的使用时间或运行里程内。

（3）检查轮对外观技术状态，确认车轮踏面擦伤、局部凹陷、剥离、缺损、碾宽等缺陷情况，测量轮对内侧距离、车轮直径、轮辋厚度、轮缘厚度、踏面圆周磨耗等尺寸。

经外观技术状态检查，仅需对车轮踏面及轮缘进行加工时，判定为一级修。

2. 车轮踏面及轮缘加工

（1）开工前准备。对数控车轮车床进行点检、润滑，确认性能良好；对检测器具进行检查和校验，确认技术状态良好。

（2）车轮踏面及轮缘采用数控方式加工，数控车轮车床如图 4-28 所示。车轮踏面及轮缘按磨耗型（LM 型）踏面的外形加工及测量，外形如图 4-29 所示，外形系列尺寸符合表 4-6 的规定。仅轮辋碾宽超限时可只镟除碾宽部分，轮缘高度恢复到（27 ± 1）mm。

不落轮镟床

图 4-28　数控车轮车床

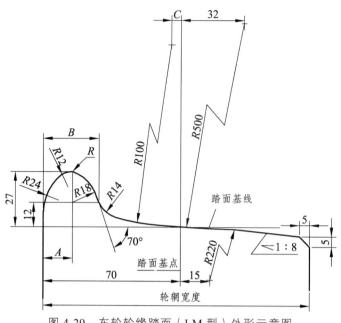

图 4-29　车轮轮缘踏面（LM 型）外形示意图

表 4-6　车轮轮缘踏面（LM 型）外形系列尺寸　　　　　　　　　　单位：mm

型号	A	B	C	R
LM	16	32	1.25	0
LM-31.5	15	31.5	1.75	0
LM-31	15	31	2.25	0
LM-30	15	30.2	3.25	0
LM-29.5	15	29.5	3.75	0
LM-29	15	29	4.25	0
LM-28	15	28.2	5.25	1
LM-27.5	15	27.5	5.25	1
LM-27	14	27	5.25	1
LM-26	14	26.2	5.25	1

（3）加工作业。作业前，复测车轮直径、轮辋宽度、轮缘厚度并确认车轮缺陷情况，确定镟修方案。根据轮缘厚度选择加工程序、录入轮辋宽度及镟修后车轮直径，启动设备移动刀架在轮辋内侧面上进行对刀，对刀完成后退出刀架，设定、调整主轴转速、Z 轴进给速度等参数进行作业。

（4）加工质量检查。车轮踏面及轮缘上裂纹、缺损、碾堆、剥离、擦伤、局部凹陷等缺陷全部消除，其加工部位的表面粗糙度达到 $Ra25\mu m$，各部尺寸符合限度规定。轮缘外侧及踏面部位可局部留有黑皮，连接部位平滑过渡。

二、轮轴二级修

（一）基本要求

轮轴检修实施检修资质管理，按规定通过二级修资质认证。建有轮轴检修工艺线，配备必要的工装设备和检测器具，具备轮对清洗除锈、轮轴磁粉探伤、轮轴超声波探伤、车轮轮缘踏面加工、轴承磨合等功能。轮轴探伤在相对独立的工作场地进行，配置 HMIS 轮轴子系统记录各工序轮轴检修信息。有专业上岗资质要求的需作业人员持证上岗，取得相关单位颁发的资格证书和上岗证。建立完善的质量管理体系，严格执行检验制度，按规定进行质量检查和复检。

（二）基本工艺流程

轮轴二级修工艺流程如图 4-30 所示。

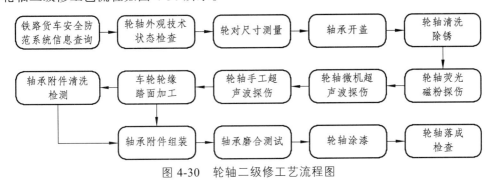

图 4-30　轮轴二级修工艺流程图

（三）主要工装设备

轮对清洗除锈机、轴承附件清洗装置、轮轴磁粉探伤机、轮轴微机控制超声波自动探伤机、多通道超声波探伤仪、数控车轮车床、轴端螺栓智能力矩扳机、轴承磨合机等。

（四）主要检测器具

车轮检查器、轮径尺（仪）、轮对内侧距检测尺、游标卡尺、粗糙度比较样块、轴承轴向游隙检测仪、力矩扳手等。

（五）检修作业

1. 货车运用安全监控系统信息查询

建立轮轴卡片，查询铁路货车运用安全监控系统车辆轮轴故障预报信息，并传递至轮轴收入岗位。

2. 轮轴外观技术状态检查及尺寸测量

（1）检查轴承外观技术状态。标志板、施封锁、螺栓等外观状态良好、标记清晰，前盖、后挡、外圈、密封罩无碰伤变形，轴承无甩油、渗油，转动灵活、无异音卡滞，如图 4-31 所示。测量轴承轴向游隙不超过 0.75 mm；检查标志板确认车轴使用寿命不超期，各型新造、大修轴承在规定的使用时间或运行里程内，轮轴超声波探伤检查达到探伤规定（到期）。

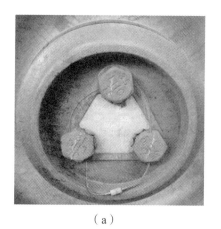
（a）

（b）

图 4-31　轴承外观状态检查

（2）检查车轮外观状态，如图 4-32 所示。有轮毂松动，辐板、轮辋裂纹等故障时判定为四级修、踏面擦伤、局部凹陷、剥离、缺损、碾宽等缺陷判定车轮镟修消除缺陷，辐板孔倒圆角尺寸小于 $R2\ mm$ 磨修，轴身打痕、碰伤、磨伤及电焊打火深度不大于 2.5 mm 时打磨光滑。

（3）测量轮对各部尺寸。测量轮对内侧距离、车轮直径、轮辋厚度、轮缘厚度、圆周磨耗等尺寸，不符合限度时判定车轮镟修，无法镟修时判定为四级修。轮对尺寸自动测量机如图 4-33 所示。

（a）

（b）

图 4-32　车轮踏面外观状态检查

图 4-33　轮对尺寸自动测量机

3．轴承开盖

用虎钳拆除施封锁，电动扳手松开轴端螺栓，卸下前盖，检查轴端、轴承密封座及油封外观状态，确认状态良好，如图 4-34 所示。

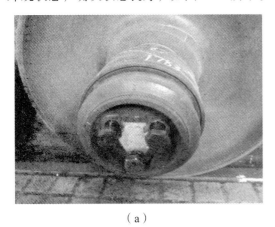 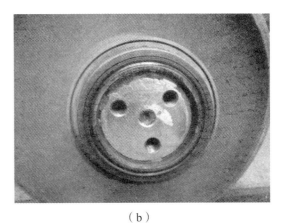

（a） （b）

图 4-34 轴承开盖

4．轮轴清洗除锈

对轮轴探伤部位进行清洗除锈，清除车轴表面附着的油漆及锈垢等，使其表面露出基本金属面，常用设备是轮对自动清洗除锈机。

5．轮轴磁粉探伤

每班开工前使用样板轮对磁粉探伤机进行日常性能校验，由探伤工、探伤工长、质量检查员、验收员共同参加，检测磁悬液浓度、紫外辐照度、白光照度、剩磁符合规定，磁化电流符合规范，A 型试片沟槽显示清晰，校验合格后开工作业。对轮轴轴身、带辐板孔车轮的内侧辐板孔部位施行复合磁化荧光磁粉探伤检查，发现车轴裂纹时按规定修理，无法修理时判定为四级修，发现车轮辐板孔裂纹时判定为四级修。轮轴复合磁化荧光磁粉探伤机如图 4-35 所示。

轮对探伤

图 4-35 轮轴复合磁化荧光磁粉探伤机

6. 轮轴超声波探伤

每班开工前使用样板轮对微机控制超声波探伤机进行日常性能校验，使用标准试块及半轴试块对多通道超声波探伤仪进行日常性能校验，由探伤工、探伤工长、质量检查员、验收员共同参加，校验合格后开工作业。

（1）微机控制超声波探伤。

使用微机控制超声波自动探伤机对轮轴进行全轴穿透探伤检查、轴颈根部（卸荷槽）小角度超声波探伤检查及轮座镶入部超声波探伤检查，发现裂纹缺陷时设备自动报伤，由下道工序手工超声波探伤对报伤缺陷进行复探。轮轴微机控制超声波探伤机如图 4-36 所示。

（2）手工超声波探伤

A 型显示微机控制超声波自动探伤后，再用多通道超声波探伤仪对轮轴进行全轴穿透和轴颈根部（卸荷槽）手工超声波复探。多通道超声波探伤仪如图 4-37 所示。A 型显示微机控制超声波自动探伤发现缺陷时，进行手工超声波复探，探伤结果以手工超声波探伤为准，手工超声波探伤发现轴颈根部（卸荷槽）缺陷时，退卸轴承进行磁粉探伤确认。

图 4-36　轮轴微机控制超声波自动探伤机

图 4-37　多通道超声波探伤仪

7. 车轮踏面及轮缘加工

同轮轴一级修检修作业中的车轮踏面及轮缘加工，加工后的车轮尺寸不低于二级修限度规定。轮对镟修间如图 4-38 所示。

8. 轴承附件组装

轴承附件有新品防松片、原标志板、前盖、轴端螺栓、施封锁，其中前盖、轴端螺栓可为旧品，经清洗检测合格后可重复使用。螺栓使用寿命不超过 10 年，螺栓头部有锻造的 35 钢标记、制造年标记、制造单位代号标记。组装前先在螺栓螺纹部位涂抹少量润滑脂，再将前盖、轴端螺栓预组装到轴端上，然后用智能力矩扳机均匀紧固，拧紧力矩符合限度规定。轴端螺栓智能力矩扳机如图 4-39 所示。轴端螺栓紧固后撬起防松片止耳，每组两个止耳中至少有一个贴靠在轴端螺栓的六方平面上，防松片只使用一次。使用施封锁对轴端螺栓进行施封，施封锁锁闭后手拉不开锁，施封锁上有装用单位和施封锁制造单位代号、"D"（或"E""F"）代号标记。

图 4-38　轮对镟修间

图 4-39　轴端螺栓智能力矩扳机

9.轴承磨合测试

轴承附件组装后进行磨合测试，转速不低于 200 r/min，时间不少于 5 min，轴承磨合时无异音，磨合过程中轴承温升不高于 40 K。轴承磨合机如图 4-40 所示。

图 4-40　轴承磨合机

10.轴承附件检修

装用迷宫式密封组成的 352226X2-2RZ、SKF 197726、353130X2-2RZ 型轴承，其前盖与密封座配合处沟槽的深度为 $3.5_{-0.5}^{0}$ mm，前盖与轴承要同型号配套使用。卸下的轴端螺栓集中清洗、检查，螺栓无滑扣、弯曲、拉长、裂纹，有锈蚀、毛刺者清除，螺纹有磨损时用螺纹止规测试，在距端面 3 扣内止住。轴端螺栓使用寿命不超过 10 年，标识不清或无法确认制造时间的报废处理。

三、轮轴三级修

（一）基本要求

轮轴检修实施检修资质管理，按规定通过三级修资质认证。建有轮轴检修工艺线，如图

4-41 所示。配备必要的工装设备和检测器具，具备轴承退卸、轮对清洗除锈、轮轴磁粉探伤、轮轴超声波探伤、车轮轮缘踏面加工、轴承压装、轴承磨合等功能，轮轴探伤、轴承压装在相对独立的工作场地进行，配置 HMIS 轮轴子系统记录各工序轮轴检修信息。有专业上岗资质要求的需作业人员持证上岗，取得相关单位颁发的资格证书和上岗证。建立完善的质量管理体系，严格执行检验制度，按规定进行质量检查和复检。

图 4-41　轮轴检修工艺线

（二）基本工艺流程

轮轴三级修工艺流程如图 4-42 所示。

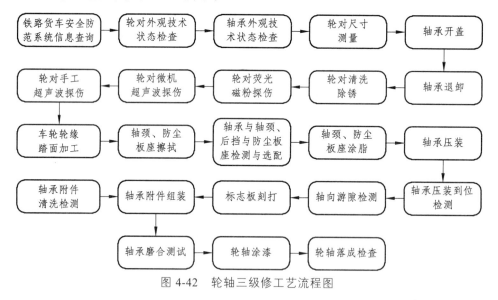

图 4-42　轮轴三级修工艺流程图

（三）主要工装设备

轮对清洗除锈机、固定式轴承退卸机、轮对磁粉探伤机、轮轴微机控制超声波自动探伤机、多通道超声波探伤仪、数控车轮车床、轴承附件清洗装置、微控轴承压装机、标志板刻打机、轴承磨合机、轴端螺栓智能力矩扳机等。

（四）主要检测器具

轴端螺栓孔螺纹塞规、深度游标卡尺、车轮检查器、轮径尺（仪）、粗糙度测量仪、粗糙度比较样块、轮对内侧距检测尺、外径千分尺、内径千分尺（表）、标准样环、前盖/后挡检测样板（尺）、轴承轴向游隙测量仪、力矩扳手等。

（五）检修作业

轮对尺寸测量

1. 货车运用安全监控系统信息查询

建立轮轴卡片，查询铁路货车运用安全监控系统车辆轮轴故障预报信息，并传递至轮轴收入岗位。

2. 轮对外观技术状态检查及尺寸测量

检查车轮踏面、轮辋、辐板、轮毂孔及轴身外观状态，测量踏面擦伤、剥离、局部凹陷、缺损、碾宽等缺陷，测量轮对内侧距离、车轮直径、轮辋厚度、轮缘厚度、圆周磨耗、轮辋宽度等各部尺寸，判定施修方法；检查轮对首次组装时间，判断车轴使用寿命是否到期，轮对超声波探伤检查是否到期。

（1）轮对有下列情况之一者，判定为加工修理：

车轮踏面剥离、擦伤、局部凹陷、碾宽、圆周磨耗超限及裂纹、缺损、粘有熔化金属；车轮轮缘厚度超限或轮缘垂直磨耗超限，轮缘缺损、裂纹、碾堆；同一轮对的两车轮直径差超限，同一车轮相互垂直的直径差超限；轴身表面有打痕、碰伤、磨伤及电焊打火等现象；出现其他需要加工修理的缺陷。

（2）轮对有下列情况之一者，判定为四级修：

①需分解检查时：轴端无组装日期或组装单位责任钢印；轮对内侧距离及内侧距离三处差超限；出现其他需要轮对分解的故障。

②需更换车轴时：LZ50 钢、LZ45CrV 钢材质及进口车轴使用时间满 25 年；LZ40 钢车轴使用时间达到 22 年；RD2 型 D1 等级车轴使用时间达到 20 年；轴端有"++"标记的车轴，使用时间满 20 年；车轴无制造时间或制造单位代号；车轴裂纹超限而不能修复；轴身尺寸超过规定限度；轴身弯曲超限；脱轨车辆同一转向架上的车轴轴颈弯曲大于 0.15 mm；轴颈由于燃轴而碾长或弯曲；轴颈及防尘板座有电焊打火或电蚀；其他需要更换车轴情况。

③需更换车轮时：车轮轮辋厚度小于规定限度；车轮轮辋宽度小于 134 mm；车轮踏面及轮缘裂纹、缺损、剥离经镟修无法消除；碾钢车轮轮辋外侧及辐板上有沿圆周方向的重皮；碾钢车轮有铲槽；车轮轮辋裂纹无法消除或辐板、轮毂裂纹；其他需要更换车轮情况。

3. 轴承技术状态检查

检查标志板、施封锁、螺栓状态和标记，各型新造、大修轴承的使用时间或运行里程；检查前盖、后挡、外圈、密封罩外观状态，并进行轴承转动检查和轴向游隙测量；确认车轮踏面擦伤、局部凹陷、剥离、缺损等缺陷。

（1）轴承有下列情况之一者，退卸处理：

轮对需分解时：无标志板或标志板标记不清、打错而导致无法判断轴承首次或末次压装时间；新造、大修轴承在 6 个月内达到规定的使用时间或运行里程；轴承（包括外圈、前盖、后挡、轴端螺栓等）有裂纹、碰伤、松动、变形和其他异状；密封罩、密封座、油封、密封组成有裂纹、碰伤、松动、变形，密封组成高于外圈端面，SKF 197726、353130B、353132A（352132A）、353132B（353132X2-2RS）型轴承密封组成中骨架与油封脱胶影响密封性能；轴承密封失效，有甩油、混砂、混水或油脂变质现象；转动轴承有异音、卡滞或其他不正常现象；轴承的轴向游隙大于 0.75 mm；电焊作业导致电流通过轴承；空车脱轨轮轴的同一转向架上的所有轴承，车辆颠覆或重车脱轨后的全车轴承；轮轴上遭受水浸或火灾的轴承；发生热轴故障或车辆滚动轴承故障轨边声学诊断系统（TADS）预报需退卸的轴承；使用时间达到 20 年的国产 RD2 型 40 钢车轴上的轴承；车轮踏面擦伤、局部凹陷深度达到 2 mm 及以上的轮轴上的轴承；车轮踏面剥离、缺损超过运用限度的轮轴上的轴承；其他需要退卸的情况。

（2）轴承有下列情况之一者，退卸报废处理：

大修轴承达到规定的使用时间或运行里程；车辆颠覆或重车脱轨后的全车轴承；电流通过引起局部放电造成斑点、凹槽或槽纹等表面电蚀损伤的轴承；锈蚀严重，不能正常转动的轴承；

发生燃轴或火灾被损伤的轴承；外圈破损的轴承；大修轴承出现一般检修无法修复的缺陷；内、外圈均出现制造、大修单位或时间不清的轴承；其他无修复价值的轴承。

（3）轴承有下列情况之一者，判定送大修：

新造轴承压装后达到规定的使用时间或运行里程；新造轴承经外观技术状态检查、尺寸和几何公差检测，故障、缺陷超过一般检修规定，但又未达到报废条件。

（4）各型新造轴承、大修、检修轴承未达到规定的使用时间或运行里程送一般检修；剩余寿命小于 6 个月者，只能做一次一般检修。

4. 轴承退卸

轴承退卸机有固定式和移动小车式两种，批量退卸采用固定式轴承退卸机。退卸机左右顶针伸出顶紧轮对后，确认压力机活塞中心与车轴中心保持一致，防止拉伤轴颈表面。退卸轴承转运轻拿轻放，按型号、修程分类存放，及时送修或报废处置。

部分车辆段、车辆造修工厂（公司）配置了轴承地下输送线和轴承自动堆码机器人，与轴承退卸机配套使用，轴承退卸后通过地下输送线转移至存放区，再由机器人分类堆码，既减轻现场作业劳动强度，又美化作业环境。轴承退卸机如图 4-43 所示，轴承自动堆码机器人如图 4-44 所示。

图 4-43　轴承退卸机　　　　　　图 4-44　轴承自动堆码机器人

5. 轮对清洗除锈

用轮对清洗除锈机清除车轴表面的油漆及锈垢，车轴表面露出基本金属面，轴承不退卸时防尘板座及轮座外侧的外露部位不除锈。

6. 轮对磁粉探伤

按规定对轮对车轴施行复合磁化荧光磁粉探伤检查，对带辐板孔车轮的内侧辐板孔部位施行复合磁化荧光磁粉探伤，同轮轴二级修检修作业中的轮轴磁粉探伤。

7. 轮对超声波探伤

按规定对轮对进行微机控制超声波自动探伤检查和手工超声波探伤检查，同轮轴二级修检修作业中的轮轴超声波探伤。

8. 车轮踏面及轮缘加工

同轮轴一级修检修作业中的车轮踏面及轮缘加工，加工后的车轮尺寸不低于三级修限度规定。

9. 车轴修理

（1）轴颈及防尘板座检修。

① 轴颈及防尘板座锈蚀时，可用粒度不小于 120 目的砂布蘸油打磨光滑。车轴卸荷槽或轴颈根部圆弧部位有锈蚀时，用粒度不小于 120 目的砂布蘸油打磨，打磨后凹陷深度不大于 0.1 mm，经复合磁化荧光磁粉探伤检查无裂纹时可继续使用。轴颈后肩端面锈蚀或局部碰伤时，可消除局部高于原表面的金属，并用粒度不小于 120 目的砂布蘸油打磨光滑后使用。

② 轴颈上在距轴颈后肩 50 mm 以外部位存在的纵向划痕深度不大于 1.5 mm 或擦伤、凹痕总面积不大于 60 mm^2，深度不大于 1.0 mm 时，均可清除毛刺后使用。轴颈上在距轴颈后肩 80 mm 以外部位如存在宽度、深度均不大于 0.5 mm 的横向划痕时，可用粒度不小于 120 目的砂布蘸油打磨光滑，经复合磁化荧光磁粉探伤检查确认不是裂纹时可使用；轴颈上在距轴颈后肩 80 mm 以内部位不得存在横向划痕，但由于密封座和中隔圈所引起的凹陷环带，其深度不大于 0.05 mm 时，可用粒度不小于 120 目的砂布蘸油打磨光滑后使用。

③ 防尘板座上存在的纵向划痕深度不大于 1.5 mm 或擦伤、凹痕总面积不大于 40 mm^2，深度不大于 1.0 mm 时，均可清除毛刺后使用。

（2）轴身检修。

轴身的打痕、碰伤、磨伤及电焊打火深度不大于 2.5 mm 时，经打磨光滑，消除棱角后可继续使用。

（3）中心孔检修。

中心孔损伤时，可用刮刀消除局部高于原表面的堆积金属，但修复后缺陷面积不大于原中心孔圆锥面积的 1/8。轮对车轴中心孔经加工修理后，使用车轮滚动圆跳动测量器检测车轮滚动圆跳动量，确认符合限度规定。

（4）轴端螺栓孔检修。

用通端螺纹塞规测试时旋合通过，用止端螺纹塞规测试时，在距端面 5 扣内止住，且止规无明显晃动（手试），螺纹有损伤或滑扣时，累计不超过 3 扣，且不连续，清除毛刺后可使用。

10. 轴承压装前准备

（1）清洁的工作间，室内温度不低于 10 ℃，湿度不大于 70%。尺寸检测和选配前，轴承及附件、轮对、检测器具在同一室内存放，放置时间应不少于 8 h；不能同室存放时，存放处温差不超过 5 K。

（2）每班开工前由操作者、工长、质量检查员、验收员共同对轴承压装机进行日常性能校验，确认合格后开工作业。每班首条压装时要观察压装机压力表，将系统压力与压力曲线贴合压力对比确认应一致，如不一致，系统压力与计算机显示值相差不超过 10 kN。

11. 轴颈、防尘板座擦拭

（1）用乙醇或汽油将车轴轴颈、轴颈根部、轴颈后肩、防尘板座擦拭干净，并进行外观状态检查，确认无错、缺零件和其他异常现象，车轴轴端中心孔及螺栓孔内无铁屑和污物。

（2）核对轮对实物信息，确认车轴制造单位代号、车轴制造顺序号、车轴制造时间等信息，保证与轮轴卡片一致。

12. 轴颈、防尘板座、轴承、后挡检测

用千分尺或自动检测设备按规定项目进行检测，并记录各项数据，轴颈直径、圆柱度和防尘板座直径测量位置如图 4-45 和表 4-7 所示。轮对尺寸自动测量机如图 4-46 所示、轴承内径自动测量机如图 4-47 所示。

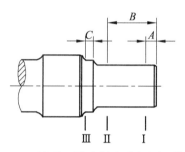

图 4-45　轴颈、防尘板座直径测量位置

表 4-7　测量位置距轴端距离范围表　　　　　　　　单位：mm

轴型	A	B	C
RF2	25～30	140～160	5～10
RE2B	25～30	140～160	5～10
RE2A	25～30	150～170	5～10
RD2	25～30	130～150	5～10

图 4-46　轮对尺寸自动测量机

图 4-47　轴承内径自动测量机

（1）测量车轴轴颈直径Ⅰ、Ⅱ两个截面，每个截面测量两点，测量位置均相差 90°，两

点算术平均值为每个截面车轴轴颈直径，Ⅰ、Ⅱ两截面轴颈直径的算术平均值为车轴轴颈直径，Ⅰ、Ⅱ截面轴颈直径之差的 1/2 为轴颈圆柱度，轴颈直径不允许在全长范围内向轴颈端部方向逐渐增大。

（2）测量防尘板座直径Ⅲ截面，测量两点，测量位置相差 90°，两点算术平均值为防尘板座直径。

13. 轴承与轴颈、后挡与防尘板座选配

（1）同一轮对上压装同型号的轴承，以下同一条款所列轴承可压装在同一轮对上：

① 353132A（352132A）、353132B（353132X2-2RS）型。

② 353130A、353130B（C353130）、CTBU150（SKFITALY V OR -7030A）型。

③ 353130X2-2RZ、F-808997.TAROL150/250-B-TVP 型。

④ 352226X2-2RZ、SKF 197726 型。

（2）复核轴承造修单位提供的轴承内圈内径尺寸，根据轴颈尺寸选配轴承、防尘板座尺寸选配后挡，两者配合过盈量符合限度规定。部分车辆段、车辆造修工厂（公司）配置了轮对轴承智能选配系统，如图 4-48 所示，主要有轮对尺寸自动测量机、轴承内径自动测量机、立体仓库及选配系统组成。轮对轴颈、防尘板座直径、轴承内径经检测机测量后，自动上传数据至选配系统，轴承自动入立体库存放。压装作业前，作业者只需用手持机扫描轮对上粘贴的条形码，在对话框中选择需要的轴承型号、修程等信息后，系统就会根据设定的选配规则将轴承输送至压装机。轴承压装机如图 4-49 所示。

图 4-48　轮对轴承智能选配系统　　　　图 4-49　轴承压装机

14. 轴颈、防尘板座涂脂

先在轴颈根部、轴颈后肩、防尘板座配合面上均匀涂刷厚度约为 0.5 mm 的 PR-1 型车轴轴颈卸荷槽专用防锈脂，再在轴颈上均匀涂刷厚度约为 0.5 mm 的Ⅱ号防锈极压锂基脂。

15. 轴承压装

（1）353130B 型轴承塑钢隔圈组装。轴承压装前，先将塑钢隔圈与后挡组装，再将其与轴承内圈组装。轴承压装时，保证塑钢隔圈、后挡及轴承内圈不分离，避免损坏塑钢隔圈；分离时做好检查，符合要求可重新组装和压装。压装到位的轴承如退卸，塑钢隔圈报废处理。

（2）353132A（352132A）型轴承防护隔圈组装。轴承压装前，先将后挡与防护隔圈组装在一起。轴承压装时，先将组装在一起的后挡和防护隔圈放在车轴轴颈上，轴承压装过程中将组装在一起的后挡和防护隔圈组装在轴承内侧内圈上。压装到位的轴承如退卸，防护隔圈无裂损或无变形的可重复使用。

（3）353132B（353132X2-2RS）型轴承塑钢连接圈组装。轴承压装前，塑钢连接圈按方向，先与后挡配合面组装在一起，再将其与轴承内侧内圈组装在一起。轴承压装时，保证塑钢连接圈、后挡及轴承内圈不分离。

（4）轴承压装采用能打印压装曲线的固定式微控轴承压装机，压装时要检查确认轮对轴向定位且压装机活塞中心线与轴颈中心线保持一致。

（5）轴承压装前检查中隔圈的位置，确认不掉落，偏离轴心。压装过程中用手转动轴承外圈，保持其转动灵活，发现卡滞时停止压装，退卸检查。轴承的压装力及终止贴合压力要符合规定，保压时间 3 s 及以上，压装后左右转动轴承外圈 3 ~ 5 圈，转动灵活，无卡阻。

（6）轴承压装不合格时退卸处理，轴承状态检查良好者，可重新选配、压装，但不能原位原装。

16. 轴承压装到位检测

用深度尺测量密封座端面至车轴端面的距离，需符合限度规定，见表 4-8。

表 4-8　轴承压装后外侧内圈（密封座）端面到车轴端面距离推荐值表　　单位：mm

轴承型号	新造轴承	大修轴承	一般检修轴承
353132A（352132A）、353132B（353132X2-2RS）型	4.9 ~ 7.8	4.9 ~ 8.5	按照轴承新造或大修类别范围执行
353130B（C353130）、CTBU150（SKF ITALY V OR-7030 A）型	8.4 ~ 11.3	8.4 ~ 12.3	
353130X2-2RZ 型	− 5.3 ~ − 8.4	− 4.3 ~ − 8.4	
352226X2-2RZ、SKF 197726 型	− 14.4 ~ − 17.4	− 13.3 ~ − 17.4	
备注：负值表示密封座端面在车轴端面以外			

17. 轴承轴向游隙检测

用轴向游隙检测仪检测轴承轴向游隙，轴向推（拉）力为 294 ~ 490 N，尺寸符合限度规定。

18. 标志板刻打

标志板为 0.5 ~ 1 mm 的软性不锈钢板，标记刻打做到准确、清晰，详见轮轴及零部件标记中的标志板标记。

19. 轴承附件组装

同轮轴二级修检修作业中的轴承附件组装。轴承压装后组装附件，防松片、标志板为新品，轴端螺栓、前盖、后挡可使用经清洗检测合格的旧品，轴端螺栓紧固后用施封锁施封。

20. 轴承磨合测试

同轮轴二级修检修作业中的轴承磨合测试。

21. 轴承附件检修

（1）用通止样板检查后挡配合面的直径，不符合规定时报废处理；后挡的翘曲变形在专用平台上检测，用塞尺测量翘曲变形量不大于 0.3 mm；后挡与防尘座配合面上允许存在总面积不大于 40 mm^2，深度不大于 1 mm 的擦伤、凹痕及深度不大于 1.5 mm 的纵向划痕，用锉刀、砂纸清除棱角、毛刺后可使用。

（2）装用迷宫式密封组成的 352226X2-2RZ、SKF 197726、353130X2-2RZ 型轴承的前盖、后挡与密封座配合处沟槽的深度为 3.5$_{-0.5}^{0}$ mm。前盖、后挡与轴承同型号配套使用。

（3）轴端螺栓集中清洗、检查，螺栓无滑扣、弯曲、拉长、裂纹，有锈蚀、毛刺者进行清除，螺纹有磨损时用螺纹止规测试，在距端面 3 扣内止住。轴端螺栓使用寿命不超过 10 年，标识不清或无法确认制造时间的报废处理。

四、轮轴新组装

（一）基本要求

轮轴检修实施检修资质管理，按规定通过新组装资质认证。建有轮对分解工艺线、车轴加工工艺线、车轮加工工艺线、轮对组装工艺线、轴承压装工艺线，配备必要的工装设备和检测器具，具备轮对分解、车轴磁粉探伤、车轴加工、车轮加工、轮对组装、车轮轮缘踏面加工、轴承压装、轴承磨合等功能，轴承压装在相对独立的工作场地进行，配置 HMIS 轮轴子系统记录各工序轮轴检修信息。有专业上岗资质要求的需作业人员持证上岗，取得相关单位颁发的资格证书和上岗证。建立完善的质量管理体系，严格执行检验制度，按规定进行质量检查和复检。

轴箱检修标准化作业

（二）基本工艺流程

轮轴新组装工艺流程如图 4-50 所示。

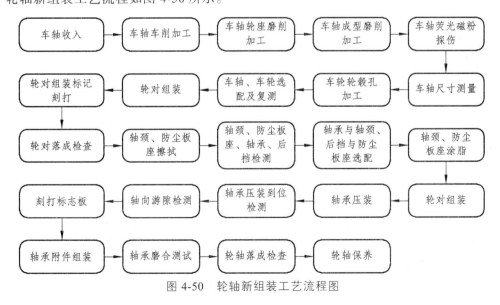

图 4-50　轮轴新组装工艺流程图

（三）主要工装设备

轴端三孔加工设备（若需要）、车轴数控车床、车轴成型磨床、车轴外圆磨床、车轴荧光磁粉探伤机、数控立式车床或数控立式镗床、轮对自动压装机或轮对自动组装单元、轴端标记刻打机、微控轴承压装机、标志板刻打机、轴端螺栓智能力矩扳机、轴承磨合机等。

（四）主要检测器具

车轴全长及轴肩距测量尺、车轴圆弧检查样板、轴端螺栓孔螺纹塞规、轴端三孔位置度综合量规、深度游标卡尺、粗糙度测量仪、粗糙度比较样块、外径千分尺、内径千分尺（表）、标准样环、车轮踏面形状检查样板、轮径尺（仪）、车轮检查器、轮对内侧距检测尺、轮位差测量尺、车轮滚动圆跳动测量器、轴承轴向游隙检测仪、力矩扳手等。

（五）组装作业

1. 车轴加工

（1）车轴收入。

建立轮轴卡片，检查车轴各部位表面无磕碰伤、缺损等缺陷，轴端中心孔、螺栓孔无磕碰伤。检查轴端标记，钢印标记完整、清晰。

（2）车轴车削加工。

车轴车削加工有半精车和精车两道工序，两者差别在于工件转速、进给量、切削深度加工参数选择不同。先用外径千分尺测量车轴待加工部位尺寸，确定切削方案，再调用数控车床加工程序，输入车削加工参数进行车削作业。完成后，测量车轴加工部位尺寸符合图样要求，加工部位表面无磨削加工无法消除的刀痕和损伤，车轴轴身、轮座与轴身过渡部分的圆弧半径符合图样要求，表面粗糙度达到 $Ra3.2\ \mu m$。

（3）轮座磨削加工。

同轮轴四级修检修作业中的轮座磨削加工。

（4）车轴成型磨削加工。

先用外径千分尺测量车轴轴颈、防尘板座部位尺寸，确定磨削加工方案，再调用数控车轴成型磨床加工程序，输入加工参数进行磨削作业。完成后，测量轴颈、防尘板座尺寸符合图样要求。轴颈圆柱度不大于 0.015 mm，直径在全长范围内向轴颈端部方向逐渐减小。用样板检查轴颈根部圆弧及轮座前肩圆弧，各部位圆弧与检查样板局部间隙不大于 0.1 mm。轴颈外侧有一圆锥形引入段，引入段的长度和表面粗糙度符合图样要求。车轴经磨削部位粗糙度达到 $Ra1.6\ \mu m$。数控车轴成型磨床如图 4-51 所示。

（5）车轴荧光磁粉探伤。

对车轴加工部位（轴颈、防尘板座、轮座）进行复合磁化荧光磁粉探伤。探伤检查同轮轴四级修检修作业中的车轴荧光磁粉探伤。

（6）车轴裂纹和发纹要求。

① 车轴不得存在裂纹和横向发纹，各圆弧处、轴肩无发纹。

图 4-51　数控车轴成型磨床

② 车轴表面纵向发纹限度。

a. 轴颈：单条发纹长度不大于 6 mm，所有发纹总长度不大于 50 mm。

b. 防尘板座：单条发纹长度不大于 10 mm，长度为 5～10 mm 的发纹总长度不大于 50 mm。

c. 轮座：单条发纹长度不大于 10 mm，长度为 5～10 mm 的发纹总长度不大于 100 mm。

（7）车轴尺寸检测。

同轮轴四级修检修作业中的车轴尺寸检测。

2. 车轮加工

同轮轴四级修检修作业中的车轮加工。

3. 车轴、车轮选配

同轮轴四级修检修作业中的车轴、车轮选配。

4. 轮对组装

（1）车轮与车轴组装采用微机控制压装，配备专用样板轮对，自动记录压装压力曲线。轮对自动组装机如图 4-52 所示。

图 4-52　轮对自动组装机

（2）轮对自动压装设备有左、右标识，车轴左、右端与压装机左、右端一一对应。

（3）每班开工前由压装设备操作者、工长、质量检查员、验收员共同对轮对自动压装设备的主要性能指标进行日常性能校验，填写校验记录并签字，合格后开工作业。每班首条轮对压装时观察压力表，将系统压力与压力曲线的压力值对比确认一致，不一致时以压力曲线的压力值为准，允许压力曲线数值小于压力表数值，但相差不大于 49 kN。

（4）轮对组装前录入车轴、车轮的相关信息，检查轮座表面及轮毂孔内径面洁净后，均匀涂抹纯植物油（禁止采用桐油）或矿物脂（MOLYKOTE G-N PLUS PASTE、MOLYKOTE DX 等）。

（5）轮对组装时，采取保护措施，防止轴颈磕碰伤及轴颈端部碰粗。

（6）压装车轮时，车轴纵向中心线与压力机活塞中心线保持一致，车轴纵向中心线与车轮轮辋内侧平面相垂直，车轮压入速度应均匀并保持一致。

（7）轮对压装最终压力按轮毂孔直径计算，每 100 mm 直径尺寸的压装压力：LZ40 钢车轴为 343～539 kN；LZ50 钢、LZ45CrV 钢车轴为 343～588 kN。

（8）轮对组装后突悬部分不计入压装压力曲线，压力曲线符合规定。

（9）压力曲线等不合格时分解轮对。分解时，车轴的中心线与压力机活塞的中心线应保持一致，并采取保护措施，防止轴颈蹾粗和磕碰伤，车轮压退时的最大压应力不超过车轴材质的下屈服强度。在规定的最大许可压力下车轮退不下来时，可在车轮的轮毂部位均匀加热后再压退，加热温度不超过 200 ℃；仍退不下来时，可将车轮切割。

（10）分解的原车轮与原车轴不能原位进行第二次压装，在原车轴、车轮表面无损伤的情况下，可重新选配其他车轮、车轴进行压装。分解后有拉伤的车轮、车轴重新加工，清除缺陷后可使用。

（11）轮对压装压力曲线图表（车统-57）与轮轴卡片（车统-51）装订在一起一并传递、保存，且车统-51、车统-57 与轮对实物相符；同一条轮对的不合格压装压力曲线和合格曲线记录一并保存。

5. 轮对组装尺寸检测

同轮轴四级修检修作业中的轮对组装尺寸检测。

6. 轮对组装标记刻打

同轮轴及零部件标记车轴标记中的轮对组装标记。

7. 轴承压装

同一轮对上压装同型号、同厂家的轴承。其他同轮轴三级修检修作业中的轴承压装。

8. 轴承附件组装

同轮轴二级修检修作业中的轴承附件组装。

9. 轴承磨合测试

同轮轴二级修检修作业中的轴承磨合测试。

五、轴承检修

轴承一般检修的目的是维护轴承的使用性能，是对轮轴三级修、四级修退卸后未达到送大修或报废条件的轴承进行的状态修。其主要特点是：轴承零件不进行机加工，只进行外观检查和关键尺寸检测，对一些细小的表面缺陷用不小于 120 目砂布或油石磨修。一般情况下，内圈组件不分解，只检查内圈滚道、滚子表面和保持架的状态，两内圈组件和外圈原套原位组装。轴承大修的目的是恢复轴承的性能，其主要特点是：轴承彻底分解、清洗、外观检查、尺寸检测，零件表面磨削加工、超精加工或抛光、表面磷化，内圈、外圈、滚子、密封座磁粉探伤，外圈超声波探伤，零部件重新选配组装。下面讲述铁路货车轴承一般检修技术。

滚动轴承检修 标准化作业

（一）基本要求

建立轴承一般检修工艺流水线，主要包括轴承清洗及分解线、轴承检测及修理线、轴承组装线，配备必要的工装设备和检测器具，轴承零部件检测间、存放间及组装间的温度、湿度、落尘量符合规定。轴承原套原位检修，除密封座和中隔圈外，轴承外圈、内圈及滚子不能进行互换和拼修。轴承搬运、清洗及检修过程中做好零部件磕碰防护。一般检修品、待大修品、报废品及不同型号的检修品定置存放。建立完善的质量管理体系，严格执行检验制度，按规定进行质量检查和复检。

（二）基本工艺流程

轴承检修工艺流程如图 4-53 所示。

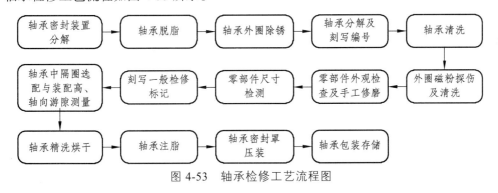

图 4-53　轴承检修工艺流程图

（三）主要工装设备

轴承密封组成分解机、轴承脱脂机、轴承外圈除锈机、轴承零部件清洗机、外圈磁粉探伤机、轴承零部件退磁机、轴承精洗烘干机、密封组成或内油封组成或外油封组成压装设备、轴承注脂及匀脂机、标记刻写设备等。

（四）主要检测器具

电子秤、轴承游隙测量设备、轴承检测仪、密封罩扭力矩测量机等。

（五）检修作业

1. 密封罩分解

取下轴承密封座，用拔罩机分解密封罩，分解后的油封、密封罩、密封组成（不含密封座）报废处理。

2. 轴承脱脂

对轴承进行气爆脱脂，脱脂加热温度控制在 80 ℃ 以内，脱脂后检查轴承零部件无明显块状油脂。

3. 外圈除锈

对轴承外圈外径面进行除锈，不损伤外圈，除锈后需露出金属表面，无油漆、锈皮。

4. 轴承编号

对轴承内圈、外圈进行编号，同一套轴承两内圈组件与外圈原滚道一一对应，不错位。

5. 轴承清洗

轴承清洗采用对轴承零件无腐蚀作用的清洗介质。内圈组件的清洗温度不大于 80 ℃，清洗时防止保持架磕碰伤和离心力对保持架的冲击。轴承清洗后，检查零件表面无明显油垢。

6. 外圈磁粉探伤及清洗

对外圈进行复合磁化磁粉探伤检查，如图 4-54 所示，发现裂纹时该套轴承报废。外圈探伤合格后进行退磁，剩余磁感强度不超过 0.3 mT（3Gs），然后对外圈进行清洗，去除表面附着的磁粉，并进行防锈处理。对轴承其他零件进行剩余磁感应强度检测，剩余磁感应强度不得超过 0.3 mT（3Gs），超标者进行退磁处理。

7. 零部件外观检查及手工修磨

（1）对轴承零部件全数进行外观检查，并根据缺陷类别和程度进行处理，零部件外观检查如图 4-55 所示，轴承零件外观缺陷状态及故障类别见表 4-9。对检查过程中发现的可修复性缺陷按要求修复，发现超出一般检修范围的缺陷轴承，确定送厂大修的用白油漆在外圈上涂打"〇"字标记，确认已报废的用白油漆在外圈上涂打"×"字标记。新造轴承经外观检查，外圈、内圈、滚子任一零件存在超过一般检修规定的故障缺陷，但又未达到报废条件的送厂大修。已做过大修的轴承又出现一般检修无法修复的缺陷，内、外圈均出现制造、大修单位或年代不清的轴承，及其他无修复价值的轴承直接报废处理。

图 4-54　外圈复合磁化磁粉探伤

图 4-55　零部件外观检查

表 4-9 轴承零件外观缺陷状态及故障类别

序号	缺陷名称	部 位	缺陷状态	故障类别		
1	裂损	各零件	裂纹、破损			C
2	电蚀	内圈、外圈、滚子	电蚀凹坑、金属熔融或洗衣板状波纹沟			C
3	烧附	轴承零件工作面	金属表面黏附有被迁移的熔融性金属			C
4	麻点	内圈、外圈、滚子	麻点直径≤0.2 mm	A	B	
			麻点直径>0.2 mm，有手感			C
5	碾皮	内圈、外圈、滚子	碾皮深度≤0.025 mm	A	B	
			碾皮深度>0.025 mm			C
6	剥离	内圈、外圈、滚子	滚动面出现剥离			C
7	磕碰伤	内圈、外圈、滚子	碰伤长度≤0.5 mm	A		
		内圈、外圈	碰伤面积≤3 mm×3 mm		B	
		滚子	碰伤面积≤1 mm×1 mm		B	
8	划伤	轴承零件工作面	划伤无手感	A		
			划伤有手感，但能修复者		B	
9	擦伤	轴承零件工作面	深度≤0.025 mm		B	
			深度>0.025 mm			C
10	凹痕	内圈、外圈、滚子	凹痕无手感	A		
			凹痕有手感，但能修复者		B	
			凹痕有手感，不能修复者			C
11	压痕	内圈、外圈	条状压痕（在冲击载荷作用下，滚子对内外滚道产生的压痕）			C
12	热变色	内圈、外圈、滚子	呈浅黄色	A		
			呈黄色或浅棕红色		B	
			呈棕红色或紫蓝色			C
13	腐蚀	轴承零件各表面	锈迹	A	B	
			蚀刻		B	
			蚀坑			C
14	微振磨蚀	轴承内外圈滚道面；内圈端面及内径面	轻摩擦腐蚀加修后尺寸精度在限度内		B	
			严重摩擦腐蚀			C
15	拉伤	内圈内径	内径表面轻微的机械性损伤，加修后尺寸精度在限度内		B	
			内径表面严重拉伤			C
16	环形条纹	内圈、外圈、滚子	深度≤0.025 mm，条数不大于4	A		
			深度>0.025 mm			C
备注	轴承零件工作面外观缺陷程度分为 A、B、C 三类。 A 类：缺陷对轴承性能和使用安全性没有影响，修复与否均可使用，如轴承内圈端面色斑、滚道面正常均匀磨耗等； B 类：缺陷对轴承性能和使用安全性有一定影响，但经修复可再使用，如轴承内圈、外圈滚道凹痕、锈蚀等； C 类：缺陷对轴承性能和使用安全性有严重影响，不得再修复使用，如轴承内圈、外圈滚道面压痕或剥离等					

（2）353130B（C353130）型和 CTBU150（SKF ITALY V OR-7030 A）型轴承内圈组件可用工具从保持架上带有标记"▼"的窗孔中取出一粒滚子，检查内圈滚道和滚子引导面，检查后将该粒滚子放回原位，不损伤滚子端面和内圈滚道面，不造成保持架变形。

（3）轴承零件有轻微磕碰伤、划伤、锈蚀等缺陷时，可用油石或不小于 120 目的砂布蘸油修磨；经处理的轴承零件工作表面及配合面平滑，不影响轴承零件的轮廓尺寸时可使用。

（4）保持架外观质量不符合轴承用工程塑料保持架基本要求的规定或保持架从内圈组件脱落时更换处理。更换保持架要求：同一套轴承更换的保持架为同一型号、同一制造单位的新品；不同列组件的滚子不得混淆；保持架脱落时进行滚子直径相互差检查，每列组件滚子直径相互差符合一般检修限度的规定；保持架径向游动量符合一般检修限度的规定；保持架的组装符合轴承用工程塑料保持架基本要求的规定。

（5）零部件外观检查、修理完毕后，将轴承内组件放入外圈滚道进行正反两个方向旋转检查，转动灵活，无异常。

8. 轴承零部件尺寸检测

检测前轴承检测器具、标准样件（样环）、轴承零件在轴承检测间内同温 4h 以上，轴承检测仪使用前做好校验，轴承零件的尺寸按一般检修规定项目进行检测，轴承零件尺寸超过一般检修规定的限度，大修或报废处理。

（1）外圈外径检测。

在检测仪上测量轴承外圈端面直径尺寸，将其在仪器上转动一周以上，测量外径尺寸及尺寸变动量是否符合限度要求，如图 4-56 所示。

图 4-56　外圈外径检测

（2）外圈牙口直径检测。

在检测仪上测量轴承外圈牙口尺寸，将其在仪器上转动一周以上，测量牙口尺寸及尺寸变动量是否符合限度要求。

（3）轴承内圈内径尺寸检测。

在检测仪上测量内圈内径尺寸，将其在仪器上转动一周以上，测量内径尺寸及尺寸变动量是否符合限度要求，如图4-57所示。

（4）内圈大端面磨耗深度测量（带密封座结构轴承）

在检测仪上测量内圈大端面磨耗深度，将其在仪器上转动一周，找到磨耗最大处，测量大端面磨耗深度是否符合限度要求，如图4-58所示。

图4-57　内圈内径检测

图4-58　内圈大端面磨耗检测

（5）内圈大挡边外径检测（353130B、353132A、353132B型轴承）。

在检测仪上测量内圈大挡边外径尺寸，将其在仪器上转动一周以上，测量外径尺寸及尺寸变动量是否符合限度要求。

（6）保持架径向游动测量（更换保持架时）。

在检测仪上测量保持架径向游动量，将其在仪器上压紧并轻推，测量径向游动量是否符合限度要求。

（7）密封座尺寸检测及选配（带密封座结构轴承）。

检查密封座外观状态，表面无锈皮、油污及裂损，允许存在锈迹。在检测仪上测量密封座宽度、内外径直径及变动量是否符合限度要求。

（8）内油封压装（带密封座结构轴承）。

密封座内油封压装，检查确认油封无扭曲变形，橡胶与骨架黏接牢固，表面无裂损、气泡，有飞边者剪除。在密封座与内油封的配合面上均匀涂刷少量变压器油并使用压力机压装，压装后使用样板进行油封压装到位检查。

（9）密封罩（密封装置）尺寸检测。

检查轴承密封罩外观状态良好，在检测仪上测量密封罩牙口配合面直径及变动量，将其在仪器上转动一周以上，测量牙口配合面直径及变动量是否符合限度要求。

9. 一般检修标记刻写

轴承一般检修标记按规定刻写，具体内容有一般检修符号、检修单位代号、检修年月日，刻写位置在外圈内径面上和内圈大端面上。

10. 轴承游隙及装配高测量

在检测仪上测量轴承游隙值和装配高值，并判断数值是否符合限度要求，不符合时通过计算差值，用游标卡尺重新选配合适尺寸的中隔圈，如图 4-59 所示。

图 4-59　轴承游隙及装配高测量

11. 轴承精洗烘干

轴承组装前先对轴承零件进行清洗，内圈组件的清洗温度不大于 80 ℃。轴承清洗后目视检查，零件表面和沟角处不得有油污、水分、灰尘、纤维物和锈斑，用棉白细布或白色擦拭纸擦拭不得呈现污痕。

12. 轴承密封罩压装

轴承组装前各零件、组件在组装间内同温 4 h 以上。零件不得漏装、错装。同一套轴承装用的内外油封或密封组成分别为同一型号、同一制造单位的新品。内油封组成、外油封组成、密封组成压装前做好外观检查，不得有磕碰伤和变形。

13. 轴承注脂

注脂机从轴承 2 个内圈组件的滚子大端面部位和中隔圈部位分别注入润滑脂，352226X2-2RZ 型轴承可从中隔圈部位一次注入，三个部位的注脂量和总注脂量要符合限度规定。在大端面部位的每个滚子上都有油脂存在时再进行旋转，使油脂均匀分布。在352226X2-2RZ、SKF 197726、353130X2-2RZ 和 353130A 型轴承的外油封内径唇部涂 5~10 g润滑脂，其质量计入轴承总注脂量（SKF 197726 型轴承除外）。

14. 轴承包装存储

一般检修轴承若本单位使用，存储期不超过 1 个月时可不进行包装，若需运送时，用塑料袋（或包装纸）进行包装，两端加装防护罩后打包捆绑。轴承码放高度不超过 4 层，搬运或装卸轴承时，轻拿轻放，避免轴承零件磕碰伤。

任务四　轮对轴承常见故障

任务四　课前任务单

轮对镟修及
常见故障

电磁探伤无损检
测的工作原理

一、轮轴故障

轮轴故障形式主要有崩轮及裂损、车轴冷热切、车轮窜出、轴承热轴等，这些故障危害性很大，会造成车辆脱轨、颠覆事故。

1. 崩轮及裂损

（1）损伤特征：多表现为车轮沿径向裂开或整体崩裂成数块。

（2）产生原因：非正常强烈制动、内部冶金缺陷或制造工艺缺陷、辐板孔裂纹等。

（3）损伤实例：制动热造成的车轮径向崩裂如图 4-60 所示，车轮冶金缺陷造成的崩轮如图 4-61 所示，车轮辐板孔裂纹造成的车轮裂损如图 4-62 所示，车轮内部夹杂物导致的疲劳掉块如图 4-63 所示。

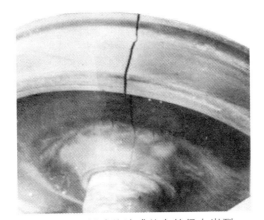

图 4-60　制动热造成的车轮径向崩裂

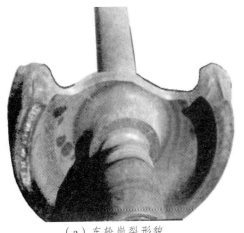

（a）车轮崩裂形貌

（b）车轮崩裂断口

图 4-61　车轮冶金缺陷（异型偏析）造成的崩轮

（a）车轮辐板裂损形貌 　　　　　　　（b）车轮轮辋崩裂脱落后拼合形貌

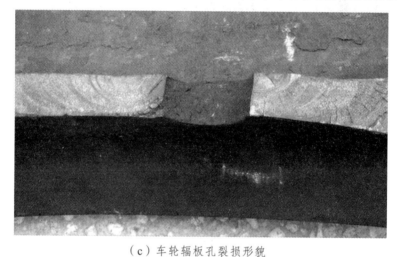

（c）车轮辐板孔裂损形貌

图 4-62　车轮辐板孔裂纹造成的车轮裂损

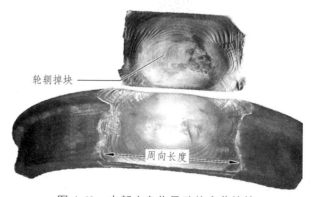

图 4-63　内部夹杂物导致的疲劳掉块

2. 车轴冷切

车轴冷切是车轴在外部因素（载荷应力）和内部因素（材料特性、结构形式、表面状态）

综合作用下造成断裂的情况，与材料质量、结构设计、加工装配状态、运用工况和维护质量等因素紧密相关。

（1）损伤特征：裂断部位没有明显的塑性变形，断口呈现裂纹源区、裂纹扩展区、瞬时断裂区。

（2）产生原因：车轴钢坯内在质量不良、表面加工质量不良、轮对组装质量不良、意外损伤、车轴表面微动磨蚀、外界腐蚀、非正常加工（如电焊）等。

（3）损伤实例：车轴材质不良导致车轴冷切如图 4-64 所示，车轴表面加工质量不良导致车轴冷切如图 4-65 所示，轮对组装质量不良导致车轴冷切如图 4-66 所示，轮座微动磨损导致车轴冷切如图 4-67 所示，车轴表面腐蚀导致车轴冷切如图 4-68 所示。

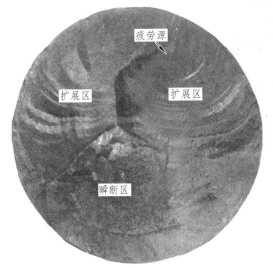

（a）轴颈根部裂纹断口宏观特征　　　　　　（b）断口呈不对称外凸形

图 4-64　车轴材质不良导致车轴冷切

（a）车轴轴颈断裂形貌　　　　　　　（b）轴颈根部断口

图 4-65　车轴表面加工质量不良导致车轴冷切

（a）车轴轮座断裂形貌

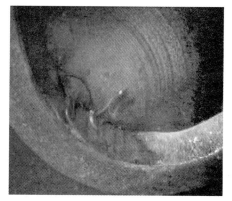
（b）车轴轮座外侧向内约 25 mm 处断口

图 4-66 轮对组装质量不良导致车轴冷切

疲劳源区

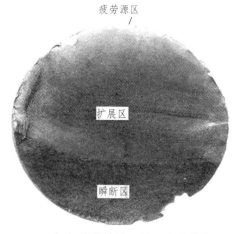

扩展区

瞬断区

（a）轮座横裂纹断口宏观特征

（b）轮座裂纹横切面金相塑性变形特征

图 4-67 轮座微动磨损导致车轴冷切

（a）车轴轴颈断裂形貌

（b）轴颈根部断口

图 4-68 车轴表面腐蚀导致车轴冷切

3．车轴热切

（1）损伤特征：轴颈被拉伸、碾长，最终被切断，轴承严重发热烧毁，有时甚至出现轴承组件局部熔化黏着。

（2）产生原因：轴承故障、车轮踏面损伤、外部运用工况导致轴承承载过高、内圈松动或密封装置不良等。

（3）损伤实例：轴承故障导致车轴热切如图4-69所示，车轮踏面损伤导致车轴热切如图4-70所示。

（a）轴承内圈及切断的轴颈

（b）轴承的外圈及后排内圈

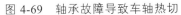
图4-69　轴承故障导致车轴热切

（a）车轮踏面上大面积擦伤剥离

（b）轴承保持架破碎，滚子与内外圈严重剥离

图4-70　车轮踏面损伤导致车轴热切

4．车轮窜出

（1）损伤特征：车轮相对于车轴轮座发生位移。

（2）产生原因：车轴车轮组装过盈量不足，车轴轮座或车轮轮毂孔圆度、圆柱度超限等。

（3）损伤实例：车轴车轮组装过盈量不足导致车轮窜出如图4-71所示。

图 4-71 车轴车轮组装过盈量不足导致车轮窜出

5. 轴承热轴

（1）损伤特征：轴承温度超过规定限度，严重情况下可出现冒烟、火星、热变色等，并可伴随有轴承组件的变形、烧毁和脱落等。

（2）产生原因：轴承组件接触关系出现异常，轴承组件出现剥离、裂纹等缺陷，内圈与轴颈的配合出现松动，轴承油脂发生老化变质，轴承密封装置发生异常磨损，轴承密封罩发生松动、脱落，外部条件原因等。

损伤实例：轴承制造质量问题导致热轴如图 4-72 所示，密封罩脱出故障导致热轴如图 4-73 所示。

（a）发生热轴故障后的轴颈　　　　　　（b）发生热轴故障的轴承外圈

（c）发生热轴故障的轴承内圈　　　　　　（d）发生热轴故障的轴承零部件

图 4-72 轴承制造质量问题导致热轴

（a）密封罩脱出、外油封端面磨损 （b）前盖内侧端面摩擦痕迹

图 4-73 密封罩脱出故障导致热轴

二、车轴故障

车轴故障形式主要有车轴裂纹，车轴碰伤、磨伤，车轴弯曲及磨损，电焊打火凹痕等。这些故障有可能导致车轴冷切，造成车辆脱轨、颠覆事故。

1. 车轴裂纹

车轴裂纹分为横向裂纹与纵向裂纹两种。若裂纹与车轴中心线夹角大于或等于 45°时，称为横裂纹；若裂纹与车轴中心线夹角小于 45°时，称为纵向裂纹。车轴裂纹容易扩展引发断轴事故，危害极大。车轴裂纹在轴颈、防尘板座、轮座、轴身上均有发生，常见裂纹部位如图 4-74 所示。

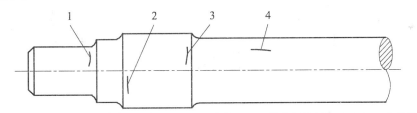

1—轴颈根部裂纹；2—轮座外侧边缘 10～20 mm 处裂纹；3—轮座内侧边缘 10～20 mm 处裂纹；
4—轴身及轴中央部裂纹。

图 4-74 车轴常见裂纹部位示意图

裂纹是在工艺过程中因金属的连续性破坏而形成的缺陷。磁粉探伤时，其磁痕特征一般为线形、锯齿形，两端呈尖角状，磁粉聚集的图像不规则，但清晰、密集。

发纹是由原材料中的微小气孔、针孔、金属和非金属夹杂物等，经锻轧而成的原材料缺陷。磁粉探伤时，其磁痕特征呈直线或微弯的细线状，磁粉聚集的图像规则呈细长、平直。

产生原因：车轴表面加工不良、车轴表面腐蚀、车轮与车轴组装不当、应力作用产生疲劳、违规焊修、材质不良等。

损伤实例：车轴轴颈根部横裂纹如图 4-75 所示，车轴轴颈纵裂纹如图 4-76 所示、车轴轮座内侧横裂纹如图 4-77 所示，车轴轴身横裂纹如图 4-78 所示。

图 4-75　车轴轴颈根部横裂纹

图 4-76　车轴轴颈纵裂纹

图 4-77　车轴轮座内侧横裂纹

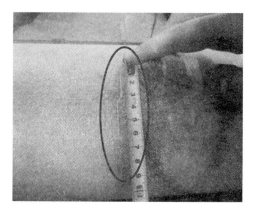

图 4-78　车轴轴身横裂纹

2. 车轴磕碰伤

产生原因：轮对在运用、检修或运输过程中，因外力磕碰、打击对车轴造成的损伤。

3. 车轴电蚀坑

产生原因：车辆电焊作业时，有时发生因电焊地线接地不良或电缆绝缘损坏触碰轴身等情况，造成通过电流瞬间过大在轴身上打火形成电蚀坑，如图 4-79 所示。

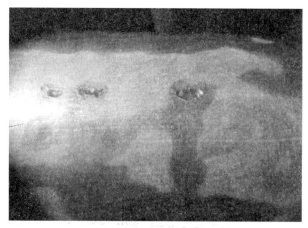

图 4-79　轴身电蚀坑

4. 车轴弯曲

产生原因：车辆脱轨使车轴承受很大的冲击力，或在组装轮对时操作不当（如车轮与车轴不垂直）造成。

三、车轮故障

车轮故障形式有车轮内部疲劳裂纹，车轮踏面剥离、擦伤、局部凹陷、碾宽、圆周磨耗超限及裂纹、缺损、粘有熔化金属；轮缘厚度超限或轮缘垂直磨耗超限，轮缘缺损、裂纹、碾堆；车轮轮辋、辐板孔、轮毂裂纹。车轮损伤形式示意图如图 4-80 所示。

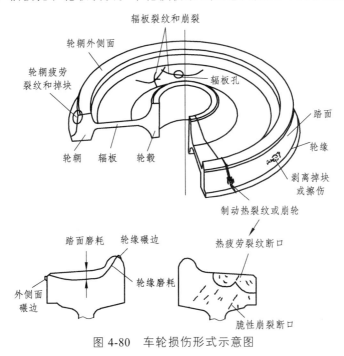

图 4-80　车轮损伤形式示意图

1. 轮辋内部疲劳裂纹（辋裂）

（1）损伤特征：车轮轮辋内部裂纹简称"辋裂"，它是车轮较为典型的损伤，在高速和重载铁路车轮中均有发生。裂纹沿车轮圆周方向扩展，当发展到一定程度后，甚至还会出现轮辋掉块。因此，辋裂损伤的危害性较大，会严重危及列车的行车安全。

（2）产生原因：车轮踏面下 10~20 mm 深度范围内存在大尺寸脆性非金属夹杂物。

（3）损伤实例：轮辋内部疲劳裂纹伤损故障如图 4-81 所示。

2. 踏面剥离

（1）损伤特征：在运用中车轮踏面整个圆周或局部出现不规则网状裂纹、龟纹状裂纹或层状金属剥落等故障。

（2）产生原因。

① 制动剥离：由于在不合适的制动条件下，闸瓦与车轮接触部位产生高热导致车轮表面金属相变，形成脆硬的马氏体白层，在轮轨接触应力作用下，发展成为大面积剥落掉块。

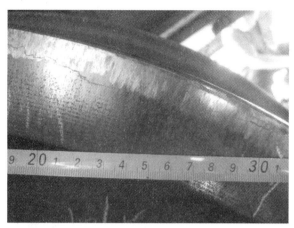

图 4-81　车轮轮辋裂纹

② 接触疲劳剥离：由于轮轨接触应力累积应变所致，通常与车轮硬度、强度有关，车轮踏面表层金属产生严重的塑性变形，最终踏面发展成疲劳掉块形成剥离。

③ 擦伤剥离：由于车轮与钢轨之间出现局部摩擦或滑动摩擦，摩擦高热导致车轮表面金属相变，出现硬脆的马氏体白层，随着车轮滚动运行，由擦伤而引起的剥离形成。

（3）损伤实例：车轮踏面制动剥离如图 4-82 所示，踏面擦伤剥离（掉块）如图 4-83 所示，车轮踏面接触疲劳剥离如图 4-84 所示。

图 4-82　车轮踏面制动剥离

图 4-83　车轮踏面擦伤剥离（掉块）

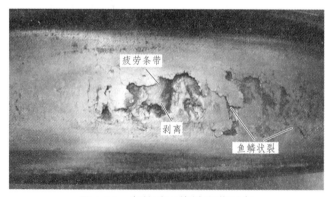

图 4-84　车轮踏面接触疲劳剥离

3. 踏面制动热裂纹

（1）损伤特征：车轮踏面周向存在较规则的"刻度"状裂纹，一般出现在踏面闸瓦制动方式下。

（2）产生原因：踏面受到闸瓦压力作用后产生热应力，在周向压应力作用下，产生塑性变形，循环后产生热疲劳，踏面表面产生热裂纹。

（3）损伤实例：车轮踏面刻度状制动热裂纹如图 4-85 所示。

4. 轮缘根部热裂纹

（1）损伤特征：车轮轮缘根部存在微细裂纹，一般危害性不大，微细裂纹可不进行处理，裂纹较深时镟修处理。

（2）产生原因：列车在弯道行驶时，由于轮缘与钢轨之间的接触和摩擦而产生热应力，在这种热应力的作用下轮缘根部产生细小裂纹。

（3）损伤实例：车轮与钢轨之间摩擦造成的轮缘根部热裂纹如图 4-86 所示。

图 4-85　车轮踏面刻度状制动热裂纹　　　图 4-86　车轮与钢轨摩擦造成的轮缘根部热裂纹

5. 车轮踏面擦伤

（1）损伤特征：车轮踏面呈现类似椭圆形痕迹，该部位局部凹陷，一般情况一条轮对的两个车轮对称部位均能看到擦伤形貌。擦伤深度较深时，会降低列车的运行平稳性，产生振动并对轴承等部件产生危害。

（2）产生原因：在制动过程中司机操作不当、制动系统不佳、轮轨黏着力降低等，造成车轮被抱死，车轮与钢轨之间产生强烈摩擦，摩擦热使车轮踏面局部产生相变，形成硬而脆的马氏体组织，严重时会导致擦伤处剥离掉块。

（3）损伤实例：车轮踏面擦伤如图 4-87 所示。

6. 车轮踏面"斜裂纹"

（1）损伤特征：车轮踏面靠近轮辋外侧面处存在约呈 45° 角方向的排列规则的斜向裂纹，该处有时会看到因斜裂纹导致的剥离现象。

（2）产生原因：列车在弯道行驶时，特别是在曲率半径较小的弯道处，由于轮轨之间的滚动接触应力过大，造成的一种材料接触表面滚动接触疲劳损伤。

（3）损伤实例：车轮踏面"斜裂纹"如图 4-88 所示。

图 4-87　车轮踏面擦伤

图 4-88　车轮踏面 "斜裂纹"

7. 车轮踏面伤痕

（1）损伤特征：车轮踏面存在压入物痕迹或压入状麻坑，影响表面质量及美观，一般不会造成严重危害。

（2）产生原因：由于厂区专用线钢轨表面存在硬物（如焊瘤等），以及加工组装车间内轨道不能清理干净，对车轮表面造成损伤。

（3）损伤实例：车轮踏面异物压入损伤如图 4-89 所示。

8. 车轮踏面熔着

（1）损伤特征：主要表现形式为车轮踏面局部出现熔化现象，该种损伤多出现在踏面闸瓦制动方式中，降低了车轮使用寿命，深度超限将导致车轮无法再次镟修而报废。

（2）产生原因：由于强烈制动，闸瓦与车轮踏面接触部位产生高热，使局部熔化。

（3）损伤实例：车轮踏面熔着导致拉伤如图 4-90 所示。

图 4-89　车轮踏面异物压入损伤

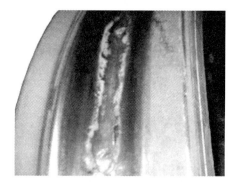

图 4-90　车轮踏面熔着导致拉伤

9. 轮缘裂纹及缺损

（1）损伤特征：车轮轮缘局部存在裂纹，或轮缘局部缺损、掉块，一般这种情况下的轮缘会出现较严重的碾堆特征，易造成脱轨。

（2）产生原因：车辆在小曲线半径的弯道行驶时，若轮缘磨耗剩余厚度过薄等，钢轨与车轮轮缘接触处产生较大的接触应力，这种较大的接触应力超过材料本身的屈服极限，在其作用下导致轮缘裂纹和缺损掉块。

（3）损伤实例：轮缘缺损如图 4-91 所示，轮缘裂纹如图 4-92 所示。

图 4-91　轮缘缺损

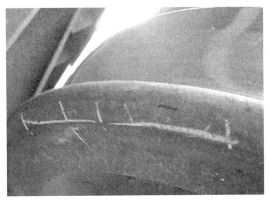
图 4-92　轮缘裂纹

10. 车轮轮缘碾堆及轮辋外侧面碾边

（1）损伤特征：轮缘顶部翻边（碾堆）和轮辋外侧面处翻边（碾边），从而降低车轮的使用寿命，可能产生局部缺损。

（2）产生原因：大多数情况是在弯道行驶时，钢轨与车轮轮缘和轮辋外侧面接触处产生较大的接触应力，这种较大的接触应力超过材料本身的屈服极限，造成该部位发生金属累积塑性流动变形。

（3）损伤实例：轮缘碾堆及轮辋外侧面碾边如图 4-93 所示。

图 4-93　轮缘碾堆及轮辋外侧面碾边

11. 车轮轮辋磕碰伤

（1）损伤特征：车轮局部存在损伤，损伤处的金相组织中可观察到明显的塑性变形，同时伴有摩擦学白层。

（2）产生原因：损伤为机械磨损及外力作用下产生的磕碰伤。

（3）损伤实例：车轮轮辋磕碰伤如图 4-94 所示。

图 4-94　车轮轮辋磕碰伤

12. 车轮辐板孔裂纹

（1）损伤特征：车轮辐板孔裂纹为典型的机械疲劳裂纹，它一般在辐板内侧辐板孔边萌生，在辐板内侧（沿圆周方向）以及辐板孔壁（平行于车轴轴线方向）上同时向前扩展。根据裂纹长度的不同，有的裂纹穿透了辐板后在辐板内外侧同时沿着车轮圆周方向继续向前扩展；有的没有穿透辐板。在车轮辐板工艺孔边缘向两侧发展为周向裂纹，会造成辐板贯通裂纹，使辐板与轮辋脱离，并可能造成货车脱轨。

（2）产生原因：辐板孔裂纹属于疲劳裂纹，由初始的微细裂纹逐渐扩展成具有一定长度的宏观裂纹；车轮在运用过程中，辐板孔边受到径向的拉应力是疲劳裂纹萌生的应力条件，当这种应力超过了材料的疲劳极限，疲劳裂纹便得以萌生。

（3）损伤实例：辐板孔裂纹如图 4-95 所示。

13. 辐板裂纹

（1）损伤特征：辐板表面有轧痕、铸造原始裂纹等。

（2）产生原因：车轮制造质量问题，辐板上存在轧制或铸造缺陷。

（3）损伤实例：辐板裂纹如图 4-96 所示。

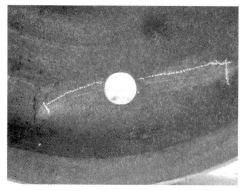

图 4-95　辐板孔裂纹

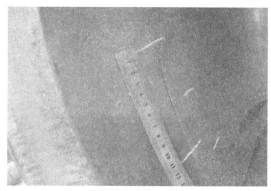

图 4-96　车轮辐板裂纹

四、滚动轴承故障

轴承故障形式主要有剥离、碾皮、热变色、麻点、腐蚀、滚道面粗糙、电蚀、与承载鞍配合不良、裂纹或裂损、磕碰伤、擦伤、烧附、内圈拉伤、划伤、微动磨蚀、凹痕、压痕、保持架损伤、密封罩脱出等。

1. 剥离

（1）损伤特征：剥离是轴承零件工作表面在高接触应力的循环作用下产生的金属片状剥落现象，具有一定的深度和面积，表面呈凹凸不平鳞状，具有尖锐的沟角，通常呈现疲劳扩展特征的海滩状条纹。剥离形式主要有条状剥离、点状剥离、片状剥离、块状剥离等。其中，块状剥离是一种较新类型的剥离形态。

（2）损伤原因：滚动接触疲劳损伤、局部过载疲劳、轴承钢夹杂物或热处理不当、轴承组装不当、外部腐蚀环境、油脂润滑不良等。

（3）损伤实例：轴承外圈剥离如图 4-97 所示，轴承内圈剥离如图 4-98 所示，滚子剥离如图 4-99 所示。

图 4-97　轴承外圈剥离

图 4-98　轴承内圈剥离

图 4-99　滚子剥离

2. 碾皮

（1）损伤特征：碾皮是轴承组件表面由于滚动接触应力或微观滑动摩擦的作用而产生的极浅层的疲劳剥落，发生极薄的金属起皮现象，本质上属于一种表面剥离。一般剥离深度很浅，多为微米级，有手感，肉眼观察可见碾皮区域光洁度变差，一般碾皮多发生于滚子表面。

（2）损伤原因：组件工作表面早期疲劳、材质热处理不良、润滑不良、过载应力作用等。

（3）损伤实例：滚子碾皮如图 4-100 所示。

图 4-100 滚子碾皮

3. 热变色

（1）损伤特征：滚动面发生肉眼可见的颜色变化，呈淡黄色、黄色、淡棕色、棕红色、紫蓝色或蓝黑色。

（2）损伤原因：润滑不良或油脂老化变质、轴承装配不当或游隙过小、轴承滚动表面加工粗糙、过载。

（3）损伤实例：外圈滚道热变色如图 4-101 所示，滚子滚动面与内圈滚道面热变色如图 4-102 所示。

图 4-101 外圈滚道热变色

图 4-102 滚子滚动面与内圈滚道面热变色

4. 麻 点

（1）损伤特征：滚道表面出现分散或聚集的细小斑点，有一定深度，并有手感，多出现在滚道面上，有时也出现在滚子球基面或内圈滚子引导面上。

（2）损伤原因：装配不当或润滑不良造成过高的接触应力作用，在滚动接触应力的循环作用下接触疲劳，组件工作面表层或亚表层微小区域内存在夹杂物或大颗粒碳化物。

（3）损伤实例：外圈滚道麻点如图 4-103 所示，内圈滚道麻点如图 4-104 所示，滚子麻点如图 4-105 所示。

图 4-103　外圈滚道麻点

图 4-104　内圈滚道麻点

图 4-105　滚子麻点

5. 腐　蚀

（1）损伤特征：轴承组件工作面产生肉眼可见的锈迹，或润滑脂中出现氧化铁棕红色。

腐蚀按不同程度分为锈迹、蚀刻和蚀坑。锈迹呈点状、斑块状或条状，颜色呈淡黄色、黄色、浅灰色或红褐色，尚无深度；蚀刻呈点状、条状或片状，颜色呈灰黑色，稍有手感；蚀坑呈点状、条状或片状，颜色呈红褐色或黑色，手感明显。

（2）损伤原因：轴承内部或润滑脂中混有水、酸、碱类物质，密封不良，清洗、组装、存放和使用不当等。

（3）损伤实例：外圈滚道腐蚀如图 4-106 所示，内圈滚道腐蚀如图 4-107 所示，滚子腐蚀如图 4-108 所示。

图 4-106　外圈滚道腐蚀

图 4-107　内圈滚道腐蚀

图 4-108　滚子腐蚀

6. 滚道面粗糙

（1）损伤特征：整个滚道表面光洁度低，多数情况下可见规则的机械加工纹路，加工痕迹明显，它与滚动面麻点或碾皮有区别。

（2）损伤原因：轴承滚道面加工工艺控制不当等。

（3）损伤实例：外圈滚道面粗糙如图 4-109 所示。

图 4-109　外圈滚道面粗糙

7. 电　蚀

（1）损伤特征：组件的滚道面、挡边或端面出现不规则的斑点、凹坑或密集的小坑，有金属熔融现象。在放大镜下观察电蚀产生的弧坑呈火山喷口状，手摸有触感。当电流通过运转中的轴承而连续击穿油膜时，则形成条状平行沟蚀（俗称洗衣板状）。

（2）损伤原因：轴承内部有电流通过，在金属间接触位置击穿油膜放电，产生高热，局部点接触位置形成材料的高温熔化。

（3）损伤实例：外圈滚道电蚀如图 4-110 所示，电蚀位置放大如图 4-111 所示；内圈滚道电蚀如图 4-112 所示，滚子电蚀如图 4-113 所示。

图 4-110　外圈滚道电蚀

图 4-111　电蚀位置放大

图 4-112　内圈滚道电蚀

图 4-113　滚子电蚀

8. 与承载鞍配合不良

（1）损伤特征：轴承外圈外表面出现明显的不均匀摩擦、磨损或卡压痕迹。

（2）损伤原因：与承载鞍鞍面配合不良，产生局部接触，导致外圈受力不均，局部应力过大。

（3）损伤实例：与承载鞍配合不良如图 4-114 所示。

图 4-114　与承载鞍配合不良

9. 裂损或裂纹

（1）损伤特征：轴承零件金属的连续性遭到破坏而产生的损伤，组件出现肉眼可见裂纹或整体开裂。裂纹呈线状，方向不定，有一定长度和深度，有时肉眼不可见，磁化后有聚粉现象。

（2）损伤原因：轴承材质不良或热处理不当、零部件加工质量不良、装配过盈量大、受外部异常载荷作用（受冲击或卡入异物）、与承载鞍配合不良等。

（3）损伤实例：异常横向载荷导致外圈裂损如图 4-115 所示，外圈裂纹扩展导致外圈开裂如图 4-116 所示，与承载鞍配合不良导致外圈裂损开裂如图 4-117 所示。

 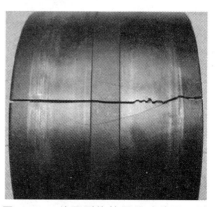

图 4-115　异常横向载荷导致的外圈裂损　　　图 4-116　外圈裂纹扩展导致外圈开裂

图 4-117　与承载鞍配合不良导致外圈裂损

10. 磕碰伤

（1）损伤特征：轴承零件间或轴承零件与其他硬物间相互碰击而产生的零件表面机械性损坏。组件表面有碰撞、卡压、刮擦等痕迹，触摸有手感，有时会从磕碰处产生裂纹，可能发生在轴承零件各表面。

（2）损伤原因：　轴承搬运或组装过程中发生碰撞、轴承零件间或与其他硬物碰撞等。

（3）损伤实例：装配时产生的外圈磕碰伤如图 4-118 所示，裂纹的视频显微镜观察如图 4-119 所示。

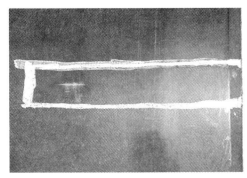

图 4-118 装配时产生的外圈磕碰伤

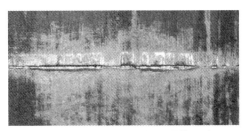

图 4-119 裂纹的视频显微镜观察

11. 擦 伤

（1）损伤特征：在轴承组件工作表面沿滚动方向出现一定长度和深度的因滑动摩擦而产生的金属迁移现象，属表面机械性损伤，可发生在轴承组件的各个工作表面。

（2）损伤原因：轴承游隙过小、润滑不良或润滑脂中含有杂质、轴向预负荷过大等。

（3）损伤实例：外圈滚道擦伤如图 4-120 所示，内圈滚道擦伤如图 4-121 所示，滚子滚动面擦伤如图 4-122 所示。

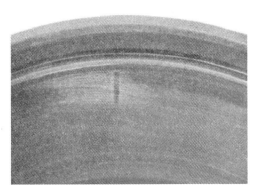

图 4-120 外圈滚道擦伤图

图 4-121 内圈滚道擦伤

图 4-122 滚子滚动面擦伤

12. 烧 附

（1）损伤特征：轴承组件工作表面产生热熔性金属黏着。

（2）损伤原因： 轴承游隙不当、润滑不良或润滑脂中含有杂质、擦伤严重引起急剧温升等。

（3）损伤实例：内圈烧附如图 4-123、图 4-124 所示。

图 4-123　内圈烧附　　　　　　　　　图 4-124　内圈烧附

13. 内圈拉伤

（1）损伤特征：轴承向轴颈上压装或从轴颈上退卸时，内圈内径面产生的机械性损伤。内径面有与轴线平行的刮擦痕迹，严重时有金属移位或表面附着有金属。

（2）损伤原因：压装或退卸轴承时，内圈内径面或轴颈表面有硬性颗粒、轴承内圈或密封座的内径倒角过渡不圆滑、轴承组装时不正位、组装过盈量过大等。

（3）损伤实例：内圈拉伤如图 4-125 所示。

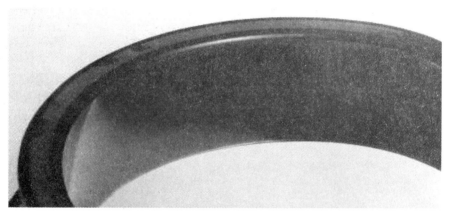

图 4-125　内圈拉伤

14. 划　伤

（1）损伤特征：硬颗粒或物体尖刃部与轴承零件接触并有相对移动而产生的表面线状机械性损伤。损伤痕迹呈线状，方向不定，有手感的光亮沟纹。

（2）损伤原因：油脂中含有杂质、硬物，在零件表面划过形成机械损伤等。

（3）损伤实例：外圈划伤如图 4-126 所示，内圈划伤如图 4-127 所示，滚子划伤如图 4-128 所示。

图 4-126　外圈划伤

图 4-127　内圈划伤

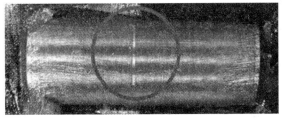

图 4-128　滚子划伤

15. 微动磨蚀

（1）损伤特征：组件配合面出现深色压痕或磨损，附近有氧化铁粉末或油脂中出现氧化红色。

（2）损伤原因：轴承较长时间处于非运转状态并受振动作用、轴承装配不当等。

（3）损伤实例：内圈与轴颈过盈量不足引起的微动磨蚀如图 4-129 所示，内圈端面的微动磨蚀如图 4-130 所示。

图 4-129　内圈与轴颈过盈量不足引起的微动磨蚀

图 4-130　内圈端面的微动磨蚀

16. 凹　痕

（1）损伤特征：轴承组件工作面出现一定深度的凹痕。

（2）损伤原因：轴承内部夹杂硬质颗粒并在滚道间挤压、轴承制造过程加工工艺控制不当等。

（3）损伤实例：磨削加工凹痕如图 4-131 所示。

图 4-131　磨削加工凹痕

17. 压　痕

（1）损伤特征：出现在外圈或内圈滚道上，压痕呈条状，有深度，其中心线与滚子中心线平行，边缘光滑且与滚子轮廓相吻合。

（2）损伤原因：过大冲击载荷作用、内外圈滚道面硬度不足等。

（3）损伤实例：外圈滚道压痕如图 4-132 所示，内圈滚道面压痕如图 4-133 所示。

图 4-132　外圈滚道压痕

图 4-133　内圈滚道面压痕

18. 保持架损伤

（1）损伤特征：保持架损伤可表现为磕碰伤、变形、磨损、断裂、熔化等。

（2）损伤原因：轴承温度过高引起保持架变形或熔化、工程塑料保持架熔接线熔接强度低、保持架材料中存在杂质、频繁地振动和冲击等。

（3）损伤实例：受外力损伤的工程塑料保持架如图 4-134 所示。

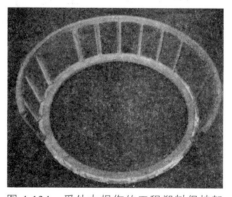

图 4-134　受外力损伤的工程塑料保持架

19. 密封罩脱出

（1）损伤特征：轴承有明显的渗油、甩油现象，密封罩（密封装置）端面高于轴承外圈端面有偏斜，甚至外油封与前盖（或后挡）内侧端面产生摩擦等。

（2）损伤原因：密封罩制造质量不良、轴承选配压装不当、磕碰等。

（3）损伤实例：密封罩脱出如图 4-135 所示。

（a）密封罩脱出　　　　　　　　　　　　　（b）密封罩牙口凸台切断

图 4-135　密封罩脱出

任务五　轮轴检测常用样板认知

一、第四种检查器

第四种检查器由底板、测尺、样板三部分组成，如图 4-136 所示。

任务五课前任务单

1. 用　途

第四种检查器是铁路车辆车轮的专用检测量具，它用于检测：① 轮缘剩余厚度；② 车轮踏面圆周磨耗；③ 车轮踏面擦伤及局部凹下深度；④ 车轮踏面剥离长度；⑤ 车轮轮辋厚度；⑥ 车轮轮辐宽度；⑦ 车轮踏面外侧卷边（碾边）是否过限；⑧ 轮缘垂直磨耗；⑨ 车钩闭锁位钩舌与钩腕内侧面距离。

2. 使用方法

（1）测量车轮踏面圆周磨耗。

首先推动尺框（4）避开定位块（8），向左移，再推螺钉（2）带动踏面磨耗测尺和轮缘厚度测尺移到最上端，然后推动尺框（4）沿导板向右移至定位块（8）挡住，定于 70 mm 基线处。将第四种检查器置于车轮上，使检查器 A 点落于轮缘顶点，E 边定位角铁靠紧车轮内侧，底板指向车轴中心线，再下推踏面磨耗测尺（10），使其尖端 B 点与踏面接触，此时可在测尺（10）下部刻度与零位线对准处直接读数（分度值 0.5 mm），或在游标尺（16）上读数，精度可达 0.1 mm，即为踏面圆周磨耗值。

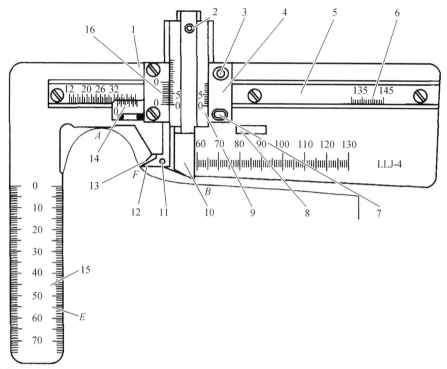

1—底板；2—螺钉；3—水平紧固钉；4—尺框；5—导板；6—轮辋宽度测尺；7—垂直紧固钉；8—定位块；
9—锥形踏面 70 mm 处磨耗刻度尺；10—踏面磨耗测尺；11—垂直磨耗样板紧固孔；
12—轮缘厚度测尺；13—卷边测量线；14—轮缘厚度游标；
15—轮辋厚度测尺；16—踏面磨耗游标。

图 4-136　第四种检查器

（2）测量轮缘厚度。

首先按测量踏面圆周磨耗的方法，测出踏面圆周磨耗（其数值可不计），使轮缘测尺 F 点定位于车轮踏面 70 mm 基准圆向上 12 mm 处（实际推动踏面测尺下移，消除与轮缘测尺内部上下移动空隙后，B 点到 F 点的垂直高度就是 12 mm），再上推踏面测尺（10）移动 2 ~ 3 mm，轮缘测尺（12）保持不动，紧固垂直紧固螺钉（7），然后向左推动尺框（4）带动轮缘测尺（12）左移，使 F 点接触轮缘外侧，此时可从游标尺（14）上读出轮缘厚度值，精确到 0.1 mm，即为轮缘厚度尺寸。

（3）测量轮辋厚度。

首先按测量踏面圆周磨耗的方法，测量出踏面圆周磨耗数值，记下该数并保持第四种检查器在车轮上的位置不动，再找出 E 边刻线与轮辋内棱角密贴处对应的尺寸，用对应处的读数尺寸减去车轮圆周磨耗尺寸，即为轮辋厚度尺寸。如碾钢轮，轮辋内有 $R8$ 圆弧时，轮辋厚度尺寸应加 4 mm 为轮辋实际尺寸。

（4）测量踏面擦伤及局部凹下深度。

将第四种检查器置于车轮上，A 点接触轮缘顶点，E 边紧靠车轮内侧，尺身底板指向车轴中心线。推动尺框（4）带动踏面测尺（10），沿导板移至擦伤最深处，紧固水平紧固螺钉（3），下移踏面测尺（10）使 B 点接触擦伤最深处，磨耗型踏面以零位线为基准，读出踏面测尺（10）与零位线所对准的尺寸[锥形踏面则读出尺框（4）右侧刻线对应处的尺寸]。然后将第四种检查器沿同一圆周方向移到未擦伤处，量出该处圆周磨耗值，用擦伤处的数值减去未擦伤处的圆周磨耗值即为车轮踏面擦伤深度（局部凹下深度测量方法与擦伤深度测量方法相同）。值得指出的是，新型的第四种检查器因取消了零位线，上述尺寸都从测踏面磨耗游标尺上来确认刻度尺寸。

（5）测量轮缘垂直磨耗。

将轮缘垂直磨耗样板紧固在轮缘厚度测尺下端螺钉孔（11）处，然后将第四种检查器 A 点落于轮缘顶点，E 边紧靠轮辋内侧，尺身底板指向车轴中心线，再推动尺框（4）靠近轮缘，使磨耗样板靠紧轮缘与踏面过渡圆弧中部，样板圆弧部分与过渡圆弧相吻合，这时观察轮缘外侧与样板竖直部分贴紧处的尺寸，即为轮缘垂直磨耗值。

（6）测量踏面剥离长度。

用第四种检查器窄边外侧 0～75 mm 刻度尺，沿车轮圆周方向（不是剥离长度方向）测量踏面剥离两边缘之间的长度，为踏面剥离长度。列检测量时先测出剥离长度两端不足 10 mm 的部分，划出测量线，然后用检查器窄边刻度尺沿车轮圆周方向测量两线之间的长度，即为踏面剥离长度。

（7）测量轮辐宽度。

将尺框（4）及测尺向右推至导板端部，检查器 A 点落于轮缘顶点，E 边紧靠轮辋内侧，尺身底板指向车轴中心线。推动测尺向下移动，使轮缘厚度测尺对准轮辋外侧平面，再向左移动尺框（4）及测尺，轮缘测尺（12）F 点靠紧轮辋外侧平面，看导板右端刻度尺与游标尺（14）零刻线对准处的尺寸，即为轮辐宽度尺寸。

（8）测量车轮踏面卷边（碾边）。

将检查器尺框（4）及测尺沿导板推向右端，检查器 A 点落于轮缘顶点，E 边紧靠轮辋内侧，尺身底板指向车轴中心线，推动测尺向下移动，使轮缘厚度测尺（12）越过卷边，再向左移动尺框（4）及测尺，直至轮缘测尺 F 点靠紧轮辋外侧平面，这时观察卷边（碾边）宽度是否超出轮缘测尺的卷边测量线（13），超出者即判定过限。

（9）测量车钩闭锁位钩舌与钩腕内侧面距离。

在车钩处于闭锁位置时，用检查器窄边外侧底板（适用于运用、轴检、临修）水平插向钩舌与钩腕之间，上、中、下测 3 处，其中有一处能插入者即为过限。

二、车轮直径检查尺

车轮直径检查尺的构造如图 4-137 所示。使用时，根据轮径大小，先固定检查尺一端，再将检查尺从轮背内侧放到车轮上，与车轮内侧面靠紧，刻码尺就处于踏面基线位置，移动刻码尺测量直径。然后将检查尺中段距离加两端刻码尺数字即为车轮直径。同一车轮须检查垂直直径两处，两直径之差不能大于 0.5 mm。目前，现场已普遍采用数显示轮径尺，该尺直接读数，操作方便。

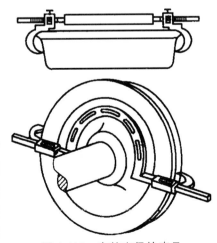

图 4-137　车轮直径检查尺

三、轮背内侧距离检查尺

轮背内侧距离检查尺的构造如图 4-138 所示。使用时将检查尺 C、D 两部分均放在轮缘顶点上，使 C 部先推向一侧车轮轮缘内侧面并靠紧 B 边，然后再推动 E 部，使 A 边靠紧另一侧轮缘内侧面，将 E 部螺丝拧紧，E 部上的中间刻线所对 D 部上的刻度即为轮对的轮背内侧距离尺寸。测量时，须沿车轮圆周方向每 120°测量一处，共测量 3 处。

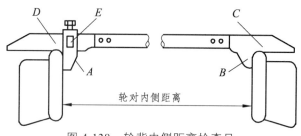

图 4-138　轮背内侧距离检查尺

四、轮缘垂直磨耗检查器

轮缘垂直磨耗检查器构造如图 4-139 所示。使用时，将主尺 1 紧靠轮缘内侧面，水平推动游标尺 2，使其靠紧轮缘外侧，其底部 A 边接触踏面，检查轮缘外侧垂直磨耗的密贴程度。如密贴于游标，并超过游标刻线上规定限度（15 mm）时即为过限。

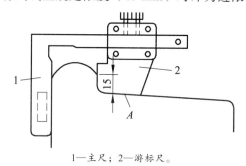

1—主尺；2—游标尺。
图 4-139　轮缘垂直磨耗检查器

五、轮辋厚度检查器

轮辋厚度检查器的构造如图 4-140 所示。使用时先将游标（3）在横尺（2）上移动，使其正对踏面基准线 70 mm 刻线，拧紧游标上的螺丝（4），然后将尺杆（1）的下端弯钩托住轮辋的内弧处，使尺杆（1）紧靠轮缘内侧面，再沿尺杆（1）上下滑动横尺（2），使游标（3）下部尖端接触踏面，拧紧横尺上螺丝（5），读出尺杆（1）上的尺寸即为轮辋的厚度。该尺在使用上比较方便准确，但只能测量一种尺寸，不如第四种检查器用途多，所以较少使用。

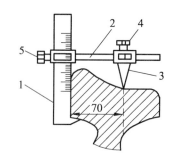

1—尺杆；2—横尺；3—游标；4，5—螺丝。
图 4-140　轮辋厚度检查器

模块五　车钩缓冲装置检修

课程模块任务活页

任务一　车钩缓冲装置的认知

任务一课前任务单

一、车钩缓冲装置

车钩缓冲装置

车钩缓冲装置是车辆最基本的也是最重要的部件之一，它是用来连接列车中各车辆使之彼此保持一定距离，并且传递和缓和列车在运行中或在调车时所产生的纵向力和冲击力。如果上述牵引、连挂和缓和冲击的作用是由同一装置来承担的，那么该装置称之为牵引缓冲装置。如果它们的作用分别由不同的装置来承担，则分别称之为牵引连挂装置和缓冲装置。牵引连挂装置用来实现车辆之间的彼此连接、传递和缓和牵引（拉伸）力的作用；缓冲装置（缓冲盘）用来传递和缓和冲击（压缩）力的作用，并且使车辆彼此之间保持一定的距离。

车钩按照牵引连挂装置的连接方式，可分为自动车钩和非自动车钩。自动车钩不需要人工参与就能实现连接，非自动车钩则要由人工完成车辆之间的连接。我国铁路车辆均采用自动车钩。自动车钩又可分为两种基本类型：非刚性车钩和刚性车钩。非刚性车钩允许两个相连接的车钩在垂直方向上有相对位移[见图 5-1（a）]，当两个车钩的纵轴线存在高度差时，连接着的两钩呈阶梯形状，并且各自保持水平位置。刚性车钩不允许两相连接车钩在垂直方向彼此存在位移，但是在水平方向可产生少许转角[见图 5-1（b）]，如果在车辆连接之前两车钩的纵向轴线高度存在偏差，那么在连挂后，两车钩的轴线处在同一直线上并呈倾斜状态；两车钩的尾端采用销接，从而保证了两连挂车辆之间的位移和偏角。

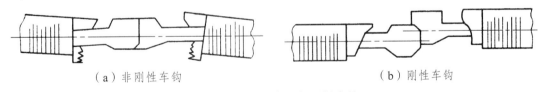

（a）非刚性车钩　　　　　　　　　　　（b）刚性车钩

图 5-1　非刚性车钩与刚性车钩

刚性车钩减小了两个连接车钩之间的间隙，从而大大降低了列车运行中的纵向冲动，提高了列车运行的平稳性，同时也降低了车钩零件的磨耗和噪声。另外，刚性车钩有可能同时实现车辆间的气路和电路的自动连接。非刚性车钩结构较简单，强度高，质量小，与车体的连接较为简单。

我国铁路一般客、货车均采用非刚性的自动车钩，对于高速列车和城市的地铁、轻轨车辆，则应采用刚性的自动车钩，即密接式车钩。

（一）车钩缓冲装置的组成及作用

车钩缓冲装置由车钩、缓冲器、钩尾框及从板、车钩复原装置、解钩装置等零部件组成。车钩缓冲装置的组成如图 5-2 所示。

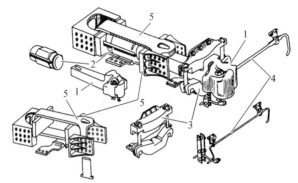

1—车钩；2—缓冲器；3—车钩复原装置；4—解钩装置；5—钩尾框及从板。

图 5-2　客车车钩缓冲装置的组成

在客车车钩缓冲装置的钩尾框内依次安装有前从板、缓冲器和后从板（有时不需要后从板），借助钩尾销把车钩和钩尾框连成一个整体，因此，车钩缓冲装置具有连挂、牵引和缓冲三个基本作用。

在车钩缓冲装置中，车钩的作用是用来实现机车和车辆或车辆和车辆之间的连挂和传递牵引力及冲击力，并使车辆之间保持一定的距离。缓冲器是用来缓和列车运行及调车作业时车辆之间的冲撞，吸收冲击动能，减小车辆相互冲击时所产生的动力作用。钩尾框及从板则起着传递纵向力（牵引力或冲击力）的作用。

（二）车钩缓冲装置在车辆上的安装及作用力的传递

车钩缓冲装置一般组成一个整体安装于车底架两端的牵引梁内，其前、后从板及缓冲器卡装在牵引梁的前、后从板座之间，下部靠钩尾框托板及钩体托梁（货车）或复原装置（客车）托住，各部相互位置如图 5-3（a）所示。

车钩作用力的传递

当车辆受牵拉时，作用力的传递过程为：车钩→钩尾框→后从板→缓冲器→前从板→前从板座→牵引梁，如图 5-3（b）所示。当车辆受冲击时，作用力的传递过程为：车钩→前从板→缓冲器→后从板→后从板座→牵引梁，如图 5-3（c）所示。由此可见，车钩缓冲装置无论是承受牵引力，还是冲击力，都要经过缓冲器将力传递给牵引梁，这样就有可能使车辆间的纵向冲击振动得到缓和和消减，从而改善运行条件，保护车辆及货物不受损坏。

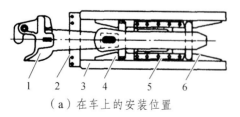

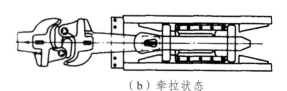

| 1 | 2 | 3 | 4 | 5 | 6 |

（a）在车上的安装位置　　　　　　　（b）牵拉状态

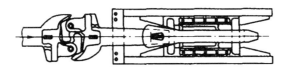

（c）压缩状态

1—车钩缓冲装置；2—冲击座或复原装置；3—中梁（牵引梁）；
4—前从板座；5—钩尾框托板；6—后从板座。

图 5-3   车钩缓冲装置在车上的安装位置及受力状态

为了保证车辆连接安全可靠和车钩缓冲装置安装的互换性，我国机车车辆有关规程规定车钩缓冲装置装车后，其车钩钩舌的水平中心线距钢轨面在空车状态下的高度，客货车为（880±10）mm，守车为（870±10）mm；两相邻车辆的车钩水平中心线最大高度差不得大于 75 mm；牵引梁前、后从板座之间距离为 625 mm，牵引梁两腹板内侧距为 350 mm（部分早期生产的货车为 330 mm）。另外，考虑到在受到特大冲击力时，缓冲器完全被压死，使部分冲击力直接由底架端梁传递到车底架，规定了车钩钩肩冲击面距冲击座之间的距离：采用 2 号车钩时为 116 mm，采用 13 号车钩时为 76 mm。

（三）车钩的开启方式及复原装置

车钩的开启方式分为上作用式及下作用式两种。由设在钩头上部的提升机构开启的，叫上作用式，大部分货车车钩为上作用式。这种方式开启灵活、轻便。还有部分货车，例如平车、长大货物车或开有端门的货车，因有碍货物的装卸，或活动端门板需要放平，钩头的上部不能安装钩提杆。对于客车，因车体端部有折棚和平渡板装置，故也无法采用上作用式，而采用下作用式。这时，借助于设在钩头下部的推顶杆来实现开启，它不如上作用式轻便。所谓下作用式车钩，是指车钩由闭锁向开锁或全开位置转换时，通过钩提杆向上推动钩锁的解钩方式。图 5-4 为上作用式车钩装置。图 5-5 为下作用式车钩装置。

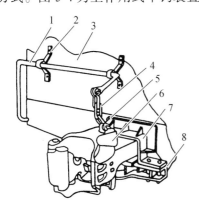

1—车钩提杆；2—车钩提杆座；3—车体端墙；4—提钩链；
5—锁提销；6—钩头；7—冲击座；8—钩身托梁。

图 5-4   上作用式车钩装置

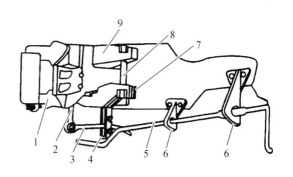

1—钩头；2—锁推销；3—下锁销杆；4—下锁销托吊；
5—车钩提杆；6—车钩提杆座头；7—车钩托梁；
8—吊杆；9—冲击座。

图 5-5   下作用式车钩装置

车钩解钩提杆的安装位置：货车装在一、四位车端；客车装在二、三位车端。当车辆在曲线上运行时，车钩中心线与车体纵向中心线之间将产生一偏角。由于客车车体较长，在曲线上车钩的偏移量较大，如果车钩偏移后不能迅速地恢复到正常位置，势必会增加车辆运行时的摆动量，而且还会造成车辆摘挂困难。因此，在客车上均装有车钩复原装置，我国客车上采用摆块式车钩复原装置，它由吊杆和车钩托梁组成，其结构如图5-6所示。

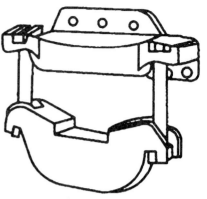

图5-6　摆块式车钩复原装置

（四）车钩的种类及组成

我国铁路客货车上所使用的车钩属非刚性自动车钩。所谓自动车钩，即在拉动钩提杆或两车互相碰撞时就能自动完成解开或连挂的动作。这种车钩的特征为钩头上有可绕钩舌销转动的钩舌，所以也称为关节式车钩。

我国货车上采用的车钩类型有2号、13号车钩，客车上采用1号、15号车钩。随着列车运行速度的提高和牵引吨位的增加，对车钩的强度提出了更高的要求，1号和2号车钩已不能适应运输的要求，已基本淘汰。现在新造货车全部采用13号车钩，新造客车采用15号车钩。为了满足大秦线运煤万吨单元列车的特殊要求，我国还研制了16号、17号联锁式固定和转动车钩，装于运煤敞车上。

上述几种车钩的零件大都由铸钢制成。尽管它们的结构和尺寸不尽相同，但基本结构组成还是相似的。车钩一般可分为钩体、钩舌、钩舌销及钩体头部内的诸多零件，如钩锁、钩舌推铁、钩锁销等。当钩体头部内的零件处于不同的位置时，起着不同的作用，从而使车钩具有闭锁、开锁、全开三种作用，俗称车钩的三态作用。

二、缓冲器

1. 概　述

缓冲器的作用是用来缓和列车在运行中由于机车牵引力的变化或在起动、制动及调车作业时车辆相互碰撞而引起的纵向冲击和振动。缓冲器有耗散车辆之间冲击和振动的功能，从而减轻对车体结构和装载货物的破坏作用，提高列车运行的平稳性。缓冲器的工作原理是借助于压缩弹性元件来缓和冲击作用力，同时在弹性元件变形过程中利用摩擦和阻尼吸收冲击能量。

根据缓冲器的结构特征和工作原理，一般可将缓冲器分为以下几种类型：弹簧式缓冲器、摩擦式缓冲器、橡胶缓冲器、摩擦橡胶式缓冲器、黏弹性橡胶泥缓冲器、液压缓冲器及空气缓冲器等。目前，应用最广泛的为摩擦式缓冲器和摩擦橡胶式缓冲器。这两种缓冲器具有结构简单、制造方便、成本低廉的优点。

我国铁路货车上所采用的缓冲器有：2号环弹簧缓冲器、ST缓冲器、MT-2型缓冲器、MT-3型缓冲器、HM-1型缓冲器、HM-2型缓冲器。铁路客车上有1号、G1型缓冲器，其中，G1型缓冲器主要用于新造客车上。

20世纪90年代初，研制了MT-2型与MT-3型层板式缓冲器。这两种缓冲器都具有容量大、阻抗力低、吸收率高、寿命长等特点，是现在铁路货车装用的主型缓冲器。

2003 年，为了适应列车牵引重量、车辆载重及调车速度提高的工况，又研制了新型缓冲器，如 HM-1 型摩擦胶泥组合式缓冲器、HM-2 型摩擦弹性体组合式缓冲器、HN-1 型弹性胶泥缓冲器。

2. 缓冲器的主要性能参数

缓冲器的性能直接影响着列车的牵引总重、运行速度、车辆的总重、编组作业效率、货物的完好率等涉及铁路运输效能的主要技术经济指标。决定缓冲器特性的主要参数是缓冲器的行程、最大作用力、容量及能量吸收率等。

（1）行程：缓冲器受力后产生的最大变形量。此时，弹性元件处于全压缩状态，即使再加大外力，变形量也不再增加。

（2）最大作用力：缓冲器产生最大变形量时所对应的作用外力。

（3）容量：缓冲器在全压缩过程中，作用力在其行程上所做的功的总和。它是衡量缓冲器能量大小的主要指标，如果容量太小，当冲击力较大时，就会使缓冲器全压缩而导致车辆受到刚性冲击。

（4）初压力：缓冲器的静预压力。初压力的大小将影响列车起动加速度。

（5）能量吸收率：缓冲器在全压缩过程中，有一部分能量被阻尼所消耗，其所消耗部分的能量与缓冲器容量之比被称为能量吸收率。吸收率越大，则表明缓冲器吸收冲击能量的能力越大，反冲作用就越小，否则，缓冲器必须往复工作几次才能将冲击能量消耗尽，这将导致车钩、车底架过早疲劳损伤，并且会加剧列车的纵向冲动。一般要求能量吸收率不低于 70%。

表 5-1 为我国采用的几种主型缓冲器和改进型缓冲器的性能参数。

表 5-1 我国几种主型缓冲器的性能参数

缓冲器型号	1 号	2 号	G1 型	G2 型	MT-2	MT-3
类型	摩擦式	摩擦式	摩擦式	摩擦式	摩擦式	摩擦式
外形尺寸/mm	514×317×228	514×317×228	514×317×228	514×317×228	514×320×227	514×320×227
最大作用力/kN	580	1 200	800	1 630	2 000～2 300	2 000
行程/mm	61～68	64～68	73	73	83	83
容量/kJ	14	23～24	18	42	54～56	45
吸收能量/kJ	10	13～14	13.5	37～41	46～55	37
能量吸收率/%	72	57	75	75	≥80	≥80
质量/kg	106	116	106	116	175	175

3. 我国货车常用缓冲器的类型、结构与性能

1）MT-2 型与 MT-3 型缓冲器

MT-2 型、MT-3 型缓冲器为我国研制的一种弹簧摩擦式缓冲器，MT-2 型与 MT-3 型结构和外形尺寸完全相同，如图 5-7 所示。

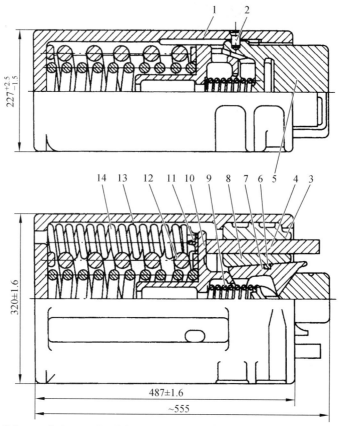

1—箱体；2—销子；3—外固定板；4—动板；5—中心楔块；6—铜条；7—楔块；
8—固定斜板；9—复原弹簧；10—弹簧座；11—角弹簧座；
12—外圆弹簧座；13—外弹簧；14—角弹簧。

图 5-7　MT-2 或（MT-3）型缓冲器

　　MT-2（或 MT-3）型缓冲器是由 1 个中心楔块、2 块楔块、2 根铜条、2 块固定摩擦斜板、2 块动板、2 块固定板、4 个角簧垫、1 个箱体、1 个内弹簧、4 个角簧、1 个外弹簧、1 个弹簧座和 1 个复原弹簧组成，如图 5-8 所示。

　　MT-3 型缓冲器的优点：

　　① 该型缓冲器的挠力特征，在车辆空载或较低冲击速度时，缓冲器的刚度小且变化平缓，当车辆满载或为大型车且冲击速度在 7 km/h 以上时，刚度增大较快。

　　② 这种缓冲器结构合理，容量大，能量吸收率高，稳定性好。该型缓冲器的容量达到 45～54 kJ，能量吸收率可达 85%～90%。MT-3 型缓冲器的结构形式和性能参数，满足 5 000～6 000 t 重载列车运输和将货车调车允许连挂速度提高到 7 km/h 以上时对缓冲器的要求。

　　③ 检修间隔周期长，一般其使用寿命可达 15 年，比美国原装进口的 Mark-50 缓冲器检修周期还要长。

　　④ 采用箱口密封装置，在楔块上面加装了铜条，由于铜条比较软，在摩擦后容易形成光滑的接触面，能够有效地起到密封作用，防止灰尘、杂质等进入摩擦面，同时还可起到润滑和吸取金属磨屑的作用，以保证稳定的摩擦系数。

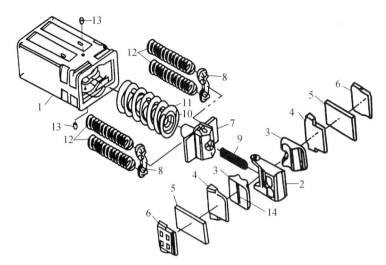

1—箱体；2—中心楔块；3—楔块；4—固定斜板；5—动板；6—外固定板；7—弹簧座；8—角弹簧座；
9—复原弹簧；10—内圆弹簧；11—外圆弹簧；12—角弹簧；13—销子；14—铜条。

图 5-8　MT-2 型缓冲器爆炸结构示意图

MT-3 型缓冲器的缺点：

① 价格较为昂贵，比其他型号的缓冲器贵 1 倍以上，增加了造车成本。② 外形尺寸与其他型号的缓冲器不同，主要是指组装后自由高要比其他型号的缓冲器短，不能适应现有车辆牵引梁内前、后冲击座之间的距离，因此，MT-3 型缓冲器只能用在新造车辆上，而无法用在旧车改造上。

2）HM-1 型和 HM-2 型缓冲器简介

HM-1 型和 HM-2 型缓冲器是我国研制的满足铁路重载运输要求的大容量缓冲器。

（1）HM-1 型缓冲器结构。

HM-1 型缓冲器是新型摩擦胶泥组合式缓冲器，由摩擦系统、弹性元件、箱体及缩短装置组成，如图 5-9 所示。摩擦系统主要由中心楔块、动板、楔块等组成；弹性元件由圆钢弹簧和弹性胶泥体组成。HM-1 型缓冲器是通过摩擦副和弹性胶泥来吸收和消耗冲击能量。

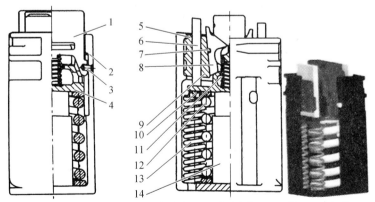

1—中心楔块；2—箱体；3—缩短销；4—支撑座；5—外固定板；6—动板；7—铜条；8—楔块；
9—固定斜板；10—角弹簧座；11—复位弹簧；12—中心弹簧；
13—角弹簧；14—弹性胶泥体。

图 5-9　HM-1 型缓冲器结构简图

（2）HM-2 型缓冲器结构。

HM-2 型缓冲器是新型摩擦弹性体组合式大容量缓冲器，由摩擦系统、弹性元件、箱体及缩短装置组成，如图 5-10 所示。摩擦系统主要由动板、固定板、压头、楔块、铜条、外固定板、复位弹簧座、复位弹簧、支撑座等组成。它是采用双楔块、双压头、一块动板的干摩擦式减振结构，可使摩擦件的载荷分布更加合理，设计上保证干摩擦减振结构具有稳定可靠的摩擦减振性能及比较理想的阻抗特性。弹性元件由 5 片弹性体组成构成，弹性体结构如图 5-11 所示。

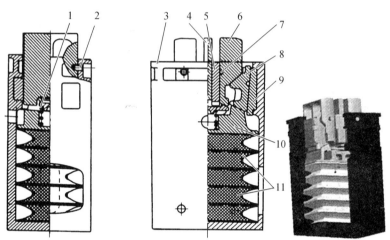

1—复位弹簧；2—缩短销；3—箱体；4—动板；5—固定板；6—压头；7—铜条；8—楔块；9—外固定板；10—支撑座；11—弹性体组成。

图 5-10　HM-2 型缓冲器结构简图

图 5-11　弹性体结构

3）弹性胶泥芯体

弹性胶泥芯体有两种结构，如图 5-12、图 5-13 所示，主要由活塞杆、密封结构、导向套、阻尼介质（胶泥）、缸体组成。其工作原理如下：

当活塞杆受力被推向腔内时，活塞杆挤压胶泥，同时活塞右侧的胶泥通过活塞杆与缸体之间的间隙（阻尼孔）流入活塞杆的左侧，当外力去除后，被压缩的胶泥膨胀，活塞杆回位。在胶泥流过阻尼孔的过程中，通过阻尼耗能和弹性耗能吸收了大部分外力所做的功，从而起到缓冲能量的作用。

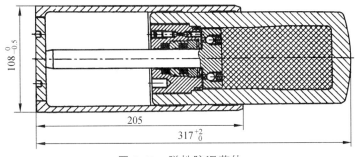

图 5-12　弹性胶泥芯体

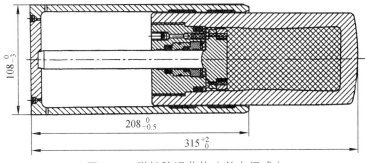

图 5-13　弹性胶泥芯体（单向阀式）

4. 客车用缓冲器

目前，我国铁路客车使用 1 号、G1 型缓冲器，其中 G1 型缓冲器主要用于双层客车和新造客车，1 号缓冲器已基本淘汰。

G1 型缓冲器分为前、后两部分。前部为圆弹簧，后部为内、外环弹簧，彼此以锥面相配合，两部分之间由弹簧座分隔。圆弹簧用来缓和冲击作用力，环弹簧两滑动斜面间的摩擦力用来消耗冲击功能，起到吸收能量的作用。

缓冲器由弹簧盒、弹簧盒盖、弹簧座、圆弹簧、环弹簧及底板等组成，如图 5-14 所示。

（1）簧盒：分为上、下两个半盒，借助螺栓将两个半环状盒体连成一体，如图 5-15 所示。

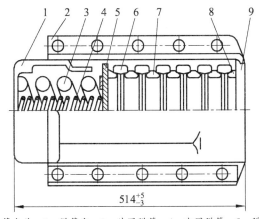

1—弹簧盒盖；2—弹簧盒；3—外圆弹簧；4—内圆弹簧；5—弹簧座；
6—外环弹簧；7—内环弹簧；8—半环弹簧；9—底板。

图 5-14　G1 号缓冲器图

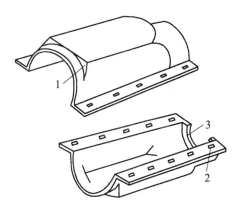

1—折缘；2—螺栓孔；3—突缘。

图 5-15　弹簧盒

（2）簧盒盖：弹簧盒盖用 ZG25 铸钢制成，位于缓冲器前端，其中部有六角形突台，与盒盖的折缘部分卡住，从而保证盒盖受压后沿盒体方向移动，如图 5-16 所示。

1—弹簧套；2—突台。

图 5-16　弹簧盒盖

（3）弹簧座：置于圆弹簧与环弹簧之间，列车的冲击力经弹簧盒盖传递给圆弹簧，弹簧座则在圆弹簧的推动下，把冲击力传到后部的环弹簧上。

（4）环弹簧：有外环弹簧 7 个、内环弹簧 8 个（其中，半环弹簧 2 个），均用 60Si2CrVA 弹簧钢制成。

内环弹簧的外面和外环弹簧的内面均制成 V 形锥面。组装时，要求有 29～49 kN 的初压缩力，以保证环弹簧锥面互相密贴。

（5）底板：靠其台肩与两个弹簧盒的突缘卡合，以便将弹簧盒组装成为一个整体并传递外力。

（6）内、外圆弹簧：位于缓冲器的前部，装在弹簧盒盖与弹簧座之间。

三、车钩缓冲装置主要附属配件

车钩缓冲装置除车钩、缓冲器外，还需有一些附属配件互相配合，才能起到车辆之间的连挂、牵引、缓冲作用。附属配件的结构和技术状态对车钩缓冲装置的作用和行车安全有着重要影响。

1. 钩尾框及钩尾销

钩尾框用钩尾销与钩尾连接，钩尾框内装有缓冲器和前、后从板（现在大多数缓冲器已经取消了后从板），是传递牵引力的主要配件。现在货车车辆上使用的钩尾框由于与不同的车钩配合使用，又有 13 号、13A 型、16 号、17 号之分[见图 5-17（a）～（d）]，钩尾框用铸钢制成。钩尾销用钢锻制而成，有扁销型（用于 13 号、13A 型车钩）和圆销型（用于 16 号、17 号车钩）之分，其结构如图 5-17（e）所示。

钩尾销穿插在钩尾框和钩尾的钩尾销孔内，其下端被装于钩尾销固定挂耳上横穿的钩尾销螺栓托住，钩尾销螺栓在螺母外侧必须安装开口销，以免钩尾销螺栓丢失，造成列车分离事故。

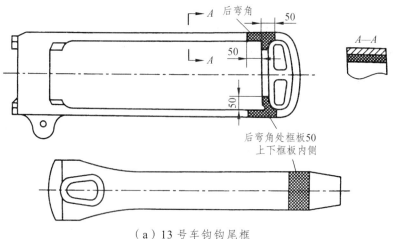

后弯角

50

50

50

后弯角处框板50
上下框板内侧

A—A

（a）13 号车钩钩尾框

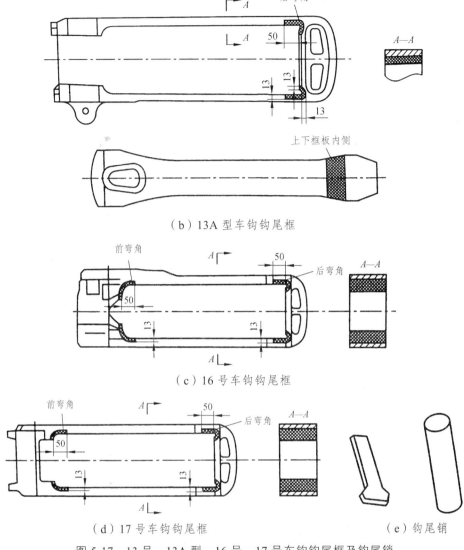

（b）13A 型车钩钩尾框

（c）16 号车钩钩尾框

（d）17 号车钩钩尾框   （e）钩尾销

图 5-17　13 号、13A 型、16 号、17 号车钩钩尾框及钩尾销

2. 从板及从板座

从板安装在钩尾框内，于缓冲器前后各 1 块。前面的为前从板，承受牵引力；后面的为后从板，承受冲击力（ST 型、MT-3 型缓冲器只用前从板，后从板由箱体代替）。借助从板与从板座接触使缓冲器实现缓冲作用，其结构如图 5-18 所示。

（a）13 号、13A 型、17 号车钩从板　　　　　（b）16 号车钩从板

图 5-18　从板

从板座分为前从板座和后从板座，铆接于牵引梁内侧面上，用以阻挡从板的移动，从而使缓冲器实现衰减及缓和列车冲击的目的，如图 5-19 所示。前从板座（9 个或 10 个铆钉孔）承受并传递列车的牵引力[见图 5-19（a）]；后从板座（12 个铆钉孔）承受并传递冲击力[见图 5-19（b）]。这种分离式后从板座由于分别铆装在牵引梁两侧面上，连接刚度不足，在较大的冲击力作用下，易使从板座处的牵引梁产生变形或外胀。为避免上述问题，已将后从板座铸成一体式[见图 5-19（c）]。

 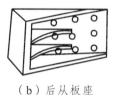 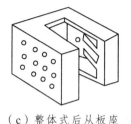

（a）前从板座　　　　　　　（b）后从板座　　　　　　（c）整体式后从板座

图 5-19　从板座

3. 冲击座及车钩托梁

冲击座位于底架端梁的中部，在冲击座下部装有车钩托梁，除保证车钩缓冲装置，正常使用位置外，当车钩受到较大的冲击力时钩肩与冲击座接触，由于有冲击座，可加强端梁强度，并将部分冲击力直接传递给底架，避免缓冲器因冲击力过大而破损。

货车用冲击座由铸钢制成，采用焊接或铆接在端梁中部。按照安装车钩托梁的形式，可分为两种：

（1）冲击座的底部带有安装车钩托梁的螺栓孔，车钩托梁用 4 根螺栓组装在冲击座下部，如图 5-20 所示。此种结构车钩托梁易弯曲变形，且托梁螺栓松弛较多，所以被插入式冲击座代替。

（2）插入式冲击座，冲击座的底部铸有车钩托梁框，车钩托梁可以从一端插入，用螺栓固定，如图 5-21 所示。

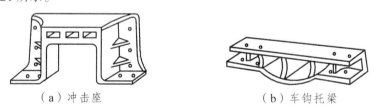

（a）冲击座　　　　　　　　　　　　（b）车钩托梁

图 5-20　货车用冲击座及车钩托梁之一

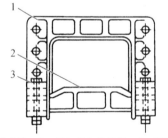

1—冲击座；2—插入式车钩托梁；3—螺栓。

图 5-21　货车用冲击座及车钩托梁之二

4. 钩尾框托板及挡板

钩尾框托板由钢板压制而成，它是由螺栓组装在牵引梁上，用以托住钩尾框。为了减少磨耗，在钩尾框与钩尾框托板之间装有磨耗板。在牵引梁的上方装有钩尾框挡板，以防止钩尾框翘起，钩头下垂。

5. 解钩装置

为了摘挂车辆的方便，设有解钩装置。它主要由车钩提杆、车钩提杆座、下锁销杆及下锁销杆吊等组成，如图 5-22 所示。

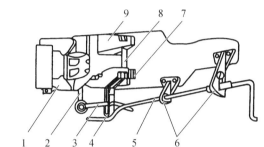

1—钩头；2—下锁销；3—下锁销杆；4—下锁销杆吊；5—车钩提杆；
6—车钩提杆座；7—摆块；8—摆块吊；9—冲击座。

图 5-22　客车（15 号）车钩

车钩提杆是为开启车钩而设置的，分为上作用式和下作用式两种。

客车都采用下作用式车钩提杆，安装在车端的二位、三位方向。在车辆运用中，如有较大的冲击或受到异物碰击后，车钩提杆将产生摆动，会造成开钩现象。因此，下作用式车钩提杆座带有扁槽，车钩连挂后，车钩提杆手柄端扁平部分安放在车钩提杆座的扁槽中，使之不能摆动，如图 5-23（a）、（b）所示。

下锁销杆呈圆棒形，如图 5-23（c）所示，它的一端制成叉形，用圆销与下锁销连接，另一端穿在下锁销杆吊内。

下锁销杆吊如图 5-23（d）所示，由下锁销杆吊、圆销、销套组成。其上端用圆销固定在车钩复原装置上，扳转车钩提杆可顶起下锁销杆，使下锁销杆以下锁销杆吊为支点转动，从而上举下锁销以形成开锁或全开位置。

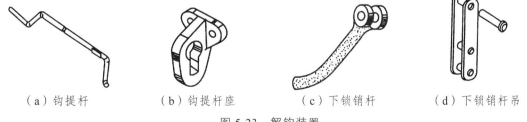

（a）钩提杆　　　　（b）钩提杆座　　　　（c）下锁销杆　　　　（d）下锁销杆吊

图 5-23　解钩装置

6. 车钩复原装置

当车辆在曲线上运行时，车钩中心线与车体纵向中心线之间将产生一偏角。为了防止客车车钩偏移时，钩身与缓冲梁及冲击座相撞，在缓冲梁的中部开有较宽的钩门。客车车体较长，车钩偏移量较大，如果偏移后不能迅速、自动地恢复正常，将增加车辆运行的摆动，有时还会造成车辆摘挂的困难。为此，在客车上均装有复原装置。

目前，客车均采用摆块式复原装置，如图 5-24 所示。它是用摆块卡住钩身，摆块的两端用摆吊吊在冲击座上。当车辆通过曲线时，由于车钩的偏移，带动摆块摆动；当车辆转入直线上运行时，借助重力作用使车钩恢复到原来位置。

此种复原装置结构简单，适合高低钩两用。低钩位置（钩高 880 mm）适用于国内客车，不带高钩钩体垫；若将高钩钩体垫放于摆块上，而将车钩上移到钩体垫上，则可用于国际联运车（钩高为 1 060 mm）。

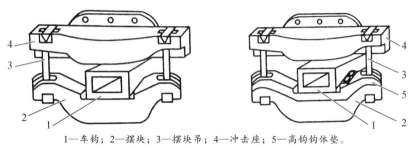

1—车钩；2—摆块；3—摆块吊；4—冲击座；5—高钩钩体垫。

图 5-24　摆块式车钩复原装置

任务二　认识货车车钩

铁路货车使用的车钩均为自动车钩，目前采用的车钩类型有 16 号、17 号、13B 型、13A 型和 13 号车钩。

目前，60 t 级铁路货车已全部采用高强度的 13B 型车钩。随着列车运行速度提高和牵引吨位的增加。13 号普碳钢车钩及 13 号 C 级钢车钩、13A 型车钩强度已不能满足铁路货车发展的需要，并在铁路货车检修过程中逐渐淘汰，铁路货车车钩正向着可靠性高、强度高和耐磨性能好的方向发展。

任务二课前任务单

16 号、17 号车钩是为了满足大秦线运煤专列开行重载列车且不摘钩上翻车机连续翻转卸货的需要而研制开发的车钩（同时，研制开发了相应的 16 号、17 号钩尾框）。目前，新造载重 70 t 及以上铁路货车已全部采用高强度的 17 号车钩。在一些重载列车上采用 16 号车钩的同时还采用了牵引杆技术，以降低列车的纵向冲动，提高列车的运行安全可靠性。

一、13 号系列车钩

（一）13 号车钩的构造

13 号车钩是在 20 世纪 60 年代初研制的，70 年代初开始在铁路货车上推广使用。13 号车钩钩体、钩舌及钩尾框采用牌号为 ZG25 的普通碳素铸钢制造，从 1996 年起推广使用 C 级钢 13 号车钩及钩尾框。2002 年停止生产 13 号车钩及钩尾框，并在铁路货车检修中逐步淘汰 13 号车钩及钩尾框。

1.13 号车钩的组成

13 号车钩由钩体、钩舌及钩头配件等组成。

1）钩体

钩体分为钩头、钩身、钩尾三个部分，如图 5-25 所示。

（1）钩头。

钩头主要起车辆摘挂作用。

① 钩腕：两车钩连挂时，相互容纳对方的钩舌，使两个钩舌彼此握合，并限制对方车钩钩舌产生过大的横向移动，防止车钩自动分离。

② 钩锁腔：容纳并安装钩锁、钩舌推铁等零件。钩锁腔各部位的名称及功用如图 5-26 所示。

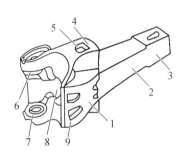

1—钩头；2—钩身；3—钩尾；4—钩肩；
5—锁销孔；6—上锁耳及孔；7—钩耳及孔；
8—钩锁腔；9—钩腕。

图 5-25　13 号车钩钩头

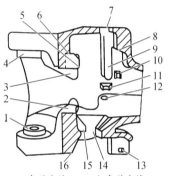

1—下护销突缘；2—牵引突缘；3—上牵引突缘；4—上护销突缘；
5—导向挡；6—全开作用台；7—上锁销孔；8—上防脱（跳）台；
9—钩锁导向壁；10—钩锁后部定位挡；11—钩舌推铁挡铁；
12—钩舌推铁销轴孔；13—下锁销钩转轴；14—下锁销孔；
15—下防脱（跳）台；16—二次防脱（跳）台。

图 5-26　13 号车钩钩锁腔内部结构

◆护销突缘：用以保护钩舌销，分上护销突缘和下护销突缘。

◆牵引突缘：在闭锁位置时与钩舌尾部牵引突缘配合，用以承受牵引力。牵引突缘分上牵引突缘和下牵引突缘。

◆导向挡：车钩处于闭锁状态时，钩锁的前导向面靠在此处，防止钩锁倾倒脱出钩锁腔，使上锁销及上锁销杆的防跳台处于钩锁腔的上防跳台下，限制钩锁销的跳动。此外，在车钩开锁或全开时，导向挡还可以引导钩锁上下移动。

◆全开作用台：车钩在全开状态形成过程中，钩锁前部的全开回转支点以该部位为支点回转，踢动钩舌推铁，使钩舌旋转张开。

◆上防跳台：在钩锁腔后壁面上。车钩处于闭锁位置时，上锁销及杆的防跳台卡在其下，防止在运行中钩锁因振动而跳起。

◆钩锁导向壁：用以限制钩锁的位置。车钩在闭锁、开锁或全开状态时，钩锁的一侧被挡住，而另一侧受到钩锁腔侧壁面的限制，这样可以避免由于钩锁的摆动而影响车钩的作用状态。

◆钩锁后部定位挡：同样用以限制钩锁的位置。车钩在闭锁位时，钩锁除受钩锁腔导向挡的限制外，其后部还受到该部位的阻挡，使钩锁既不能向前倾倒，又不能向后仰，稳固地坐在钩舌尾部的钩锁承台上，从而保证上锁销的防跳位置。

◆钩舌推铁挡块：用以确定钩舌推铁的位置，防止钩舌推铁在转动过程中歪斜。

◆钩舌推铁轴孔：安装钩舌推铁轴用。

◆下防跳台：设置在下锁销孔内的前侧壁。车钩闭锁时，下锁销防跳台与之卡合，起防跳作用。

◆下锁销钩转轴：供下作用式车钩放置下锁销钩用。

③ 上下钩耳：安装钩舌用。

④ 钩耳孔：为插入钩舌销用，用以保护钩舌销不受牵引力和冲击力的影响而折损。钩耳孔为一长圆孔，长径 44 mm，车钩牵引方向；短径 42 mm，垂直于车钩牵引方向。

⑤ 上锁销孔：上作用式车钩安装上锁销用。如果车钩采用下作用式时，此孔用防尘盖盖严，防止砂石侵入钩锁腔内，影响车钩的三态作用。

⑥ 下锁销孔：安装下锁销用。

⑦ 钩肩：当车钩受到过大的冲击力时，钩肩与冲击座相接触，从而将部分冲击力直接传给车底架，避免后从板座和缓冲器过载破损。

（2）钩身：传递牵引力和冲击力的部分。钩身为中空断面结构，应具有比较大的强度和刚度。

（3）钩尾：车钩后端安装钩尾框的部分，其上开有长圆形钩尾销孔，后端面为一垂直平面，在缓冲器伸张力的作用下，以便车钩自动复位。

2）钩舌及钩舌销

（1）钩舌：装在上、下钩耳之间。其上有钩舌销孔，插入钩舌销，以钩舌销为轴回转，利用钩舌的开闭进行车辆摘挂。在钩舌销孔处铸有护销突缘，尾部上、下铸有牵引突缘和上、下冲击突肩，在闭锁位置时，与钩锁腔内相应突缘配合，以使牵引力或冲击力直接由钩舌传给钩体。尾部上面设一圆弧，为从全开位置到闭锁位置过程中便于钩锁顺利下滑成闭锁位。在钩舌尾部侧面有一台阶，称为钩锁承台。在闭锁位置时，供钩锁坐落之用，如图 5-27、图 5-28 所示。

（2）钩舌销：装在钩耳孔及钩舌销孔中，作为钩舌的回转轴，如图 5-27 所示。

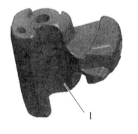
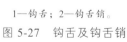

1—钩舌；2—钩舌销。

图 5-27　钩舌及钩舌销

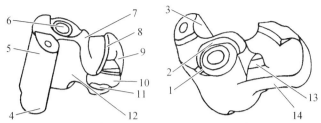

1—全开止挡；2—护销突缘；3—钩腕牵引面（钩舌内侧面）；4—钩舌鼻；5—钩舌正面；6—钩舌销孔；
7—冲击突肩（冲击台）；8—牵引突缘（牵引台）；9—钩舌尾端面；10—钩舌锁面；
11—钩锁承台；12—钩舌内腕；13—钩舌推铁面；14—钩舌尾止端。

图 5-28　13 号车钩钩舌

3）钩头配件

（1）钩锁：安装在钩锁腔内，其主要作用是在闭锁位置时，挡住钩舌尾部，使钩舌不能转动；在全开位置推动钩舌推铁，使钩舌张开。钩锁背部有上锁销杆作用槽及上锁销杆转轴，供连挂钩锁之用。侧面（钩舌侧）有侧座锁面，前面有前座锁面，后部有后座锁面，闭锁位置分别与钩舌尾部顶面、钩舌的钩锁承台、钩舌推铁的锁座相配合。钩锁前部有全开回转支点。钩锁腿部有一开锁座锁面和一椭圆下锁销轴孔，如图 5-29 所示。

（2）钩舌推铁：横放在钩锁腔内，有回转支轴插入钩舌推铁孔内，起转轴作用，其作用是推动钩舌张开达到全开位置，如图 5-30 所示。

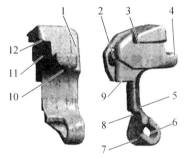

1—前导向面；2—上锁销杆转轴；3—后导向面；4—全开回转支点；
5—锁腿；6—下锁销轴孔；7—后踢足面；8—开锁座锁面；
9—后座锁面；10—前座锁面；11—锁面；12—侧座锁面。

图 5-29　钩锁

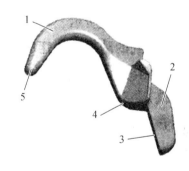

1—钩舌推铁腿；2—锁座；3—踢足推动面；
4—锁腿导向面；5—推铁踢足。

图 5-30　下钩舌推铁

（3）上锁销组成：为进一步提高 13 系列车钩的防分离可靠性，已对 13 系列上作用式车钩的防跳装置进行了改造。将原上锁销组成的两连杆机构更改为三连杆机构，新型上锁销由上锁提、上锁销和上锁销杆组成。新型上锁销组成与原上锁销组成对比如图 5-31 所示。装用新型上锁销组成后，车钩的解钩方式、作业程序与装用原上锁销组成的车钩相同，仅开钩角度有所增加。

（4）下锁销组成：为下作用式车钩推起钩锁用。它由下锁销、下锁销钩和下锁销体组成，用沉头铆钉活动连接。下锁销钩以转轴孔和钩头下锁销钩转轴连接，另一端和下锁销体相连；下锁销体另一端和下锁销相连，其上有二次防脱（跳）尖端，中部有回转挡和钩提杆止挡；下锁销另一端由下锁销轴和钩锁的下锁销孔相连，如图 5-32 所示。

（a）新型上锁销组成　　　（b）原上锁销组成

1—上锁提；2，4，5—上锁销；3—上锁销杆。

图 5-31　新型上锁销组成与原上锁销组成对比

1—下锁销防跳面；2—下锁销轴；3—二次防跳尖端；4—转轴孔；5—回转挡；6—车钩提杆止挡。

图 5-32　下锁销组成

2. 13 号车钩的三态作用

为了实现车钩连挂或摘钩，使车辆连接或分离，车钩具有闭锁、开锁、全开三种位置，也就是车钩的三态作用。

车钩的三态

1）闭锁位置

闭锁位置：为两车钩互相连挂时所处的位置。这时钩舌尾部转入钩锁腔内，钩锁以自重落下，其后座锁面和侧座锁面分别坐在钩舌推铁的锁座和钩舌尾部侧面的钩锁承台上，卡在钩舌尾部侧面及钩锁腔侧壁面之间，挡住钩舌使之不能张开，如图 5-33 所示。

下作用式的动作与上作用式完全相同，只是防脱（跳）作用部位不同。当钩锁以其自重下落后，下锁销的下锁销轴沿钩锁腿部的下锁销孔下滑，使下锁销的下防脱（跳）止端卡在钩头的下防脱（跳）台下方，起防脱（跳）作用，如图 5-33 中 c 处所示。同时下锁销体的二次防脱（跳）尖端，卡在下锁销孔边缘的二次防脱（跳）台下方，起到二次防脱（跳）作用。

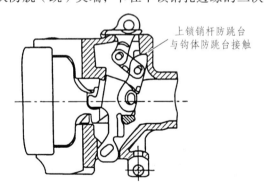
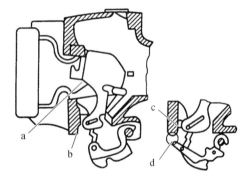

a—钩锁位置；b—上作用防脱（跳）位置；
c—下作用防脱（跳）位置；d—二次防脱（跳）位置。

图 5-33　13 号车钩闭锁位置

2）开锁位置

开锁位置：为摘解车辆时的预备位置，如图 5-34 所示，由闭锁位置提起钩提杆，则上锁销装配伸直离开防脱（跳）位置。当继续提起钩提杆时，上锁销组成提起的钩锁越过钩舌尾部，由于钩锁偏重，其腿部向后偏转。当放下车钩提杆时，钩锁腿部的开锁座锁面就落在钩舌推铁的锁座上，使钩锁不致落下（图5-34中b处），呈开锁位置。

下作用式的动作与上作用式的动作基本相同，所不同的是扳转钩提杆时，下锁销钩绕下锁销钩转轴转动，使下锁销轴沿锁腿的下锁销轴孔上滑，下锁销离开防脱（跳）位置，从而举起钩锁，呈开锁位置（图5-34中c处）。

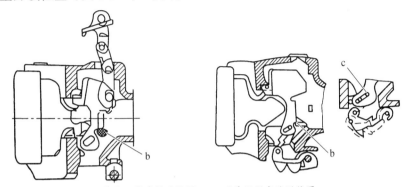

b—钩锁开锁座锁面位置；c—下作用脱离防脱位置。

图5-34　13号车钩开锁位置

3）全开位置

全开位置：为车钩再次连挂的准备位置，如图5-35所示。从闭锁或开锁位置，用力提起车钩提杆，钩锁被充分提起，钩锁前部的全开回转支点与钩锁腔的全开回转支点座接触，并以此支点（图5-35中a处）转动。钩锁腿部向钩锁腔后部旋转，其后踢足面和钩舌推铁的踢足推动面接触，踢动钩舌推铁的锁座端（图5-35中b处），使钩舌推铁绕回转支轴转动。钩舌推铁的另一端（钩舌推铁腿），以其推铁踢足推动钩舌尾部的钩舌推铁面（图5-35中c处），使钩舌以其钩舌销为转轴转动，成全开位置。

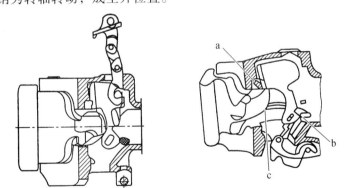

a—钩锁腔的全开回转支点座；b—钩舌推铁的锁座端；c—钩舌尾部的钩舌推铁面。

图5-35　13号车钩全开位置

3.13号车钩受力分析

13号车钩在闭锁位置时，由于合理地安排了钩头、钩舌及钩舌销之间的间隙，可使钩舌销不受或较少负担作用力，以充分发挥车钩各部分材料的抗拉强度。

13号车钩在钩锁腔内及钩舌上铸有护销突缘、牵引突缘和冲击突肩。在闭锁位时，牵引

突缘间隙 δ_1 与护销突缘间隙 δ_2 以及钩耳孔和钩舌销之间的间隙 δ_3 之间的关系是：$\delta_1 < \delta_2 < \delta_3$，如图 5-36 所示。

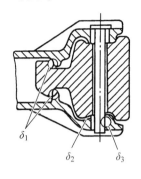

δ_1—牵引突缘间隙；δ_2—护销突缘间隙；
δ_3—钩舌销与钩耳孔。

图 5-36 13 号车钩钩腔内各间隙关系

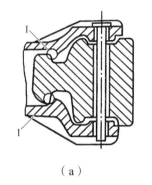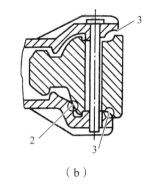

（a）　　　　　　　　　（b）

1—护销突缘受力；2—冲击突缘受力；3—牵引突缘受力。

图 5-37 13 号车钩受力状态

这样在牵引时，钩舌牵引突缘与钩锁腔内牵引突缘相接触，传递牵引力，如图 5-37（a）所示。

在冲击时，钩舌冲击突肩与钩体冲击突肩相接触，传递冲击力，如图 5-37（b）所示。

由于长期使用，牵引突缘产生磨耗，使 δ_1 扩大，当 $\delta_1 = \delta_2 < \delta_3$ 时，牵引突缘与护销突缘两者共同承受牵引力。如果各突缘经磨耗后间隙均加大，当 $\delta_1 = \delta_2 = \delta_3$ 时，牵引突缘、护销突缘及钩舌销三者共同承受牵引力。

受冲击力的情况与受牵引力的情况大致相同。冲击突肩磨耗后，护销突缘也承受冲击力。这样就可避免钩舌销受力过大造成折断的状况。所以，在正常情况下，钩舌销是不受力的，只作为钩舌的回转轴。

二、16 号和 17 号车钩

16 号、17 号联锁式固定和转动车钩是为我国大秦线运煤万吨列车配置的重要车辆部件，如图 5-38 所示。整个列车固定编组，在卸煤场设有自动列车定位机和翻车机，当装有转动车钩的车辆进入翻车机位翻转卸煤时，可不摘钩连续作业，从而大大缩短了卸货作业的辅助时间，提高了运输效率。16 号车钩为转动车钩，一般装在车辆的一位端；17 号车钩为固定车钩，一般装在车辆的二位端。整列车上每组相连接的两个车钩，一个为 16 号转动车钩，另一个为 17 号固定车钩，彼此相互搭配使用。

当车辆进入翻车机位置时，翻车机带动车辆以车钩中心线为旋转轴翻转 135°～180°，底架连同 16 号钩尾框以车钩中心线为转轴，相对于 16 号钩体旋转，16 号钩体则由于受相邻车辆与其连挂的 17 号车钩约束而静止不动。被翻转车辆另一端的 17 号车钩随同底架沿车钩中心线旋转并带动相邻车辆与其连挂的 16 号车钩一起旋转，实现了不摘解车钩就可以在翻车机上卸货的目的，提高了运输效率。

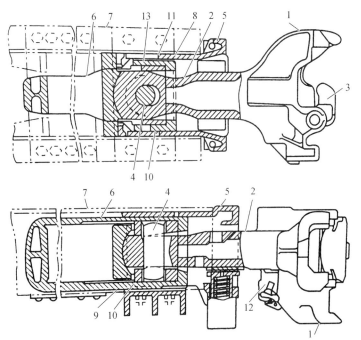

1—钩头；2—钩身；3—钩舌；4—钩尾销；5—冲击座；6—钩尾框；
7—底架牵引梁；8—尾框侧边；9—尾框下底边；10—旋转机构；
11—通口；12—闭锁机构；13—止挡板。

图 5-38　16 号、17 号车钩

　　目前，17 号、16 号车钩及配套钩尾框已经装用在 C$_{63}$ 型、C$_{76}$ 型及 C$_{80}$ 型系列不摘钩进行翻车机卸货的货车上。在运用中保证了车辆的连续运转，提高卸货效率 25%以上。鉴于 17 号车钩具有连挂间隙小、结构强度高、连锁性能好及垂向防脱性能高等优点，以及多年来运用表现出的优良性能，我国 70 t 级货车采用了 17 号车钩及 17 号铸造或锻造钩尾框。

　　1. 16 号车钩构造

　　16 号车钩由 16 号车钩钩体、钩舌、钩舌推铁、钩舌销、钩锁组成、下锁销转轴和下锁销杆等零部件组成，如图 5-39 所示。

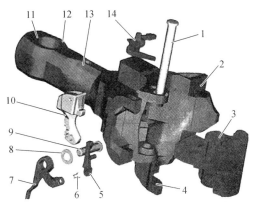

1—钩舌销；2—联锁套头；3—钩舌；4—联锁辅助支架；5—下锁销；6—铆钉；7—下锁销杆；8—垫圈；
9—下锁销转轴；10—钩锁组成；11—端面；12—钩尾；13—钩身；14—钩舌推铁。

图 5-39　16 号车钩组成

为了使车钩在进行翻卸作业时转动灵活，16 号车钩钩体的钩身为圆柱形，钩身下面的磨耗板为嵌入式磨耗板，减小了车钩转动时的阻力。钩体尾部与从板接触的部位为半径 133.5 mm 的球面。

16 号钩舌是我国在 1988 年为了满足开行重载列车且不摘钩上翻车机连续翻转卸货的需要而研制的 16 号联锁式旋转车钩和 17 号联锁式固定车钩装用的钩舌，16 号钩舌结构强度高，采用 E 级铸钢制造，静拉破坏强度达到 3 430 kN 以上，16 号、17 号车钩的纵向连挂间隙小（9.5 mm），比 13 号车钩的 19.5 mm 减小了 52%，比 13A 型车钩的 11.5 mm 减小了 17%，使用后可改善列车的纵向动力学性能、延长货车及其零件的使用寿命。16 号钩舌如图 5-40 所示。

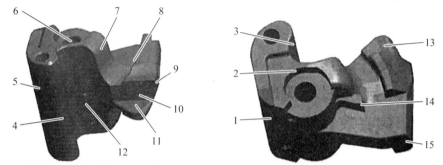

1—全开止挡；2—护销突缘；3—牵引曲面；4—钩舌鼻；5—钩舌正面；6—钩舌销孔；7—冲击突肩；
8—牵引突缘；9—钩舌尾端面；10—钩舌锁面；11—钩锁承台；12—钩舌内腕；
13—下锁销防跳面；14—钩舌推铁面；15—钩舌尾止端。

图 5-40　16 号钩舌

2. 17 号车钩构造

17 号车钩由 17 号车钩钩体、钩舌、钩舌推铁、钩舌销、钩锁组成、下锁销转轴和车钩下锁销杆等零部件组成，如图 5-41 所示。所有铸件均为 E 级钢制造。其中钩舌、钩舌推铁、钩舌销和下锁销与 16 号车钩组成完全通用。17 号车钩的所有零件与 13B 型、13A 型和 13 号车钩的零件均不能互换。

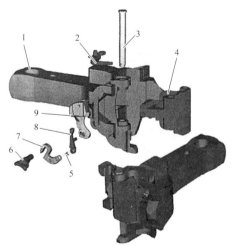

1—钩体；2—钩舌推铁；3—钩舌销；4—钩舌；5—铆钉；6—下锁销转轴；
7—下锁销杆；8—下锁销；9—钩锁组成。

图 5-41　17 号车钩组成

与 13 号系列车钩相比，17 号车钩钩体的钩头部分有联锁套口、套头及防脱装置；钩尾销孔为圆孔；钩身形状与其他车钩相似，为箱形截面；钩尾端面（与从板接触的部位）为半径 133.5 mm 的球面，在球形端面两侧有自动对中的凸肩。

17 号车钩钩体、钩舌、钩锁、下锁销、下锁销转轴、钩舌推铁分别如图 5-42 所示。

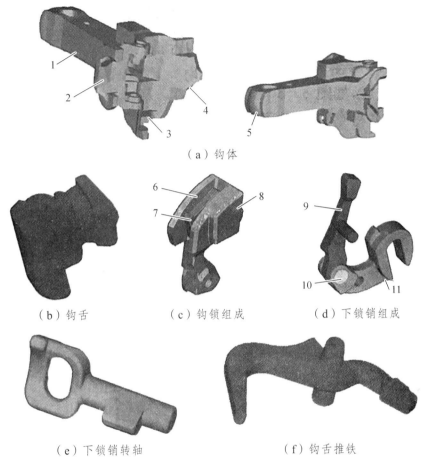

（a）钩体

（b）钩舌　　　　　（c）钩锁组成　　　　　（d）下锁销组成

（e）下锁销转轴　　　　　　　　（f）钩舌推铁

1—箱形钩身；2—联锁套口；3—防脱装置；4—联锁套头；5—球形端面及对中凸肩；
6—钩锁；7—止动块；8—轴；9—下锁销；10—铆钉；11—下锁销杆。

图 5-42　17 号车钩

3. 17 号钩头各组成部分的作用

17 号车钩锁腔内部结构如图 5-43 所示，钩头各部位的名称及功用如下。

① 钩腕：两车钩连挂时，借以相互容纳对方的钩舌，使两个钩舌彼此握合，并限制对方车钩钩舌产生过大的横向移动，防止车钩自动分离。

② 钩锁腔：容纳并安装钩锁、钩舌推铁等零件。

③ 上、下钩耳：安装钩舌用。

④ 钩耳孔：为插入钩舌销用，用以保护钩舌销不受牵引力和冲击力的影响而折损。钩耳孔为一长圆孔，长径 44 mm，沿车钩牵引方向；短径 42 mm，垂直于车钩牵引方向。

⑤ 下锁销孔：安装下锁销用。

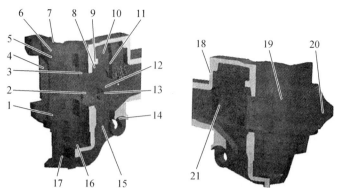

1—下护销突缘；2—下牵引突缘；3—上牵引突缘；4—联锁套口；5—上护销突缘；6—钩耳；7—钩耳孔；
8—导向挡；9—全开作用台；10—钩锁腔；11—钩锁导向壁；12—钩舌推铁挡块；13—钩舌推铁轴孔；
14—下锁销转轴孔；15—下锁销孔；16—防脱台；17—联锁辅助支架；18—钩肩；
19—钩腕；20—联锁套头；21—钩锁后部定位挡。

图 5-43　17 号车钩锁腔内部结构

⑥ 钩肩：当车钩受到过大的冲击力时，钩肩与冲击座相接触，从而将部分冲击力直接传给车底架，避免后从板座和缓冲器过载破损。

⑦ 护销突缘：用以保护钩舌销，分上护销突缘和下护销突缘。

⑧ 牵引突缘：车钩处于闭锁位置时与钩舌尾部牵引突缘配合，用以承受牵引力，分上牵引突缘和下牵引突缘。

⑨ 导向挡：车钩处于闭锁状态时，钩锁的前导向面靠在此处，防止钩锁倾倒脱出钩锁腔。此外，在车钩开锁或全开时，导向挡还可以引导钩锁上下移动。

⑩ 全开作用台：车钩在全开状态形成过程中，钩锁前部的全开回转支点以该部位为支点回转，踢动钩舌推铁，使钩舌旋转张开。

⑪ 钩锁导向壁：用以限制钩锁的位置。车钩在闭锁、开锁或全开状态时，钩锁的一侧被挡住，而另一侧受到钩锁腔侧壁面的限制，这样可以避免由于钩锁的摆动而影响车钩的作用状态。

⑫ 钩锁后部定位挡：用以限制钩锁的位置。车钩处于闭锁位时，钩锁除受钩锁腔导向挡的限制外，其后部还受到该部位的阻挡，使钩锁既不能向前倾倒，又不能向后仰，稳固地坐在钩舌尾部的钩锁承台上，从而保证上锁销的防跳位置。

⑬ 钩舌推铁挡块：用以确定钩舌推铁的位置，防止钩舌推铁在转动过程中歪斜。

⑭ 钩舌推铁轴孔：安装钩舌推铁轴用。

⑮ 下锁销转轴孔：安装下锁销转轴用。

⑯ 联锁套口与联锁套头：车钩连挂后用以实现联锁，减少车钩的相对运动，具有类似牵引杆装置的作用。

⑰ 防脱台：用以防止两连挂车钩自动相互脱离；同时在车钩钩身、钩尾框断裂时，防脱台能有效地挡住断裂的车钩跌落到线路上，避免可能由此而引起的列车脱轨事故。

⑱ 联锁辅助支架：用以辅助两连挂车钩的联锁，减少车钩的相对运动。

4. 17 号车钩的防跳作用

17 号车钩具有下锁销防跳和下锁销杆防跳两级防跳性能，可有效防止车钩在闭锁位置时钩锁因货车振动而自动跳起造成脱钩。

货车在振动过程中，下锁销杆沿下锁销转轴斜面上升使下锁销杆防跳台与钩体防跳台面接触，可防止下锁销杆的继续转动带动钩锁上升使车钩开锁，如图 5-44 所示。

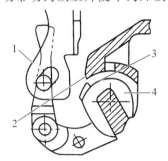

1—锁腿；2—钩体防跳面；3—下锁销杆防跳凸台；4—下锁销杆。

图 5-44　下锁销杆防跳示意图

5. 16 号车钩的旋转系统和解钩装置

（1）16 号车钩的旋转系统。

16 号车钩的旋转系统如图 5-45 所示。转动套装在钩尾框中，可在钩尾框头部 ϕ270 mm 的内圆柱体内自由转动，如图 5-46 所示。转动套的前端由钩尾框的前端凸缘挡住，将车钩的尾部装入转动套中，用钩尾销将车钩与转动套连为一体，再将钩尾销托装入钩尾框的尾销托安装槽中，使其托住钩尾销。用插销锁住钩尾销托，使其不能在尾销托槽中移动，再将开口销装入插销手柄的孔中将插销固定。将从板装在钩尾框内，使从板的凹入球面与车钩尾部的凸起球面相密贴。当货车不摘钩上翻车机翻转卸货时，由于转动套在钩尾框内能做 360° 的回转，所以车钩可保持不动，仅钩尾框随同车体一起转动，完成卸货作业，如图 5-47 所示。

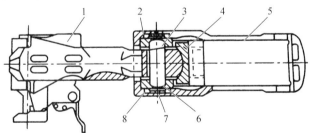

1—车钩组成；2—转动套；3—钩尾销；4—从板；5—钩尾框；
6—钩尾销托；7—开口销；8—插销。

图 5-45　16 号车钩旋转系统

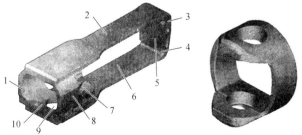

1—前唇；2—框身上框板；3—尾部缓冲槽弯角；4—框尾；5—尾部承载面；6—框身下框板；
7—转动套安装口；8—头部侧板；9—钩尾销托安装槽；10—钩体安装套。

图 5-46　16 号车钩钩尾框和钩尾转动套

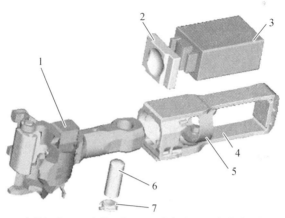

1—车钩组成；2—车钩从板；3—缓冲器；4—车钩钩尾框；
5—转动套；6—车钩钩尾销；7—钩尾销托组成。

图 5-47 16 号车钩缓冲装置组成

（2）16 号车钩的解钩装置。

16 号车钩的解钩装置如图 5-48 所示。由于车钩不随车体转动，故其解钩装置也不同于一般货车的解钩装置。车钩提杆不与车钩相连接，而是装于解钩框上，车钩提杆靠近手柄的一端，装在 U 形的车钩提杆座中。当提起车钩提杆手柄时，解钩框以圆销为轴开始转动，使解钩框的下框与下锁销杆接触，当继续向上提起车钩提杆手柄时，解钩框的下框就推动下锁销杆绕下锁销转轴向上回转而托起钩锁铁到开锁位，完成开锁动作。

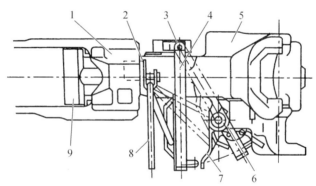

1—钩尾框；2—车钩提杆；3—圆销；4—解钩框；5—车钩组成；
6—下锁销转轴；7—下锁销杆；8—车钩提杆；9—从板。

图 5-48 16 号车钩解钩装置

6. 16 号、17 号车钩的弹性支承装置

由于 16 号、17 号车钩在相互连挂时采用了连锁套装置，该装置可以有效地消除车钩的互钩差，从而保证各车辆之间车钩中心线在同一水平线上，使得各车钩钩舌受力均匀，当车辆不解体上自动翻车机卸车时，各车辆的回转中心线在同一轴线上，使得各车辆顺利转动，不致产生别劲，破坏车钩及其部件。但连锁套装置在使用过程中也出现了一些问题，当两个原钩差较大的 16 号、17 号车钩相互连挂后，它们之间会产生相互作用，低的车钩将会被提高，高的车钩将会被拉低，这样就会造成低的车钩钩颈与车钩托梁之间产生间隙使钩颈悬空，高的车钩钩颈与车钩托梁之间产生较大的刚性抗拒力，容易造成钩颈变形及车钩不复位。为

了消除这种现象，16号、17号车钩的车钩托梁采用了弹性支承装置，利用支承弹簧的弹性来消除或降低原互钩差过大时产生的各车钩托梁受力不均匀问题，保证了各车钩的正常运用。弹性支承装置由支承座、支承座止挡铁、磨耗板、支承弹簧座、支承弹簧等组成，其结构形式如图5-49所示。

图 5-49　16号、17号车钩的弹性支承装置

7.16号、17号车钩的特性

（1）车钩强度高，能够满足重载列车牵引的要求。车钩材质为高强度低合金E级钢，抗拉强度符合美国AARM201标准规定的E级钢的要求，静拉最小破坏载荷钩舌为3 432.1 kN，钩体及钩尾框均为4 000.8 kN，使用寿命长。

（2）钩头均设联锁装置，连挂后能实现自动对中联锁，可减小钩体、钩舌磨耗；改善钩体、钩舌的受力状态，提高了车钩的使用寿命；防止车钩连挂后从垂直方向脱离；帮助传递翻车机的扭转力矩，提高车钩的转动性能。

（3）17号车钩钩尾端球面两侧设有自动对中突肩，在改善车钩曲线通过性能的同时，可使车钩在运行中经常保持正位。

（4）钩头设有防脱装置，能保持车钩的连挂性能，可防止因钩体、钩舌或钩尾框断裂造成的列车颠覆事故。

（5）车钩间连接轮廓的自由间隙均为9.5 mm，比13号车钩减小了52%，降低了列车运行中的纵向冲击力，改善了列车纵向动力学性能。

（6）车钩各零部件耐磨性能好。为提高车钩的耐磨性能，经热处理后，钩舌的硬度为241～291 HBS；钩体和钩尾框的硬度为241～311 HBS；钩尾端部凸起球面的硬度为375～476 HBS。

（7）钩锁上装有止动块，可防止翻车机在作业时车钩自动解锁。

（8）16号车钩钩身断面近似圆形，减少了钩身与车钩支撑座之间的转动阻力；钩尾和从板接触面为球面，可围绕车体纵向中心线相对钩尾框做360°回转，所以不需分解列车，转动翻车机即可卸车，大大提高了卸车作业效率。

车钩缓冲装置型号匹配表见表5-2。

表 5-2　车钩缓冲装置型号匹配

序号	车钩型号	钩尾框型号	缓冲器型号
1	17 型	17 型	MT-2 型、HM-1 型、HM-2 型、HN-1 型
2	13 号普碳钢	13 号、13A 型、13B 型	2 号、ST 型、MT-3 型
3	13 号 C 级钢	13 号 C 级钢、13A 型、13B 型	2 号、ST 型、MT-3 型
4	13A 型	13A 型、13B 型	ST 型、MT-3
5	13B 型	13A 型、13B 型	ST 型、MT-3

任务三　认识客车车钩

我国铁路客车中,标记速度为 120 km/h 以下的客车装用 15 号及 15C 号车钩;标记速度为 120 km/h 以上的客车装用 15CX（小间隙）号车钩;标记速度为 160 km/h 的 25T 型客车中装用密接式车钩。

任务三课前任务单

一、15 号小间隙车钩

15 号小间隙车钩采用 C 级钢（强度相当于 415～620 MPa 的低合金钢）制造。钩体、钩舌和钩尾框的材质为 QG-C3 钢,增加了钩体和钩舌的强度,其最小破坏载荷可达 2 000 kN。使用 15 号小间隙钩舌后,车钩连挂间隙由原来 15 号车钩的 19.5 mm 减小到 4.5 mm,减少了 76%,极大地改善了列车纵向动力学性能,既提高了旅客乘坐的舒适度,又延长了车辆及其零部件的使用寿命。15 号小间隙车钩可与现有 15 号等型车钩连挂,其轮廓如图 5-50 所示。

15 号小间隙车钩的结构和作用原理等均与 15 号车钩基本相同,不同之处是改变了车钩钩头轮廓图形,缩小了两车钩连挂之间的间隙;15 号小间隙车钩与 15C 号车钩仅钩舌内、外侧弧面变化,其他部分均相同、通用。

（一）15 号车钩的"三态"作用

车钩的自动连挂和自动摘解是通过它的"三态"作用完成的,当钩体内钩舌、钩锁铁、钩舌推铁、锁销等零部件处于不同位置时,可使车钩具有开锁、闭锁、全开三种作用,俗称"三态"作用。

1. 闭锁位置

车辆连挂后,两个车钩均必须处于闭锁位置时才能传递牵引力。如图 5-51 所示为 15 号车钩闭锁位置。

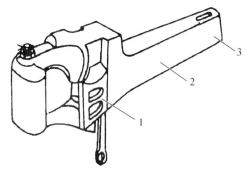

1—钩头；2—钩身；3—钩尾。

图 5-50　15 号车钩钩体外形

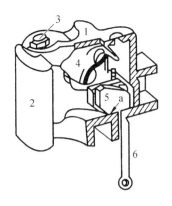
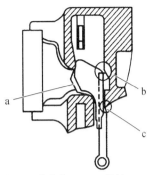

1—钩头；2—钩舌；3—钩舌销；4—钩舌推铁；5—钩锁销；6—下锁销；
a—钩锁位置；b—上防跳位置；c—防跳位置。

图 5-51　15 号车钩闭锁位置

钩舌转入钩锁腔内，钩锁靠自重落下，坐在钩锁腔底壁面上，卡在钩舌尾部侧面和钩锁腔侧壁之间，挡住钩舌的转动。这时，下锁销沿着钩锁背部的锁销槽下滑，下锁销上防跳台卡在钩锁腔后壁防跳台下；下防跳台卡在下锁销孔的后缘下防跳台处，起防跳作用，形成闭锁位置。

2. 开锁位置

两连挂着的车辆想要分开，必须有一个车钩处于开锁位置。如图 5-52 所示为 15 号车钩开锁位置。

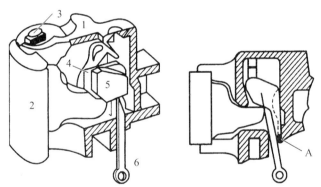

1—钩头；2—钩舌；3—钩舌销；4—钩舌推铁；5—钩锁销；6—下锁销；
A—开锁座锁面位置。

图 5-52　15 号车钩开锁位置

由闭锁位置提起车钩提杆，推动下锁销，锁销轴沿着钩锁背部的锁销槽上移，使下锁销上、下防跳台脱离防跳位置。当下锁销继续上移时，则顶动钩锁上移。由于钩锁的偏重上部向前倾转，而腿部向后转动，当放下车钩提杆时，钩锁的开锁座锁面就坐在下锁销孔后部的锁座上，钩锁不能落下，形成开锁位置。

3. 全开位置

在车辆彼此连挂之前，必须有一个车钩处于全开位置，才能达到自动连挂的目的。

由闭锁位置或者开锁位置用力提起车钩提杆，使钩锁被充分顶起，钩锁的全开作用顶动钩舌推铁的全开作用端，钩舌推铁以背部全开支点和钩锁腔内壁接触面为支点回转，如图 5-53 中的 a 所示，其下部推铁踢足踢动钩舌尾部侧面，如图 5-53 中的 b 所示，使钩舌以钩舌销为轴转动张开，放下车钩提杆后，钩锁靠自重落下，坐在钩舌尾部上，形成全开位置。

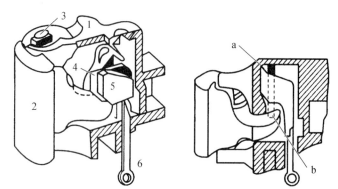

1—钩头；2—钩舌；3—钩舌销；4—钩舌推铁；5—钩锁铁；6—下锁销；
a—钩锁顶动钩舌推铁；b—推铁踢足踢动钩舌尾部侧面。

图 5-53   15 号车钩全开位置

（二）15 号小间隙车钩的三态作用

15 号小间隙车钩也是下作用式，也具有闭锁、开锁和全开 3 种作用位置。

1. 闭锁位置

车钩提杆没提起时，钩锁底部坐落在钩腔底壁上，卡在钩舌尾侧面和钩腔侧壁之间，用来挡住钩舌的转动，这时，锁提也滑入钩锁铁背部的斜沟，上部凸起的部分处在钩头内壁防跳台之下，起到防跳作用。

2. 开锁位置

由闭锁位置提起车钩提杆，锁提两侧的凸起部分沿着钩锁背部的斜沟上移，使锁提凸起部脱离防跳位置，当其凸起圆柱达到钩锁背部斜沟上端时，则带起钩锁，由于钩锁偏重关系，上部向前倾，下部向后转，其止锁座搁在钩腔内底壁的台阶上，形成开锁位置。

3. 全开位置

由闭锁位置或开锁位置用力提起车钩提杆，使钩锁充分提起，钩锁的上部顶动钩舌推铁的上端，使钩舌推铁的背面弧度部分与钩头内顶壁处相接触，并以此为支点而转动，其下端推动钩舌尾部侧面，使钩舌处于全开位置。

（三）15 号车钩三态作用故障

（1）闭锁位置作用不良或自动开锁：在闭锁时钩锁不能自动充分落下，其原因是钩舌尾部与钩锁接触面焊修后不平整，造成作用不灵活，应打磨或更换钩舌或钩锁。

在运行中因振动易使钩锁自动跳起，造成开锁使列车分离，其原因是钩锁销上防跳台磨耗而失去防跳作用；钩锁销安装反位，也失去防跳作用。

（2）开锁作用不良：钩锁提起后，当放下车钩提杆时，又自动落下，其原因是钩锁腿弯曲，开锁座锁面磨耗或钩锁腔内锁座磨耗，致使钩锁无法坐在相应位置，产生自动落锁。

（3）全开位置作用不良：当钩舌推铁有弯曲变形，两端磨耗过甚时，易造成钩舌达不到全开位置。

二、密接式车钩

我国目前铁路上使用的密接式车钩型号为 MJGH-25T。MJGH-25T 型密接式车钩的构造和工作原理与 15 号车钩、15C 号车钩和 15 号小间隙车钩完全不同，这种车钩属于刚性自动车钩，它要求在两钩连接后，其间没有上下和左右的移动，而且纵向间隙限制在 1～2 mm。这对提高列车运行平稳性、降低车钩零部件的磨耗和噪声均具有十分重要的意义。

高速列车、城市地铁和轻轨车辆的车钩缓冲装置通常采用机械气路、电路均能同时实现自动连接的密接式车钩。下面主要介绍目前铁路上 25T 型客车使用的 MJGH-25T 型密接式车钩。

1. MJGH-25T 型密接式车钩缓冲装置

25T 型客车采用的 MJGH-25T 型密接式车钩缓冲装置是由青岛四方车辆研究所有限公司（四方车辆研究所）研制、设计的。

1）密接式车钩缓冲装置的组成、作用及性能特点

（1）MJGH-25T 型密接式车钩缓冲装置主要由连挂系统、缓冲系统和安装及吊挂系统三大部分组成。MJGH-25T 型密接式车钩缓冲装置是由四方车辆研究所对 270 km/h 高速列车用密接式车钩缓冲装置进行改进的。为了提高安全余量，四方车辆研究所按照 TB/T 456 对普通客车 15 号车钩的要求，将密接式车钩缓冲装置的设计抗拉伸破坏强度提高到与客车主型车钩15C 号车钩相同的 2 000 kN。MJGH-25T 型密接式车钩缓冲装置实物装配图如图 5-54（a）所示，爆炸图如图 5-54（b）所示，结构图如图 5-54（c）所示。

（a）MJGH-25T 型密接式车钩缓冲装置实物装配图

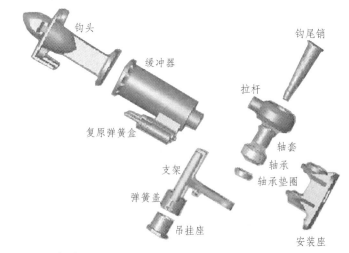

（b）MJGH-25T 型密接式车钩缓冲装置爆炸图

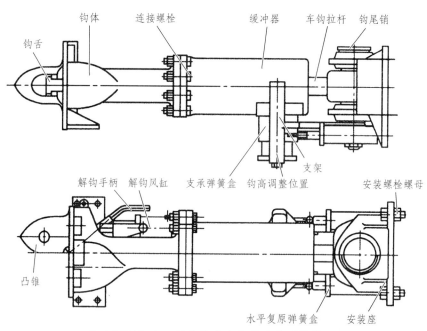

（c）MJGH-25T 型密接式车钩缓冲装置结构图

图 5-54　MJGH-25T 型密接式车钩缓冲装置图

① 连挂系统。连挂系统的主要作用是实现车钩自动连接和分解；MJGH-25T 型密接式车钩缓冲装置连挂系统只能完成机械连挂功能。

连挂系统钩头组成实物装配图及爆炸图如图 5-55 所示。

图 5-55　连挂系统钩头组成实物装配图及爆炸图

连挂系统钩头由钩体、钩舌、支座、曲柄和解钩风缸等组成。连挂系统钩头实物内部剖面图如图 5-56 所示。

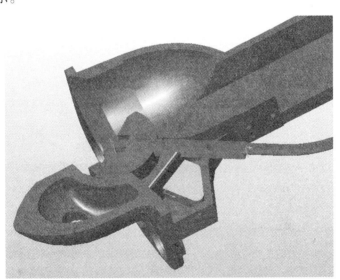

图 5-56　连挂系统钩头实物内部剖面图

两车连挂及解钩实物剖面图如图 5-57 所示。

两车连挂时，凸锥插入对侧车钩凹锥内，凸锥内侧面压迫对方半圆钩舌沿逆时针方向转动 40°，并压缩解钩风缸弹簧。两钩连接到位后，车钩连接面相互接触，两钩钩舌在解钩弹簧作用下复位，车钩处于闭锁状态。

解钩时，由操作人员拉动解钩手柄，使钩舌逆时针方向转动 40° 至开锁位置，此时，两钩即可分解。

图 5-57　两车连挂及解钩实物剖面图

② 缓冲系统。缓冲系统在列车运行过程中起到吸收冲击能量、缓和纵向冲击和振动的作用。MJGH-25T 型密接式车钩缓冲装置所用的缓冲器为弹性胶泥缓冲器。弹性胶泥缓冲器实物图如图 5-58 所示。它的优点是容量大、阻抗小、结构简单、性能稳定、检修周期长达 10 年。

图 5-58　弹性胶泥缓冲器实物图

③ 安装及吊挂系统。安装及吊挂系统为整个车钩缓冲装置提供安装定位和支撑，并包含一个回转机构，保证车钩缓冲装置在各自由度方向上能产生足够的动作量，动作和复位灵活。

a. 密接式车钩缓冲装置安装及吊挂系统的安装和拆卸要求如下：

• 安装位置在车体牵引梁的专用安装座上，安装座的厚度根据具体的技术文件确定。安装前，应先用垂球检测车钩安装板的垂直度，垂直度应为 90°。

● 该装置通过 4 个 M38 螺栓固定在车体对应安装座上，组装时应加弹簧垫圈、平垫圈及防松开口销。应采用测力扳手作业，紧固扭矩为 800～900 N·m。

● 密接式车钩缓冲装置安装后车钩中心线高为（860±30）mm。

● 拆卸密接式车钩缓冲装置，将钩体支撑水平，拆下 4 个 M38 安装螺栓。

b. 密接式车钩缓冲装置安装及吊挂系统的功能。

● 水平面内自动对中复原。

● 竖直面内支撑和自动复原。

c. 安装及吊挂系统回转机构为自润滑向心关节轴承：在密接式车钩缓冲装置中尾部安装了一套自润滑向心关节轴承，以此为中心，使车钩在水平回转、竖直旋转两个自由度方向的规定范围内能够灵活运动，改变了钩尾销和支架原有的配合关系，使支架可以相对钩尾销转动。

（2）密接式车钩缓冲装置的性能特点。

① 车钩缓冲装置可实现自动连挂，纵向相对间隙不大于 1.5 mm。

② 本装置在使两车可靠连挂的同时，保证列车能顺利通过现有线路所有平、竖曲线。

③ 缓冲和吸收列车运行过程中车辆之间的纵向冲击能量。

④ 解钩采用人工作业。

⑤ 密接式车钩不能直接与普通车钩连挂，如特殊情况下需要与装普通车钩的机车车辆连挂时，可采用配备的专用过渡车钩。

2）密接式车钩缓冲装置的使用

（1）列车连挂。密接式车钩缓冲装置可以实现列车自动连挂。连挂时，要求连挂速度不大于 5 km/h。

（2）列车解钩。密接式车钩缓冲装置的解钩由人工完成。具体操作过程规定如下。

① 确认手柄定位销位于解钩手柄的销孔中（见图 5-59 位置 1），不能位于钩体的销孔中（见图 5-59 位置 2）。

② 机车向后微退，使待分解车钩处于受压状态。

③ 扳动解钩手柄至解钩位，在钩体销孔插上手柄定位销（见图 5-59 位置 2），然后操作人员离开操作位置。

④ 机车向前运动，将待分解车钩拉开。

⑤ 操作人员进入操作位置，拔出手柄定位销，使车钩处于待挂状态，并将定位销插回解钩手柄的销孔（见图 5-59 位置 1）中。

2. 过渡车钩

密接式车钩缓冲装置需要与普通自动车钩（13/15 号车钩）连挂时，必须采用过渡车钩。可以采用 15 号小间隙托梁式车钩。安装 15 号法兰盘过渡车钩后连挂及解钩方式均同 15 号车钩，如图 5-60 所示。使用时需将密接式车钩缓冲装置的钩头部分拆下，换装 15 号法兰盘过渡钩头，再安装钩提杆等解钩装置。

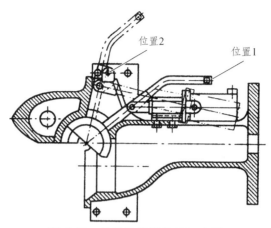

图 5-59　钩体开闭锁位置示意图

图 5-60　15 号法兰盘过渡车钩

任务四　车钩缓冲装置的维护及检修

一、车钩高度测量

车钩中心线高度是指车钩中心线至轨面的垂直距离，这是保证各车辆之间和车辆与机车之间能够正常连挂并保证安全运行的最重要的尺寸。我国客、货车辆车钩中心高度标准均为 880 mm；同

任务四课前任务单

时货车还规定运用中车钩中心高度最高不大于 890 mm，最低空车不小于 835 mm，重车不小于 815 mm。客车运用限度为 830 ~ 890 mm。

使用车钩高度检查尺，测量铁路车辆车钩高度，主要是在厂、段、辅修落成后测量车辆车钩高度不得超过各修程的规定，检查相连两车钩高度不得超过互钩差。车钩高度检查尺结构如图 5-61 所示。

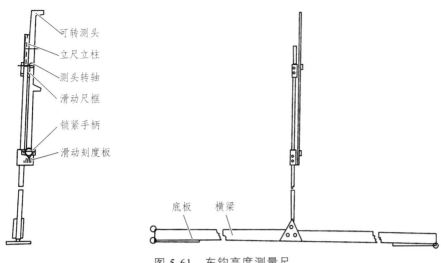

图 5-61　车钩高度测量尺

测量车钩高度时，要以钢轨面为基准面，钩体和钩体托梁、钩尾框和钩尾框托板须接触，分别测量一、二位车钩中心高，两实测值之差为两车钩中心高度差。车钩中心高度：最高不大于 890 mm，最低不小于 830 mm。两连接车钩中心水平线高度之差不大于 75 mm。同一车辆两端车钩中心高度差不大于 10 mm。

二、客车车钩检修

车钩缓冲装置整体分解下车，清除锈垢，可见部位外观检查须良好，探伤部件须露出金属本色。

与整车分离的探伤部件及要求见表 5-3。

表 5-3　钩缓装置探伤零部件明细

序号	零部件名称	适用范围	标　　准	备　　注
1	钩舌	各车钩	15 号系列钩舌内侧 S 形曲面至锁铁接触面后端或钩舌销孔上、下部裂纹之和不大于 15 mm 时焊修，超限时报废	
2	钩颈	15 号系列车钩、托梁式车钩	钩颈横向裂纹不大于 15 mm，其余部分横裂纹不超过该处宽度的 1/5 时焊修，超限时报废	钩头与钩身连接线前后各 50 mm 以内探伤
3	钩舌销		有横向裂纹时报废，允许存在长度不大于 20 mm 的发纹，数量不超过 5 条，超限时报废	螺纹不探伤
4	横穿螺栓	15 号车钩	裂纹时报废	螺纹不探伤
5	钩尾扁销		有横向裂纹时报废，允许存在长度不大于 20 mm 的纵向发纹，数量不超过 5 条，超限时报废	
6	摆块吊			

序号	零部件名称	适用范围	标　准	备　注
7	钩尾框	15 号车钩	横裂纹在同一断面上宽度或深度不超过 1/2、弯角处裂纹不大于 10 mm 时焊修，超限时报废	
8	钩身	托梁式车钩	裂纹长度小于 40 mm 且未贯穿时焊修，超限时报废	法兰与钩身过渡处 30 mm 范围内探伤
9	钩尾销	密接式车钩	圆柱面及过渡处横向裂纹时报废。允许存在深度不大于 1.5 mm 的划痕（须打磨，圆滑过渡）或 5 条以内长度不大于 25 mm 的纵向发纹，超限时报废	

（一）15 系列车钩缓冲装置

1. 15 系列车钩缓冲装置全部分解检修并清除锈垢

1）钩舌

（1）15 和 15C 钩舌内侧面磨耗剩余厚度小于 68 mm 时焊修。

（2）钩舌尾部和锁铁接触面磨耗大于 2.5 mm 时焊修。

（3）钩舌销孔衬套松动、裂损或磨耗大于 3 mm 时更新。镶套后边缘允许有宽度不大于 2 mm 且深度不大于 5 mm 的间隙。

（4）钩舌销孔基体磨耗后可加修扩孔，直径大于 54 mm 时报废。

（5）钩舌冲击台、牵引台磨耗超过 1 mm 时焊修并探伤检查。

2）钩舌销、钩尾扁销

钩舌销磨耗大于 2 mm、丝扣不良影响紧固时报废，钩尾扁销磨耗大于 3 mm 时焊修或更新。钩舌销、钩尾扁销弯曲大于 5 mm 时报废，更新时采用 40Cr 或 40CrNiMoA 材质。

3）钩体及钩尾框

（1）钩体及钩尾框各零件有下列情形之一时报废：

① 钩尾端面距扁销孔剩余厚度小于 40 mm；

② 钩身弯曲大于 10 mm；

③ 钩腕外胀大于 20 mm。

（2）钩锁口垂向尺寸大于 83 mm 时焊修；车钩防跳挡尺寸大于 68 mm 时焊修或更换。

（3）钩尾框扁销孔长度磨耗大于 105 mm 或钩尾框扁销孔前圆弧面至尾部内端面尺寸大于 780 mm 时焊修。

（4）钩身各部磨耗大于 3 mm、钩尾扁销孔磨耗后长度大于 142 mm、钩尾扁销孔侧面磨耗深度大于 3 mm、钩尾端面距扁销孔剩余厚度小于 47 mm 时焊修。

（5）钩体的冲击台磨耗大于 1 mm 时焊修，并探伤检查。

（6）钩耳孔基体磨耗后可加修扩孔，直径大于 54 mm 时报废。

（7）钩耳孔衬套松动、裂损或磨耗大于 3 mm 时更新。镶套后允许有宽度不大于 2 mm、深度不大于 5 mm 的间隙。

2. 15 系列车钩缓冲器检修

1）1 号及 G1 型缓冲器

（1）缓冲器须分解检修，各零件无裂纹，圆簧、环簧裂纹或折损时更换。

（2）圆弹簧按表 5-4 规定载荷进行试验，载荷高符合表 5-4 要求。

表 5-4　缓冲器圆弹簧试验参数

名　　称	试验载荷/kN	载荷高/mm
外圈弹簧	64.7	≥165
内圈弹簧	8.8	≥165

（3）缓冲器盒尾部弯角处裂纹长度不大于 30 mm 或磨耗不大于 2 mm 时焊修，超限时更换。

（4）环簧组成自由高小于 299 mm 时更新，偏磨、接触面不平影响组装时更新。1 号缓冲器环簧更新时，须更新为 G1 型缓冲器环簧。

（5）缓冲器组装时各环簧间加润滑脂，环簧组成自由高在 299～305 mm 的加 6 mm 铁垫板 1 块，组装后自由高为 514^{+5}_{-3} mm。

2）KC15 弹性胶泥缓冲器

KC15 弹性胶泥缓冲器外观检查，无裂纹、破损，自由高为 570^{+4}_{-2} mm。

3. 15 系列车钩缓冲器其他装置检修

（1）摆块及摆块吊磨耗大于 3 mm 时焊修。

（2）钩提杆变形时调修，腐蚀深度大于 5 mm 时报废。下锁销连杆、钩提杆吊环腐蚀深度超过 30%时更换。

（3）钩体托板及钩尾框托板裂纹时焊修或更换，磨耗大于 3 mm 时焊修。

（4）钩提杆座磨耗影响配合间隙时堆焊打磨。

（5）前从板圆弧面磨耗量大于 2 mm 时报废，其余部位磨耗大于 3 mm 时焊修，后从板磨耗量大于 3 mm 时焊修。

（6）从板磨耗板剩余厚度小于 3 mm 时更换。

（7）防跳板变形时调修，开焊时焊修。

（8）冲击座与摆块吊接触处局部磨耗大于 3 mm 时焊修；冲击座固定铆钉松动或异常时更换。

（9）钩锁铁局部磨耗大于 2 mm 时焊修；钩舌推铁变形时调修或更新；下锁销变形时调修，磨耗大于 1 mm 时焊修。

（10）钩体和钩尾框磨耗板剩余厚度小于 3 mm 时更新。

（11）各圆销（不含钩舌销）裂纹或直径磨耗大于 1 mm 时更新。

（二）密接式车钩缓冲装置

1. 基本要求

（1）回转机构、连挂系统分解检修，缓冲器、钩体、安装座状态检查，表面无裂纹。

（2）缓冲器法兰盘处的紧固件无松动，垫圈和开口销状态良好。

（3）橡胶件 A2 修状态不良时更新，A3 修时更新。

2. 连挂系统

（1）清除钩舌回转槽和钩舌油垢，钩舌外表面有裂纹或其他异常时更换，外圆表面磨耗深度不大于 1 mm，局部不大于 3 mm，超限时更换。

（2）分解解钩风缸，缸体裂纹或内壁、活塞有明显损伤时更换。解钩风缸弹簧自由高小于 235 mm 或腐蚀深度大于 0.5 mm 时更换。解钩手柄弯曲变形时调修。缸体内腔、弹簧和紧固件涂抹润滑脂。检修后进行动作试验，复位灵活。

（3）组装前在钩舌回转槽内壁、钩舌上下面涂润滑脂。

3. 回转机构

（1）钩尾销销套表面有深度大于 2 mm 的局部擦痕、变形时更换，转动面、配合面涂润滑脂（轴承除外）。

（2）关节轴承固体润滑材料和钢基体结合良好，破碎、脱落或局部磨穿时更新。

（3）支撑弹簧盒自由高不小于 169 mm。磨耗严重时允许焊修，防松螺钉螺纹孔可移位重钻。

（4）支架变形量大于 7 mm 时调修，变形量大于 15 mm 或裂纹时更换，见图 5-62。

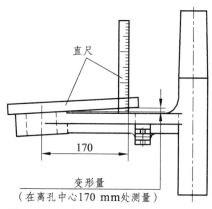

图 5-62　支架变形量测量方法示意图

4. 缓冲器

（1）内半筒脱出不大于 8 mm 时可不分解，超限时更换缓冲器芯体。

（2）拉杆磨耗、拉伤、腐蚀影响使用时更换。

车钩常见故障及处理方法

风挡、车端阻尼装置检修

模块六　车体检修

任务一　车体结构概述

课程模块任务活页

一、车体的一般结构

车体是先由若干纵、横向的梁和立柱组成钢骨架，再装上墙板、地板、顶板及需要的隔热材料（如客车，保温车）、门窗等。其作用是装载货物、承担载荷并向走行部传递载荷，同时能够满足安装车钩缓冲装置及制动装置的需要。图 6-1 为典型棚车的车体结构骨架图。

任务一课前任务单

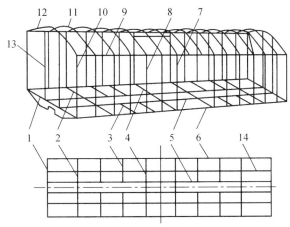

1—端梁；2—枕梁；3—小横梁；4—大横梁；5—中梁；6—侧梁；7—门柱；8—侧立柱；
9—上侧梁；10—角柱；11—车顶弯梁；12—顶端弯梁；13—端立柱；14—端斜撑。

图 6-1　车体基本结构示意图

其中，底架是车体的基础，主要由中梁、侧梁、端梁、枕梁、大横梁、小横梁及纵向辅助梁组成，承担着作用于车体的纵向及垂向载荷，故需要有足够的强度和刚度。

底架中部断面较大并沿其纵向中心线贯通全车的梁称为中梁，它是底架的骨干。两侧的纵向梁称为侧梁，侧墙安装在侧梁上。底架两端的横向梁称为端梁（客车则称为缓冲梁），端墙安装在端梁上。在转向架支承处设有枕梁，为横向梁中断面最大的梁。在两枕梁之间设有两根以上的大横梁。为了增强地板刚度，在中、侧梁之间还设有若干小横梁。另外，有的底架还设有纵向辅助梁。在所有的基本机构中，中梁和枕梁承担的载荷最大，因而最为重要，需要有足够的强度和刚度。

二、车体的结构形式

车体按照承载方式可分为底架承载结构、侧墙和底架共同承载结构和整体承载结构 3 种形式。

（一）底架承载结构

全部载荷均由底架来承担的车体结构称为底架承载结构。平车及长大货物车，由于构造上只要求其具有载货地板面，而不需要车体的其他部分，故作用在地板面上的载荷完全由底架的各梁来承担。因此，中梁和侧梁都需要做得比较强大。为了使受力合理，中、侧梁均制成中央断面尺寸比两端断面尺寸大的鱼腹形，即近似等强度的梁。如图 6-2 为典型的底架承载结构。

车体底架

图 6-2　鱼腹形梁底架承载结构

（二）侧墙和底架共同承载结构

载荷由侧、端墙与底架共同承担的车体结构称为侧墙和底架共同承载结构，简称侧墙承载结构。由于侧、端墙分担了部分载荷，底架就可以相对轻巧些，中、侧梁断面均可减小，中梁不需要制成鱼腹形。侧梁可用断面尺寸比中梁小的型钢制成，减轻了底架的质量。

侧墙和底架共同承载结构大多采用板梁式。在侧、端墙的钢骨架上敷以金属薄板就形成板梁式侧墙承载结构，如图 6-3 所示。这种结构的侧、端墙具有足够的强度和刚度，除了能与底架共同承担垂向载荷外，还能承受部分纵向载荷，所以可显著减轻中梁的负担。为了保证金属板受力后不致失稳，板的自由面积不宜过大，常采用压筋或外加斜撑的方式解决。

图 6-3　侧墙和底架共同承载结构示意图

（三）整体承载结构

在板梁式侧、端墙上固接由金属板、梁组焊而成的车顶，使底架、侧墙、端墙、车顶牢固地组成整体，车体各部分均能承受垂向力和纵向力。这种结构称为整体承载结构，如图 6-4 所示。

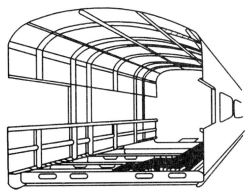

图 6-4　整体承载结构示意图

整体承载结构的车体骨架是由很多小截面的纵向、横向杆件组成的一个个钢环，与金属包板组焊在一起，具有很大的强度和刚度。因此，底架的结构可以制作得更为轻巧，甚至可以将底架中部的一段中梁取消制成无中梁的底架结构。图 6-5 为我国一种客车的无中梁底架简图。它去掉了两枕梁间的一段中梁，适当加强了侧梁，且在两枕梁之间铺波纹地板。它同样可以承担各种载荷。

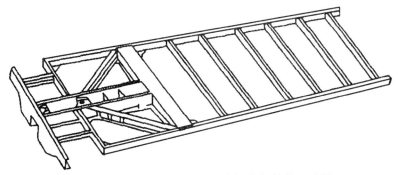

图 6-5　整体承载结构——无中梁底架结构示意图

对于某些形式的车辆，如罐车，其罐体本身具有很大的强度和刚度，能承受各种载荷，此时连底架也可以取消，仅在罐体的两端焊上牵引梁和枕梁，供安装车钩缓冲装置和传递载荷，它也是整体承载结构的一种形式，如图 6-6 所示。

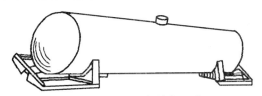

图 6-6　无底架罐车结构示意图

三、车体的受力状况

车体底架通过心盘或旁承支承在转向架上。车体钢结构承担了作用在车体上的各种载荷，主要有以下几类载荷类型：

（1）垂向总载荷：包括车体自重、载重、整备重量以及由于轮轨冲击和簧上振动而产生的垂向动载荷。在大部分情况下，这些载荷是比较均匀地铅垂作用在地板面上，某些货车（如敞车、平车），有时也要考虑装运成件货物而造成的集中载荷。

（2）纵向载荷：当列车起动、变速、上下坡道，特别是紧急制动和调车作业时，在车辆之间以及机车和车辆之间所产生的牵引和压缩冲击力。此纵向力通过车钩缓冲装置作用于底架的前（或后）从板座上。随着列车长度和总重量的增加，纵向力的数值将会很大，对车体来说，纵向载荷也是主要载荷之一。

（3）侧向载荷：包括风力和离心力，当货车装运散粒货物时，还要考虑散粒货物对侧墙的压力。侧向载荷比起前两种载荷虽然小得多，但对于车体的局部结构有一定影响，例如会使侧柱产生弯曲变形，进而加重侧墙各构件的弯曲变形等。

（4）扭转载荷：当车辆在不平坦线路上运行或车体被不均匀地顶起时（如检修时的顶车作业），车体将受扭转载荷。

此外，车体钢结构上还承受着各种局部载荷，如底架上悬挂的制动、给水、车电等装置引起的附加载荷；客车侧墙上的行李架承载物品时引起的载荷等。

任务二　认识货车车体

一、货车技术发展概况及趋势

（一）铁路货车的技术现状

任务二课前任务单

铁路货车以货物为主要运输对象，按用途可分为通用货车和专用货车。通用货车是指适用于运输多种货物的车辆，如敞车、棚车、平车等。专用货车是指运输某一种货物的车辆，如煤车、集装箱车、散装水泥车等。

铁路货车在铁路上成列运行，载重量和运行速度是衡量货车性能的重要指标。重载、提速是铁路货物运输的发展方向。从 2003 年开始，中国铁路货车新产品开始全面升级换代，中国中车研制开发了载重 70 t 级通用货车和载重 80 t 级专用货车的全系列货车产品。车辆轴重提高到 25 t，转向架为运行速度 120 km/h 的转 K5 型（摆式）、转 K6 型（下交叉支撑）转向架。车体采用了铝合金、不锈钢、高强度耐候钢，推广了富氩气体保护焊、高强度螺栓和防松螺母、专用拉铆钉等新技术；开始试用 120-1 型制动机，高摩合成闸瓦、空重车自动调整装置和旋压式密封制动缸成为货车标准配置；采用 16、17 型联锁车钩，研制采用了新一代大容量缓冲器。

目前，通用货的代表性产品为：C_{70} 型敞车、P_{70} 型棚车、NX_{70} 型共用车等各型货车。

专用货车代表性产品有：载重 75 t 的 C_{76} 系列运煤敞车，载重 80 t 车体材质为铝合金、不锈钢、高强度耐候钢的 C_{80} 系列运煤敞车，C_{100} 型三支点钢材专用敞车，X_{4K}、X_{6K} 型集装箱专用车和装运双层集装箱的 X_2 型集装箱专用车，SQ_5 运输汽车专用车，GQ_{70} 型轻油罐车，KZ_{70} 型石碴漏斗车，KM_{70} 型煤炭漏斗车和 DL_1 型预制梁运输专用车组等。

近年来，为进一步提高货车装载能力，中国中车完成了载重 80 t 级通用货车各种车型的研制开发和相关试验，其载重能力较目前既有载重量最大的货车提高 14% 以上。为向新建重载线路提供适用的货车产品，中国中车完成了载重 100 t 级 KM100 型煤炭漏斗车等专用货车的研制，该车较 C80 系列敞车载重提高约 20%。预研的快运货车的试验最高速度达到 200 km/h 以上，动力学性能良好。

采用先进设计技术和制造技术完成了出口海外高端市场的智能化货车，采用了电空制动、轴温监测、脱轨监测等先进技术，实现了车辆轻量化、操作智能化，显著提高了安全性和可靠性。

目前，中国中车具备研制开发运行速度 160 km/h 快捷货车和轴重 42～45 t 重载专用货车的能力，已研制开发并投入批量运用的货车产品涵盖最高运行速度 120 km/h 的全系列货车产品。

（二）铁路货车的发展趋势

1. 加强提速改造，发展货车快运

欧洲铁路快速货运是在与公路运输的激烈竞争中积极借鉴高速客车的成功经验发展起来的。快运货车的速度一般在 120～160 km/h，以集装箱、小汽车、家用电器、鲜活物品等附加值高的货物为主。法国还开行了可满足 200 km/h 的货车，所采用的转向架也被称为高速货车转向架，其采用的技术发展趋势越来越客车化。

为了满足今后货车快运的需要，我国铁路货车开发部门已开始从焊接构架式和铸钢三大件入手探讨速度在 160 km/h 以上的货车转向架。这种技术在欧美是成熟的，相信开发、应用成功后会给中国铁路的货运带来可观的经济效益。

2. 加大车辆轴重，提高运输效率

增加车辆单车载重是提高运输效率的重要途径之一。根据国外的经验，加大车辆轴重是必然趋势。

美国铁路约 65% 的货车采用 F 轴（轴重为 29.8 t）、部分采用 G 轴（轴重为 35.7 t），货车平均载重已达 84.3 t。俄罗斯已普遍采用了 23.5 t 轴重。欧洲一般采用 22.5 t 轴重，并正在向 25 t 轴重过渡。从 20 世纪 70 年代起我国铁路就一直在探讨如何提高轴重的问题，先后研究了 23 t 轴重的 2E 轴转向架和 25 t 轴重的低动力转向架，研制出了最高运行速度 120 km/h、轴重 25 t 的转 K5 和转 K6 型货车转向架，25 t 轴重的全钢单浴盆 76A（B、C）型敞车，载重为 76 t 的新一代 25 t 轴重的 C80 型敞车，等等。

3. 增加专用货车品种，满足市场需求

开发运用货车的目的是满足装运便捷的需要，提高运输品质和效率。其关键技术在于车辆要有合理的车体结构，功能齐全、性能可靠的车内装备。我国货车品种的比例严重不合理，通用车的比例过大，专用货车品种少。目前，我国铁路专用货车无论是品种还是档次都满足不了市场的需求。专用货车[集装箱运输车、小汽车运输车、冷藏车、特种装备（军用）车、大件运输车等]落后于国外铁路发达国家。

4. 开行重载货运，扩大专线运能

美国、加拿大、南非、澳大利亚和俄罗斯等国的经验表明，开行重载单元列车可以有效地增加运输能力，带来可观的经济效益。我国第一条运煤重载专线——大秦线开行了运煤重载单元列车，在引进消化了部分美国铁路重载技术并结合国内实际情况的基础上，开发了多种型号运煤重载单元列车用敞车，以及以 MT-2 型大容量缓冲器、16 号转动车钩、17 号固定车钩、2D 控制型转向架、120 型制动阀、FSW 型手制动机等为代表的重载车辆新型部件。

二、通用货车车体

货车按照用途分为通用货车和专用货车两类。通用货车有敞车、棚车和平车等。专用货车有长大货物车、漏斗车、自翻车、罐车和保温车等。

（一）常用通用货车车体

1. 敞　车

敞车是一种具有固定端、侧墙而无车顶的主型通用车辆（见图 6-7），主要运送煤炭、矿石、木材、钢材等不怕日晒雨淋的大宗货物；如果用防水篷布蒙盖，也可代替棚车承运怕日晒雨淋的货物。

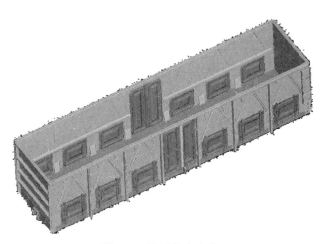

图 6-7　通用敞车车体

敞车具有很大的通用性，在目前的货车中数量最多，约占货车总数的 60%以上。目前，我国使用的敞车主要有 C_{62A} 型、C_{62B} 型、C_{64} 型、C_{64K} 型等载重 60 t 的通用敞车，25 t 轴重新型通用敞车 C_{70} 型，运煤专用车 C_{63} 型、C_{76} 型、C_{80} 型、加长敞车等。

1）C_{70}（C_{70H}）型通用敞车

C_{70} 型敞车为齐齐哈尔轨道装备有限责任公司设计、研制。C_{70} 型通用敞车装配了转 K6

型转向架，C_{70H} 通用敞车装配了转 K5 型转向架。C_{70}（C_{70H}）型通用敞车是供标准轨距铁路使用的，是用于装运煤炭、矿石、建材、机械设备、钢材及木材等货物的通用铁路车辆，除能满足人工装卸外，还能适应机械化卸车作业。

（1）C_{70} 型敞车的主要技术特点。

① 采用屈服极限为 450 MPa 的高强度钢和新型中梁，载重大、自重轻；优化了底架结构，提高了纵向承载能力，适应万吨重载列车的运输要求。

② 车体内长 13 m，满足较长货物的运输要求；对底架结构进行了优化，车辆中部集载能力达到 39 t，较 C_{64} 型敞车提高了 70%，可运输的集载货物范围更广。

③ 采用新型中立门结构，提高了车门的可靠性，可解决现有 C_{64} 型敞车最大的惯性质量问题。

④ 采用 E 级钢 17 型高强度车钩和大容量缓冲器，提高了车钩缓冲装置的使用可靠性。

⑤ 采用转 K6 型或转 K5 型转向架，确保车辆运营速度达 120 km/h，满足提速要求；改善了车辆运行品质，降低了轮轨间作用力，减轻了轮轨磨耗。

⑥ 侧柱采用新型双曲面冷弯型钢，提高了强度和刚度，更适应翻车机作业。

⑦ 满足现有敞车的互换性要求，主要零部件与现有敞车通用互换，方便维护和检修。

（2）C_{70} 型敞车主要技术参数如表 6-1 所示。

表 6-1　C_{70} 型通用敞车的主要技术参数

项目	参数	项目	参数
载重/t	70	通过最小曲线半径/m	145
自重/t	≤23.6	车辆长度/mm	13 976
轴重/t	≈23	车体内长/mm	13 000
容积/m³	77	车体内宽/mm	2 892
商业运营速度/（km/h）	120	车体内高/mm	2 050

（3）C_{70} 型通用敞车车体结构如图 6-8 所示，该车车体为全钢焊接结构，由底架、侧墙、端墙、车门等部件组成，主要材料采用屈服强度为 450 MPa 的耐候钢。

图 6-8　C_{70} 型通用敞车

① 底架。

C_{70} 型通用敞车底架由中梁、侧梁、枕梁、大横梁、端梁、纵向梁、小横梁及钢地板组焊而成，如图 6-9 所示。中梁采用 310 乙字形钢组焊而成，允许采用冷弯中梁，侧梁为 240 mm × 80 mm × 8 mm 的槽形冷弯型钢；枕梁、横梁为钢板组焊结构，底架上铺 6 mm 厚的耐候钢地板；采用锻造上心盘（直径为 ϕ358 mm）及材质为 C 级铸钢的前、后从板座；前、后从板座与中梁间、脚蹬、牵引钩、绳栓、下侧门搭扣与侧梁间均采用专用拉铆钉连接。

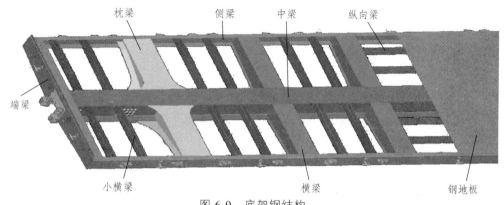

图 6-9 底架钢结构

② 侧墙。

侧墙为板柱式结构，由上侧梁、侧柱、侧板、连铁、斜撑、侧柱补强板及侧柱内补强座等组焊而成，如图 6-10 所示。上侧梁采用 140 mm × 100 mm × 5 mm 的冷弯矩形钢管，侧柱采用 8 mm 厚冷弯双曲面帽形钢，侧柱与侧梁采用专用拉铆钉连接。

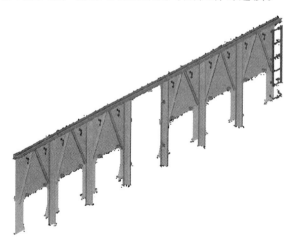

图 6-10 侧墙钢结构

③端墙。

端墙由上端梁、角柱、横带及端板等组焊而成，如图 6-11 所示。上端梁、角柱采用 160 mm × 100 mm × 5 mm 的冷弯矩形钢管，横带采用断面高度为 150 mm 的帽形冷弯型钢。

图 6-11 端墙钢结构

④ 侧开门及下侧门。

在车体两侧的侧墙上各安装一对侧开式侧开门及 6 扇上翻式下侧门。

侧开门采用新型锁闭装置，门边处组焊槽型冷弯型钢，增强了刚度并将通长式上锁杆封闭其中，防止变形与磕碰。下门锁采用偏心压紧机构，当车门关闭后，通长式上锁杆可防止下门锁蹿出，操作简单，安全可靠。

（4）侧开门操作方式。

① 侧开门开闭机构分上下两部分,上门锁为带有偏心压紧机构的门锁装置,由上门锁杆、锁盒、手把支座、支撑弹簧、挡铁等组成。下门锁为带有偏心锁铁的门锁装置,由锁铁座和锁铁组成。

② 为防止门锁自动打开,上门锁手把设有手把支座,它可以阻止上门锁杆的转动和上下移动。下门锁铁靠自重落到最低位,上门锁手把可挡住下门锁铁向上窜动,在翻车机卸货时也可防止下门锁铁脱出,保证锁闭机构作用可靠。

③ 打开侧开门时,必须先打开上门锁,拨开上门锁手把支座,将上门锁杆向左旋转 90°,下门锁铁提起困难时可锤击下锁铁底部或用杠杆撬动。关闭侧开门时,应先关左侧门,再关右侧门,关门步骤与开门步骤顺序相反。

（5）下侧门使用要求。

下侧门通过左右搭扣锁住折页,开闭下侧门只需打开或锁闭左右侧门搭扣即可。此结构与一般敞车的上翻式下侧门相同。下侧门开启后应将下侧门折页上的挂环挂到固定在上侧梁上的下侧门挂钩上,以固定下侧门,保证卸货安全。

2）C_{80} 型通用敞车

C_{80} 型煤矿专用敞车是我国专门为大秦线（大同—秦皇岛）而设计制造的专用敞车。其主要职能是运载煤炭,同时其也是为提高货车运量而设计的重载型货车。C_{80} 型敞车是浴盆漏斗式卸载结构,采用了全不锈钢车体和旋转式车钩,适用于大秦线 2 万吨重载列车煤炭运输,能与秦皇岛煤码头的拨车机、列车定位机和翻车机相匹配,实现不摘钩连续翻卸作业,并能适应环形装车、直进直出装车、解体装车作业及运行时机车动力集中牵引要求。

C$_{80}$ 型通用敞车有铝合金和不锈钢两种材料车体，如图 6-12 所示。

图 6-12　C$_{80}$ 型铝合金敞车

C$_{80}$ 型铝合金敞车主要由车体、转向架、车钩缓冲装置、空气制动装置、手制动装置等组成。C$_{80}$ 型铝合金敞车底架（中梁、枕梁、端梁）为全钢焊接结构；浴盆、侧墙和端墙均采用铝合金板材与铝合金挤压型材的铆接结构。侧墙主要由侧柱、上侧梁、侧墙板等结构组成。端墙主要由角柱、端立柱、上端梁、端板及辅助梁等组成。

C$_{80}$ 型不锈钢敞车可将三辆车或多辆车设为一组，车组中部车辆间的连接采用牵引杆装置。C$_{80}$ 型不锈钢敞车底架主要由中梁、枕梁，大、小横梁及纵向梁焊接而成，侧墙由侧柱、上侧梁、横带、侧墙板等结构组成。端墙主要由角柱、上端梁、横带、支撑及端板等结构组成。

C$_{80}$ 型通用敞车的主要性能参数和尺寸如表 6-2 所示。

表 6-2　C$_{80}$ 型通用敞车的主要技术参数

项目	参数	项目	参数
载重/t	80	车辆长度/mm	12 000
自重/t	≤20	车辆最大高度/mm	3 793
总重/t	100	车辆最大宽度/mm	3 184
轴重/t	25	商业运营速度/（km/h）	100
容积/m^3	87		

3）C$_{100A}$（C$_{100AH}$）型通用敞车

C$_{100}$ 型敞车是针对我国港口到钢厂的铁路集、疏、运能力不足的矛盾而研制的载重 100 t 三支点矿料钢材运输专用敞车，如图 6-13 所示。C$_{100}$ 型敞车装转 K2 型转向架、C$_{100AH}$ 型敞车装转 K4 型转向架。

图 6-13   C$_{100}$型通用敞车

C$_{100}$（C$_{100AH}$）型敞车主要用于装运矿石、矿粉、卷钢、钢板、型材、线材、盘条及其他钢材等货物，也可用于装运砂石等密度大的散粒货物。该车适用于在我国标准轨距线路上运行，可适应抓斗式卸料机或螺旋卸车机卸货、人工卸货、新型大型翻车机卸货和机械化自动驼峰调车作业，能满足解冻库使用的要求。

C$_{100}$型通用敞车的主要技术参数如表 6-3 所示。

表 6-3   C$_{100}$型通用敞车的主要技术参数

项目	参数	项目	参数
载重/t	100	车辆长度/mm	15 800
自重/t	25.8	车辆最大高度/mm	2 633
轴重/t	21	车辆最大宽度/mm	3 180
容积/m^3	61	商业运营速度/（km/h）	120

该车车体为无下侧梁和端梁的整体焊接结构，车体内侧墙和端墙根部设有圆弧板，与地板和墙板形成封闭断面。车体主要由底架、侧墙、端墙、清扫门等组成。车体主要梁件、板材采用 Q450NQR1 等高强度耐候钢。清扫门板采用 09CuPCrNi-A 高耐候钢。

底架由中梁、枕梁、大横梁、小横梁、纵向梁、钢地板及地板上的绳栓、排水孔等组焊而成。中梁由高强度 310 乙形钢组焊而成，枕梁、大横梁为钢板组焊，枕梁为双腹板变截面结构，大横梁为单腹板变截面结构。纵向梁、小横梁为冷弯槽钢。地板上靠近侧墙圆弧板处设有排水孔和绳栓。

侧墙由侧墙板、上侧梁、大侧柱、小侧柱、端部横带、圆弧板、门孔板、门孔梁、门挂钩、门搭扣座及扶梯和脚踏等组成。上侧梁为冷弯矩形方管。大侧柱和小侧柱均为压型斜腿U 形槽钢。端部横带为冷弯槽钢，与端墙上的角柱和端墙横带相连。

端墙由端墙板、上端梁、端墙横带、角柱、圆弧板、角部加强铁及筋板等组成。上端梁为冷弯矩形方管。角柱为冷弯角钢。端墙横带为冷弯槽钢，与侧墙的端部横带相连。

车体每侧各设有 2 个清扫门。清扫门主要由门板、门折页、挂环等组成。每个侧墙上设有 2 个清扫门孔，门孔尺寸为 825 mm × 600 mm。

2. 棚 车

棚车，又称篷车。棚车是铁路货车中的通用车辆，用于运送怕日晒、雨淋、雪侵的货物，包括各种粮谷、日用工业品及贵重仪器设备等。一部分棚车还可以运送人员和马匹。虽然在设计和制造上，棚车比平车要复杂，但是由于不需担心人员或货物被甩出列车的缘故，棚车是最多用途的铁路货车车厢之一。棚车的侧面有敞门，其大小和开闭方式依设计的用途而定。有些用于运载大体积货物的棚车，还装有车尾敞门和可调的隔墙。

目前，我国所使用的棚车主要有 P_{64}、P_{64A}、P_{64GK}、P_{65}、P_{65S} 等棚车，25 t 轴重新型通用棚车（P_{70}）、活顶棚车、侧开棚车等。

1）P_{70}（P_{70H}）型棚车

P_{70}（P_{70H}）型棚车适合在标准轨距铁路上使用，主要用于运输需避免日晒、雨雪侵袭的包装、袋装及各种箱装货物，能适应叉车等机械化设备装卸作业，如图 6-14 所示。P_{70} 型棚车装用转 K6 型转向架；P_{70H} 型棚车装用转 K5 型转向架。

图 6-14 P_{70}（P_{70H}）型棚车

（1）P_{70}（P_{70H}）型棚车的主要特点。

① 在既有棚车运用经验的基础上优化了结构，提高了车体的疲劳强度及耐腐蚀性能；转向架、车钩缓冲装置及制动系统的主要零部件通过可靠性设计和完善的工艺、质量保证，实现了寿命管理；延长了检修周期，取消了辅修修程，段修周期由 1.5 年提高到 2 年，降低了检修维护成本。

② 采用高强度耐候钢及冷弯型钢，并应用可靠性设计理念优化断面结构，对大应力部位进行细部设计，对整车进行疲劳寿命预测，以提高结构可靠性，有效减轻车辆自重，满足铁路货车提速、重载的要求。

③ 为改善车内装货环境、避免聚集车顶上部的潮湿空气对车顶板的腐蚀，在车顶部采用

了 4 个通风器，以加强车内空气流通。

④ 为确保重载编组、高速运行工况下从板座与中梁的连接强度及抗振、防松性能，提高车辆的运用可靠性，前后从板座与中梁之间采用专用拉铆钉铆接。

⑤ 为解决从棚车底门缝进行盗窃散粒货物的问题，对推拉式车门下部结构进行了改进，提高了车门的防盗性能。

⑥ 车窗、车门件及部分冷弯型钢等与现有棚车通用互换，方便维护和检修。

（2）P_{70}（P_{70H}）型棚车的主要技术参数如表 6-4 所示。

表 6-4　P_{70}（P_{70H}）型棚车的主要技术参数

项目	参数	项目	参数
载重/t	70	车辆长度/mm	17 066
自重/t	23.8	车辆最大高度/mm	4 770
轴重/t	23	车辆最大宽度/mm	3 300
容积/m³	145	商业运营速度/（km/h）	120

（3）P_{70}（P_{70H}）型棚车的结构。

该车主要由车体、转向架、车钩缓冲装置及制动装置等组成，其结构示意图如图 6-15 所示。

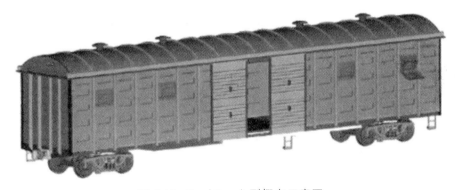

图 6-15　P_{70}（P_{70H}）型棚车示意图

该车车体为全钢焊接整体承载结构，主要由底架、侧墙、端墙、车顶、车门、车窗等组成。底架主要型钢板材采用 Q450NQR1 高强度耐候钢，端、侧墙及车顶的主要型钢板材采用 09CuPCrNi-A 耐大气腐蚀钢。

① 底架。

底架由中梁、枕梁、下侧梁、大横梁、端梁、小横梁、纵向梁、地板等组成。中梁采用屈服强度为 450 MPa 的热轧 310 乙字形钢或冷弯中梁；采用直径为 ϕ358 mm 的锻钢上心盘和 C 级铸钢的前、后从板座；下侧梁为冷弯型钢组焊成的鱼腹形结构；枕梁为双腹板、单层上下盖板组焊而成的变截面箱形结构；大横梁为工字形组焊结构；底架铺设铁路货车用竹木复合层积材地板，门口处装 3 mm 厚扁豆形花纹钢地板、装用车号自动识别标签，预留便器安装座及火炉安装孔。前、后从板座与中梁间，脚蹬与侧梁间均采用专用拉铆钉连接。P_{70}（P_{70H}）型棚车底架如图 6-16 所示。

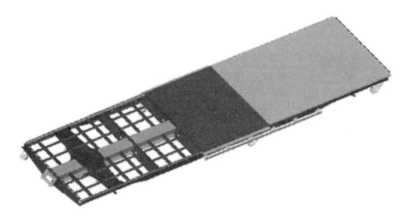

图 6-16　P_{70}（P_{70H}）型棚车底架

②　侧墙。

侧墙为板柱式结构，由侧板、侧柱、门柱、上侧梁等组焊而成。侧板为 2.3 mm 厚钢板压型结构，侧柱采用 4 mm 厚的 U 形冷弯型钢，上侧梁为冷弯矩形管与冷弯角型钢组焊而成。P_{70}（P_{70H}）型棚车侧墙如图 6-17 所示。

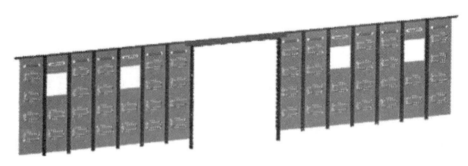

图 6-17　P_{70}（P_{70H}）型棚车侧墙

③　端墙。

端墙为板柱式结构，由端板、端柱、角柱、上端梁等组焊而成。端板采用 3 mm 厚钢板，端柱采用热轧槽钢，角柱采用 125 mm × 125 mm × 7 mm 压型角钢，上端梁采用 140 mm × 60 mm × 6 mm 压型角钢，端板上预留电源线通过孔及照明设施安装座。P_{70}（P_{70H}）型棚车端墙如图 6-18 所示。

④　车顶。

车顶由车顶板、车顶弯梁、车顶侧梁、端弯梁等组焊而成，如图 6-19 所示。车顶弯梁为圆弧形结构，车顶侧梁采用冷弯型钢。车顶外部安装 4 个通风器和 1 个烟囱座，车顶弯梁处设有照明设施安装板。

图 6-18   P$_{70}$（P$_{70H}$）型棚车端墙   图 6-19   P$_{70}$（P$_{70H}$）型棚车车顶

⑤ 车门、车窗。

车体每侧安装一组推拉式对开车门（见图 6-20），车门板采用 1.5 mm 厚冷弯波纹板，车体每侧设 4 扇下翻式车窗，如图 6-21 所示。

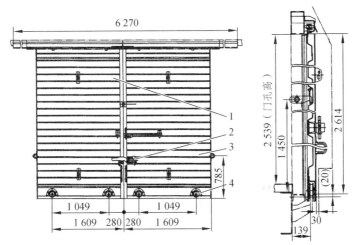

1—左门组成；2—门锁安装；3—右门组成；4—滑轮组装。

图 6-20   P$_{70}$（P$_{70H}$）型棚车车门

图 6-21   P$_{70}$（P$_{70H}$）型棚车车窗

⑥ 车顶。

车顶内衬采用厚度为 5 mm 的 PVC 板，侧端墙内衬采用厚度为 3.5 mm 的竹材板。

2）活顶棚车

活顶棚车为活动车顶结构，由车体、制动装置、车钩缓冲装置和转向架等部件组成。车体由底架、侧墙、端墙、车门、活动车顶、活顶开闭机构等组成。活动车顶有多种形式，有的利用吊车安装或卸下，有的沿车体纵向分成两段或三段，装卸作业时将其推向前端或后端，有的做成纵向的两扇，侧面或端部装有开合机构，利用机械力开闭等。

TP 型活顶棚车适用于在标准轨距线路上运行，能够满足产品一次垂直吊装到位、产品运输防静电和运输过程中不产生火花的要求，同时，该车还可作为通用棚车使用，承运各种免受雨雪侵袭的箱装和袋装货物。TP 型活顶棚车车顶主要为滑动式和吊盖式两种模式，如图 6-22、图 6-23 所示。车顶包括中间固定顶部和两端可活动顶部，两端的可活动顶部的下端设有平移滑动装置，活动顶的端部设有牵引杆，货车的两端头分别设有一传动机构，借助于连杆与可活动顶部的两侧边相连接。该车可以进行货物的垂直装卸，大大降低了工人的劳动强度，提高了工作效率，同时还解决了体积较大货物难以用棚车运输的问题，扩大了棚车运输货物的范围，降低了空车的回送率。

图 6-22　TP 型活顶棚车实物（滑盖式）

图 6-23　TP 型活顶棚车实物（吊盖式）

空气制动装置采用 120 型控制阀、254 mm × 254 mm 旋压密封式制动缸、ST2-250 型双向闸瓦间隙调整器、KZW-4G 型空重车调整装置等。人力制动装置采用脚踏式制动机。车钩缓冲装置采用 C 级钢材质的 13 号上作用车钩及 MT-3 型缓冲器。该车采用转 K2 型转向架，适用于在标准轨距线路上运行，可装运各种免受日晒、雨雪侵袭的箱装或袋装货物，特别适用于需要通过吊车装卸的货物。

活顶棚车的主要技术参数如表 6-5 所示。

表 6-5 活顶棚车的主要技术参数

项 目	参数	项 目	参数
载重/t	55	车辆长度/mm	16 438
自重/t	28.8	车辆最大高度/mm	
轴重/t		车辆最大宽度/mm	
容积/m³	112	商业运营速度/（km/h）	100

3. 平 车

平车属于底架承载结构的车辆，两侧通常设有柱插。平车主要用来运送钢材、木材、汽车、拖拉机、军用车辆、机械设备及集装箱等货物。部分平车装有活动矮侧墙、端墙，也可以运送矿石、沙土、石砟等散粒货物。平车是一种运用较广的通用车辆，其数量约占货车总数的 5%。目前，我国所使用的平车主要有 N17 系列平车，NX$_{17}$型、NX$_{70}$（NX$_{70A}$）型平-集两用车，X$_{6A}$型、X$_{6B}$型、X$_{6C}$型、X$_{1K}$型、X$_{2K}$型（X$_{2H}$型）、X$_{3K}$型集装箱专用平车等。

1）X$_{2K}$型双层集装箱平车

该双层集装箱平车是为在我国准轨线路上进行双层集装箱运输而设计的专用平车，该车底层可以装运 20、40 英尺集装箱，上层可以装运 20、40、45、48、53 英尺集装箱。

该车主要由车体、集装箱锁闭装置、制动装置、车钩缓冲装置及转向架组成，如图 6-24 所示。该车车体为全钢焊接侧壁承载结构。车体主要由端部底架、中部底架、侧墙等组成凹底形式，主要型钢及板材采用屈服强度为 450 MPa 高强度耐候钢；下层集装箱与车体间采用固定式锁头定位，锁头设置在车体凹底部的两端；空气制动装置主要采用 1 个 120 型控制阀、2 个 254 mm×254 mm 整体旋压密封式制动缸、两个 ST2-250 型闸调器、无级空重车自动调整装置、不锈钢管系及配件高摩闸瓦等；采用 1 套 NSW 型手制动机；车钩缓冲装置采用 E 级钢 17 号车钩及 MT-2 型缓冲器；转向架采用转 K6 型转向架，轴重 25 t。

图 6-24 X$_{2K}$型双层集装箱平车

X_{2K} 型双层集装箱平车的主要参数如表 6-6 所示。

表 6-6　X_{2K} 型双层集装箱平车的主要技术参数

项目	参数	项目	参数
载重/t	78	通过最小曲线半径/m	145
自重/t	≤22	车辆长度/mm	19 466
轴重/t	25	底架长度/mm	18 666
商业运营速度/（km/h）	120	车辆宽度/mm	3140

2）X_{4K} 型集装箱平车

X_{4K} 型集装箱平车是适合在准轨使用、装运国际标准集装箱的专用车，可以同时装运 3 个 20 英尺国际标准集装箱或 1 个 40 英尺和 1 个 20 英尺国际标准集装箱，也可单独装运 1 个 40 英尺、45 英尺、48 英尺、50 英尺、53 英尺集装箱，如图 6-25 所示。

图 6-25　X_{4K} 型集装箱平车

X_{4K} 型集装箱平车的主要特点：

① 该车采用 Q450NQR1 高强度钢组焊中梁，并优化了断面结构和连接方式，取消了传统侧梁结构，有效减轻了自重，提高了载重，增加了装箱数量，在相同站场条件下，与既有集装箱车相比，较大幅度地提高了运能，满足铁路货车提速、重载的发展要求。

② 应用等强度和可靠性设计理念，对中梁、枕梁、大横梁的连接节点等关键部位进行了细部设计，对整车进行疲劳寿命预测，提高了结构可靠性。

③ 采用转 K6 型转向架，改善了车辆运行品质，满足在既有线桥条件下车辆商业运营速度 120 km/h 的要求；采用 17 型车钩、MT-2 型缓冲器、高强度钢组焊中梁，提高了纵向承载能力，可适应编组万吨重载列车的要求。

④ 在国内既有平车及出口澳大利亚集装箱平车运用经验的基础上优化了结构，提高了车体的疲劳强度及耐腐蚀性能；转向架、车钩缓冲装置及制动系统的主要零部件通过可靠性设计和完善的工艺、质量保证，实现了寿命管理；延长了检修周期，取消了辅修修程，降低了检修维护成本。

⑤ 该车的集装箱锁闭装置具有防集装箱倾覆和防跳功能，装卸方便，同时提高了集装箱中部翻转锁的防丢失能力，使集装箱运输更加安全。

⑥ 为确保重载编组、高速运行工况下从板座与中梁的连接强度及抗振、防松性能，提高车辆的运用可靠性，后从板座与中梁之间采用专用拉铆钉铆接。

X_{4K} 型集装箱平车的主要技术参数如表 6-7 所示。

表 6-7　X₄K 型集装箱平车的主要技术参数

项目	参数	项目	参数
载重/t	72	通过最小曲线半径/m	145
自重/t	≤21.8	车辆长度/mm	19 416
轴重/t	23	底架长度/mm	18 400
商业运营速度/（km/h）	120	底架宽度/mm	2 630

该车主要由底架、集装箱锁闭装置、转向架、车钩缓冲装置及制动装置等组成，如图 6-26 所示。该车底架为高强度耐候钢焊接结构，主要由中梁、端梁、枕梁、横梁、大横梁及端侧梁等组成。底架的主要型钢、板材采用符合运装货车批准的 Q450NQR1 高强度耐候钢；小横梁、侧梁等辅助梁件采用 09CuPCrNi-A 耐大气腐蚀钢。

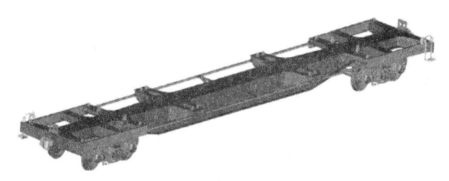

图 6-26　X₄K 型双层集装箱平车主要结构

中梁采用 Q450NQR1 高强度耐候钢组焊箱形变断面的鱼腹形结构，采用整体式冲击座，材质为 C 级铸钢，并与牵引梁组焊在一起，采用直径为 ϕ358 mm 的锻造上心盘及材质为 C 级铸钢的后从板座。端侧梁采用 300 mm × 87 mm × 7 mm 冷弯槽钢，枕梁、大横梁、端梁为双腹板变截面箱形结构，中部侧梁采用 60 mm × 60 mm × 4 mm 的冷弯型钢，与横梁、大横梁间采用螺栓连接，枕梁处设置顶车垫板；后从板座与中梁间、脚蹬与端梁间均采用专用拉铆钉连接，装用铁路货车车号自动识别系统车辆标签。

（二）常用专用货车车体

1. 罐　车

罐车是车体呈罐形的运输车辆，用来装运各种液体、液化气体和粉末状货物等，这些货物包括汽油、原油、各种黏油、液化气、水泥、氧化铝粉等。

罐车的装载能力是以体积来度量的，罐车的标记载重量是以实际所运的货物的密度计算的，即测量罐内所盛液体水平面的高度，然后根据罐体容积表查得所盛液体的质量。每一种规格的罐体，均有其容积折算表。

罐车主要是横卧圆筒形，也有立置筒形、槽形、漏斗形，分为装载轻油用罐车、黏油用罐车、酸碱类罐车、液化气体类罐车和粉状货物罐车多种。如图 6-27 为轻油罐车实物图。

图 6-27　轻油罐车

轻油罐车可运输汽油、煤油、轻柴油等轻质油类的石油产品。由于轻油具有较强的渗透能力，在罐体下部设排油装置容易渗漏，因此一般是利用虹吸原理由罐体上部卸货（即上卸式）。罐体外部涂成银灰色，以减少太阳辐射热的影响，从而减少轻油类货物的蒸发。常见的轻油罐车包括 G_{50} 型轻油铁路罐车、G_{60} 型轻油铁路罐车、G_{60A} 型轻油铁路罐车、G_{70}/G_{70A} 型轻油铁路罐车等。

黏油罐车是运送原油、润滑油等黏度较大油类的罐车。采用罐体下部排油的方式（即下卸式），为了便于在寒冷地区冬季卸货，在罐体上设有加温装置。运送原油的罐车，罐体表面涂成黑色；运送成品黏油的罐车，罐体表面则涂成黄色。主要的黏油罐车有 G_{H70} 型黏油铁路罐车、G_{17} 型黏油铁路罐车、G_{12} 型黏油铁路罐车、G_{17B} 型黏油铁路罐车等。

由于酸碱类化工产品具有较强的侵蚀作用和密度较大的特点，所以要求此类罐车的容积要小一些，而且要求罐体具有较好的耐腐蚀性能。为此，一般在罐体内壁衬以橡胶、铝、塑料等具有抗腐蚀性能的材料，也有一些罐车的罐体采用铝合金、不锈钢和其他不受酸碱侵蚀的材料，如 G_{11} 型酸碱铁路罐车、G_{11J} 型液碱铁路罐车

液化气体罐车主要用以运送液氨、液氯和以丙烷为主要成分的液化石油气体。此类罐车容积大，加设遮阳罩，采用无底架结构。

粉状货物罐车利用流态化输送的原理装、卸粉状货物，即将货物与具有一定压力的空气混合，此时每一粉粒被一层薄空气包围，当空气压力能够克服粉粒自重和管道摩擦阻力时，货物即具有流体的性能。因此，以压缩空气为动力，就可以将罐内散装的货物经管道直接排卸到储藏车，减少了包装，避免了粉尘飞扬，既降低了成本，又提高了效率。罐体按其形状可分为卧罐式、立罐式和卧罐锥斗式几种。

下面介绍几个常见的罐车型号：

1）GJ70 型液碱罐车

GJ70 型液碱罐车适合在中国准轨线路运行，装运 30% 及以上浓度液碱系列产品，装卸方式为上装上卸，如图 6-28 所示。

图 6-28　GJ70 型液碱罐车

该车采用中梁结构，主要由罐体装配、底架装配、制动装置、车钩缓冲装置、加温装置、罐与底架装配、转 K6 型转向架、端梯及车顶走板装配等部件组成，如图 6-29 所示。

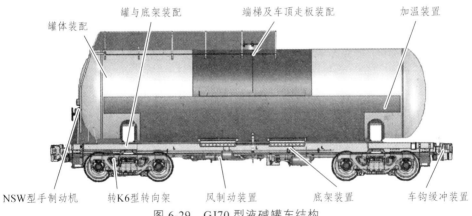

图 6-29　GJ70 型液碱罐车结构

GJ70 型液碱罐车的主要参数如表 6-8 所示。

表 6-8　GJ70 型液碱罐车的主要技术参数

项目	参数	项目	参数
载重/t	70	车辆最大宽×高/mm²	2 939×4 317
自重/t	23.8	车辆长度/mm	12 016
轴重/t	$23.45^{+2\%}_{-1\%}$	通过最小曲线半径/mm	145
罐体总容积/m³	54.3	商业运营速度/（km/h）	120

2）GF70（H）型氧化铝粉罐车

目前,我国铁路使用的氧化铝粉罐车有 60 t 级车和 70 t 级车两种。60 t 级主要型号有 GF1、

GF2 和 GF3 型氧化铝粉罐车；70 t 级为 GF70 氧化铝粉罐车。

GF70（H）型氧化铝粉罐车是适合在中国准轨铁路使用，装运容重 0.95～1.0 t/m³ 氧化铝粉的专用铁路车辆。其工作方式为上装上卸，可与现有用户地面设施相配套，卸货时采用气卸方式，通过压缩空气将粉状物料流态化，然后经卸料管输送到远距离的料塔，维修及操作人员能进入罐内检修和清扫等。

该车采用无中梁结构，一、二位牵枕装置与罐体组焊在一起，加大容积，增加载重，同时也降低了车辆重心高度，提高了车辆的运行平稳性。

车辆长度与目前使用的 60 t 级各型氧化铝粉罐车长度相同，与国内业已形成的地面装卸设施配套，车辆定距为 8 340 mm，比现有 60 t 级各型氧化铝粉罐车长，也有利于改善车辆运行的动力学性能。

罐体内铺设弧面水平流化床，容积为 76 m³，载重为 70 t，较原车型每车可多装 10 t 物料。

该车采用 Q450NQR1 高强度耐候钢，在保证结构强度的同时，延长了车辆的检修周期。

CF70（H）型液碱罐车的主要参数如表 6-9 所示。

表 6-9 GF70（H）型液碱罐车的主要技术参数

项目	参数	项目	参数
载重/t	70	车辆最大宽×高/mm²	2 939×4 317
自重/t	23.6	卸料速度（t/min）	1.5～2
轴重/t	23	罐体最大工作压力/MPa	0.4
罐体总容积/m³	76	通过最小曲线半径/mm	145
车辆长度/mm	12 016	商业运营速度/（km/h）	120

GF70 型氧化铝粉罐车主要由罐体装配、牵枕装配、外梯装配、进风管路装配、风手制动装置、车钩缓冲装置及转向架（25 t 轴重的转 K6 型转向架）等部件构成，如图 6-30 所示。

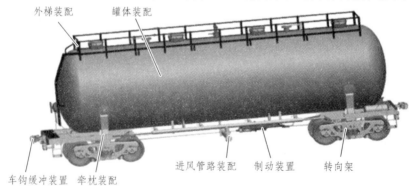

图 6-30 GF70 型氧化铝粉罐车结构

（1）罐体装配。

罐体采用 Q450NQR1 高强度耐候钢，由上、下罐板及封头组成，上罐板厚 8 mm，下罐板厚 10 mm，封头板厚 10 mm，罐体外径为 φ3 020 mm，全长 11 260 mm。

罐体上部设有 4 个加料装置（其中一个兼作人孔）和两个排料装置，为方便作业人员进出罐内，在人孔处装有一个内梯。GF70 型氧化铝粉罐车罐体结构如图 6-31 所示。

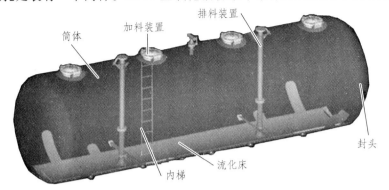

图 6-31　GF70 型氧化铝粉罐车罐体结构

流化床由透气层、布气管、压铁、盲板及连接螺栓等零部件组成。

（2）牵枕装配。

牵枕装配借鉴了 GF1 型氧化铝粉罐车的成熟结构，并对局部进行了改进，由牵引梁、枕梁、侧梁和端梁等零部件组成，如图 6-32 所示。其中，牵引梁采用 310 乙字形钢，侧梁采用 160 mm 冷弯型钢，后从板座及上心盘座为一体式铸钢结构，并与牵引梁焊接，枕梁下盖板与单腹板组成变断面"⊥"字形焊接结构，鞍座包角约为 130°，在罐体封头与牵引梁之间设有楔形连接板。

图 6-32　GF70 型氧化铝粉罐车——牵枕装配

（3）外梯装配。

为方便作业人员上下车辆，该车一位端设有可攀登至罐顶的外梯，罐顶加料装置和排料装置的周围设有走板及安全防护栏杆，如图 6-33 所示。

（4）进风管路装配。

进风管路装配由横管组成、进气主管组成、安全阀和蝶阀等零部件构成。横管为 5″无缝钢管，装设在罐体下部中央位置，六根进气管将主进风管送来的压缩空气分流引入罐内的流化床下部，每根进气管上均装有一个蝶阀，侧面进风管上装有两个安全阀，安全阀设有防盗装置。所有管路均采用法兰连接。

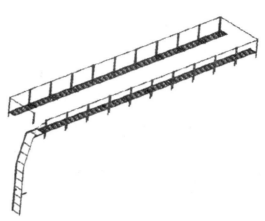

图 6-33　GF70 型氧化铝粉罐车——外梯装配

（5）风手制动装置。

风制动系统采用 120 型控制阀、254 mm×254 mm 整体旋压密封式制动缸、40 L 副风缸、ST2-250 型闸瓦间隙调整器、球芯折角塞门、KZW-A 型空重车自动调整装置、新型高摩合成闸瓦、编织制动软管、不锈钢管系及配件等。手制动装置采用 NSW 型手制动机。

（6）车钩缓冲装置。

采用 E 级钢 17 型固定车钩、E 级钢钩尾框及 MT-2 型大容量缓冲器。

2. 漏斗车

漏斗车为设有一个或数个带盖或不带盖的具有一定斜坡装货斗的车辆，通常借助货物自身的重力从漏斗口卸货。漏斗车按装运货物品种可分为煤炭、矿石、石碴、粮食漏斗车等，按结构可分为有盖和无盖两大类。属于无盖漏斗车的有 K_{13} 型石碴车、K_{16} 型矿石漏斗车、K_{18} 型煤炭漏斗车等；属于有盖漏斗车的有 K_{15} 型水泥漏斗车及 K_{17} 型粮食漏斗车等。

这些漏斗车卸货都是利用货物的重力作用从卸货门自流卸出。卸货门有集中或单独的开闭机构，其开关方式可分为风控风动、电控风动和手动三种。车内设有与水平呈一定角度的漏斗板，其倾角随所承运的货物品种而不同。卸货门设在车底部或侧部。

1）KM_{70}（KM_{70H}）型煤炭漏斗车

KM70 型煤炭漏斗车是为适应铁道车辆提速和重载技术的发展趋势而开发研制的一种新型煤炭漏斗车。该车在车体、风手制动系统、车钩缓冲装置、底门开闭装置和走行部等方面均采用目前国内铁道车辆的先进技术和新型高强度耐腐蚀材料，具有车体强度高、车辆载重大、耐腐蚀性强、检修周期长等特点，是国内 K18 系列煤炭漏斗车的更新换代产品。

该车适用于在标准轨距线路上运行，供装运煤炭、矿石等散装货物，可供固定编组、循环使用、定点装卸、大量转运的电站、港口、选煤、钢铁等企业运用。该车主要由车体、底门、底门开闭机构、风控管路装置、转向架、制动装置及车钩缓冲装置等组成，如图 6-34 所示。卸货口在车辆底部两侧，可风动快速卸货，也可手动卸货。车体和底门为全钢焊接结构，采用转 K5 型转向架或转 K6 型转向架、120 型控制阀空气制动系统、NSW 型手制动机、17 型车钩及 MT-2 型缓冲器。

图 6-34　KM_{70}（KM_{70H}）型煤炭漏斗车

KM_{70}（KM_{70H}）型煤炭漏斗车主要参数如表 6-10 所示。

表 6-10　KM_{70}（KM_{70H}）型煤炭漏斗车的主要技术参数

项目	参数	项目	参数
载重/t	70	装卸方式	上装下卸、两侧卸货
自重/t	23.8	通过最小曲线半径/mm	145
轴重/t	$23^{+2\%}_{-1\%}$	罐体总容积/m^3	75
车辆长度/mm	14 400	商业运营速度/（km/h）	120

2）KZ_{70}型石碴漏斗车

KZ_{70}型石碴漏斗车是太原机车车辆厂（太原机车车辆有限公司）根据原铁道部有关技术政策、国内外同类型车的结构特点、发展趋势以及用户的要求对 K13 系列石碴漏斗车进行的一次重大改型设计。新型石碴漏斗车系供铁路新、旧线路铺设石碴之用，它具有风动、手动底开门装置，向轨道内侧和外侧均可卸碴，如图 6-35 所示。该车最大限度地采用新结构、新技术、新材料，提高了车辆的适用性和技术经济指标。

图 6-35　KZ_{70}型石碴漏斗车

KZ_{70} 型石碴漏斗车的主要参数如表 6-11 所示。

表 6-11　KZ_{70} 型石碴漏斗车的主要技术参数

项目	参数	项目	参数
载重/t	70	转向架	转 K5 或转 K6 型
自重/t	23.8	通过最小曲线半径/mm	145
轴重/t	23	容积/m³	42
车辆长度/mm	12 074	商业运营速度/（km/h）	120

3. 自翻车

自翻车是一种无盖的货车，大部分用于矿山，是工矿企业的专用车。在卸货地点操纵作用阀，即可利用列车管充入储风筒的压缩空气进入倾翻风缸或由车上油泵供给的高压油进入倾翻油缸顶起车体成 45°倾角，同时倾翻侧的侧壁自动开启，货物沿着倾斜的地板卸至轨道一侧。这种卸货方式效率极高，适用于装卸频繁的矿山运输。

目前，自翻车中用得最为普遍的是载重 60 t 的 KF 型自翻车，此外还生产和试制了载重 70 t 的 KF_{10} 型自翻车和载重 100 t 的 KF_{Y100} 型液压自翻车。

4. 长大货物车

长大货物车又可称为"长大车"，是专供运送超长、超大及笨重货物（如变压器、反应炉、发电转子等）的车辆，一般都以平车的形式来设计和制造。

长大货物车组成与一般铁路货车基本相似，由车体、转向架、制动装置、车钩缓冲装置等部分组成。但长大货物车一般采用多轴转向架或多层底架结构。

按照车体结构形式不同，长大货物车可分为凹底平车、长大平车、落下孔车、双联平车和钳夹车五种。

1）凹底平车

对于载重较大的车辆，由于车轴和转向架数量增多，这样就使地板面被抬得很高，从而既影响装货物的净空高度，又给货物的装、卸增加了困难。因此，可将底架中央的装货部分做成凹形，以增大净空，方便装卸货物，这就是凹底平车。

凹底平车的结构特点是转向架或转向架群分布于车辆的两端，中部为装载货物的凹底架，是长大货物车中适运货物最广的车型，其品种和数量在长大货物车家族中占的比例最大，已经形成了以 30～40 t 为级差的系列，可以运输 50～320 t 的大型货物，主要车型有 D_{22}、D_{25}、D_{26}、D_{32}、D_{32A}、DK_{36}、DA_{37} 型等。

2）长大平车

从底架结构形式上看，长大平车与通用平车基本相同，其差别主要是底架长度和车板面距轨面高度比较大。该车适合在标准轨距铁路使用，可用于装运长钢轨、大型机械及电站设备、化工设备等长大货物，也可以用于普通货物的运输。长大平车的主要车型有 D_{25}、D_{22}、D_{26A}、D_{30}、D_{22A} 等。

3）落下孔车

落下孔车的底架中部开有一个有一定长度和宽度的落孔，装货时货物落入孔内，适用于运输宽度较窄而高度很大的货物。落下孔车的主要车型有 D_{26B}、DK_{23}、DK_{29}、DK_{36}、D_{17A} 等。

4）双联平车

双联平车无承载底架，由两个各安装有转向架群中央心盘的可回转鞍座支撑货物。货物一般较长，跨装在两个转向装置上。这种车的主要特点是，自重系数小、货物支撑点可根据货物长度进行调节，适合运输细长、较重、有自承重能力的货物。

5）钳夹车

钳夹车具有独特的超限运输能力，由两个对称的半节车构成。运输货物时，货物被悬挂在两个钳形梁之间，使货物与钳形梁成为一个整体，货物成为整个车辆的一部分。空车运行时，两个对称的半节车由辅助装置将它们连在一起，称为短连接。

钳夹车最大的特点是能最有效地利用铁路限界空间。钳夹车装有多导向、侧移机构，可以解决车辆在宽度方向的极度超限；钳夹车多数装有液压升降机构，而且车辆的结构没有自承货的地板面，可以最大限度地利用限界高度，不仅可以运输有自承重能力的货物，而且可以通过附加设备运输没有自承重能力的货物。钳夹车的主要车型有 D_{20}、D_{30A}、D_{35}、D_{38}、DQ_{35} 等。

任务三　认识客车车体

一、我国铁路客车车辆发展概况及趋势

铁路客车是指载运旅客的车辆、为旅客提供服务的车辆以及挂运在旅客列车中的其他用途的车辆。客车分旅客运送、旅客服务和特殊用途 3 种车辆。根据车辆用途和外观形式，客车可以分为硬座车、软座车、硬卧车、软卧车、行李车、餐车、邮政车、试验车等。

任务三课前任务单

25 型客车是中国铁路第三代主型客车，1967 年开始生产。25 型客车除基本车型外，还有双层客车。根据用途需要，25 型客车有硬座车（YZ）、软座车（RZ）、硬卧车（YW）、软卧车（RW）、餐车（CA）、空调发电车（KD）、行李车（XL）等种类，以及具有特别用途的试验车、轨道检查车等。

这种客车结构上的特点有：定员较多，构造速度较高，采用低磨耗低噪声的风挡及橡胶风挡，安装单元式铝合金车窗。各车均有车顶单元式空调装置和电热装置，端门为自动门。

25 型客车发展了系列产品，从车型上分为 25 型（试验型）、25A 型（空调）、25B 型（独立燃煤锅炉温水取暖、空调）、25G 型（25A 改型）、25K 型（快速）、25S 型（双层）、25Z 型（准高速）和 25T 型（提速）等。

25 型客车发展的过程是一个技术逐渐成熟的过程，不断改善了工艺设备，引进国外先进技术和样车，这些均为 25 型客车的设计、制造提供了成熟的技术及可借鉴的经验。

二、25 型客车的几种典型车型

25A 型客车是通过国际招标一次性生产的集中供电空调客车。1987 年，由长春轨道客车股份有限公司、唐山机车车辆厂和南京浦镇车辆厂三家车厂，与英国合作试制，1989—1990 年间一共制造 168 辆客车，也称为"168"客车。25A 型客车车体采用耐候钢、无中梁、无加强压筋的薄壁筒型整体承载结构。车上设单元式空调机组，车辆编组由发电车集中供电，采用 206 型/209 型（改进）转向架，构造速度 140 km/h，最大允许速度 120 km/h。

此后，长春客车厂在 25A 型客车的基础上同时研制了不带空调的 25B 型客车和 25G 型空调客车。25B 型客车设计的技术条件均与 25A/G 型相同，但 25B 型的硬座车、硬卧车和软座车取消了空调装置，仅在软卧车和餐车安装了空调，其电力来源为车底的自带柴油发电机，并非像 25A/25G 型采用发电车集中供电。

25C 型客车是原铁道部于 20 世纪 90 年代中期与韩国合作设计的用于广深铁路的高速客车，同时引进不锈钢车体的制造技术。客车由长春轨道客车厂和韩进重工合作生产，1994—1995 年间共制造 30 辆。韩进重工负责不锈钢车体的设计，长春轨道客车厂负责提供 200 km/h 级别 CW-2A 型和 CW-1A 型高速转向架，设计最高运行速度 200 km/h，是中国首次在铁路客车上使用鼓形车体结构，是当时中国唯一的 200 km/h 级别高速客车车厢。25C 型客车当时是中国最先进的铁路客车，采用自动感应控制门，气密式风挡，发电车装有全车故障自检测监控系统。此后，由于 25C 型客车生产成本过高，之后并没有继续建造。

25G 型（G 代表改进型）客车是 1991 年在 168 辆 25A 型新型空调客车试制和应用成功后，长春客车厂在 25A 型客车的基础上研制的。该车广泛采用新工艺、新设备、新结构、新材料，采取了经过运用考验的成熟结构，实现了等寿命设计，具有性能可靠、乘坐舒适、便于维修和厂修期长的特点。25G 型客车设计的技术条件与 25A 型相同，同样在车顶设置集中单元式空调装置，并使用空调发电车集中供电。25G 型客车在保证质量及性能的前提下，将 25A 型客车组件国产化，降低了生产成本。25G 型客车的制造厂商除长春轨道客车厂之外还包括唐山轨道客车厂、青岛四方机车车辆厂和南京浦镇车辆厂。25G 型客车自 1992 年起生产，最早于 1992 年运用于京沪线直达特快列车。1994 年起，25G 型空调客车开始大规模生产并陆续替换原有的非空调列车。随着更先进的 25K 型客车和 25T 型客车出现以及中国铁路多次提速，运营速度 120 km/h 级别的 25G 型客车大多已成为快速和普快列车的车型。

25Z 型客车最初是为广深铁路研制的铁路客车，主要用于中短途城际特快列车。25Z 型准高速客车的"Z"代表准高速，1993—1996 年先后由青岛四方机车车辆厂、长春客车厂和南京浦镇车辆厂研制制造。25Z 型客车各车种车内设施齐全，装有单元式空调机组、自动电茶炉、整体玻璃钢洗漱间和厕所、电子信息显示装置、有线及无线电话系统等。25Z 型客车由于设计存在缺陷，在高速运行时稳定性和转向架抗蛇行能力欠佳，后来所有 25Z 型车厢标记速度改为 140 km/h，25Z 型准高速客车是中国铁路的第一代准高速铁路客车，虽未普及使用，但其研制为后来大量生产的 25K 型客车积累了经验。

25K 型客车为中国铁路第一次大提速开始开行的特快列车车体。25K 型客车是在 1996 年各客车厂根据原铁道部要求而设计制造的快速客车,因为当时原有的 25B 型客车和 25G 型客车已不足以应付 1997 年中国铁路的第一次大提速。25K 型客车是在 25Z 型准高速客车的基础上发展而成,构造速度为 160 km/h,并推广应用空气弹簧悬挂技术和盘形制动技术。25K 型客车最早于 1997 年运用于京沪线直达特快列车。2003 年新型的 25T 型客车开始投产,25K 型客车在同年年底停产。

25T 型客车为中国铁路第五次大提速开始开行的直达特快列车客车。其中"T"代表提速型,属于 25K 型客车的后继型号。其主要车型包括 YZ_{25T} 型硬座车、YW_{25T} 型硬卧车、CA_{25T} 型餐车和 RW_{25T} 型软卧车。25T 型客车的主要技术特点如下:

(1)可以满足以 160 km/h 速度可持续运行达 20 h 的不停站运行需要。

(2)一次库检作业满足 5 000 km 无须检修的要求,主要部件满足 200 万千米内无须修换的要求。

(3)最高运营速度为 160 km/h,平直道紧急制动距离(初速度 160 km/h 时)不大于 1 400 m。

(4)最大编组数 19 辆,采用机车供电技术,实现了机车向客车供电,编组取消了发电车。

(5)车底两侧设裙板,以减少运行时的空气阻力,车体板梁柱间采取减振隔音密封措施。

(6)整列车构成 PLC 控制的监控系统,设有集中控制的信息系统。

25T 型客车分为普通型及青藏高原型。普通型 25T 型客车如图 6-36 所示。25T 型青藏客车是专为青藏铁路运营针对青藏高原的特殊环境以及气候条件特别设计生产的高原铁路客车,分别由青岛四方-庞巴迪-鲍尔铁路运输设备有限公司(BSP)、四方机车车辆股份有限公司和南京浦镇车辆有限公司制造,其中浦镇车辆厂主要负责制造高原型 AM96 转向架。青藏客车的车种包括硬座车、硬卧车、软卧车、餐车、空调发电车、公务车等,设有集便式厕所、航空气密技术及供氧装置等,均采用墨绿色车身配以两道黄线的涂装(但仍不同于传统意义上的绿皮车),如图 6-37 所示。25T 型青藏客车于 2001 年开始研制,历时 5 年,整体造价比普通客车高 25%~30%。

图 6-36　普通型 25T 型客车

图 6-37 青藏高原型 25T 型客车

三、25T 型客车车体结构

25T 型客车车体采用整体承载全钢焊接结构，由底架、侧墙、车顶和端墙四部分焊接而成，车下设裙板，车顶两侧设雨檐，一位端车顶设置空调机组安装座、排水管、送回风口；二位端车顶设置安装水箱用活盖。

（1）车体钢结构中板材及型材采用厚度不超过 6 mm 的镍铬系耐候钢；车顶空调机组座处平板顶、厕所、洗脸室地板、翻板脚蹬、调车脚蹬等易腐蚀部位采用不锈钢板。

（2）车内骨架采用无木结构，螺钉连接，墙、顶板和间壁板的安装减少了明钉和压条的使用，并做了防寒、防腐、防火处理，提高了客车的安全性、通用性、互换性。

（3）车内防寒材料采用超细玻璃棉毡，并加铝箔（铝箔设在玻璃棉包装薄膜外侧），各接缝均用塑料胶带密封。

（4）各板、梁、柱之间均采取隔音减振措施，减少车辆在运行过程中发生的声响。

（5）客室、走廊墙板和顶板采用玻璃钢板，乘务员室、播音室、行车备品室墙板采用塑贴胶合板。车内间壁板、平顶板均采用塑贴胶合板。客室地板表面覆橡胶地板布（可采用分幅组焊形式），地板布厚度 4 mm，具有良好的抗灼烧能力，各项性能均符合规定的技术条件，保证地板布黏结牢固，正常使用情况下，在一个厂修期内不出现鼓泡、开胶、褪色、破损等缺陷。

（一）硬座车

25T 型客车硬座车按车上布置可分为普通硬座车和无障碍硬座车。

（1）25T 普通硬座车外观及平面布置如图 6-38 所示。普通硬座车两端设通过台，一位端设有乘务员室、PLC 电气综合控制柜、嵌入式电茶炉、垃圾箱、洁具柜、灭火器和一个厕所；中部为客室；二位端设有一个厕所和一个双人洗脸室。

（2）25T 型无障碍硬座车外观及平面布置如图 6-39 所示。无障碍硬座车是将普通硬座车二位端部分座席取消，二位端设无障碍通道、残障人士厕所、垃圾箱、洁具柜。塞拉门加大宽度，其他布置不变。

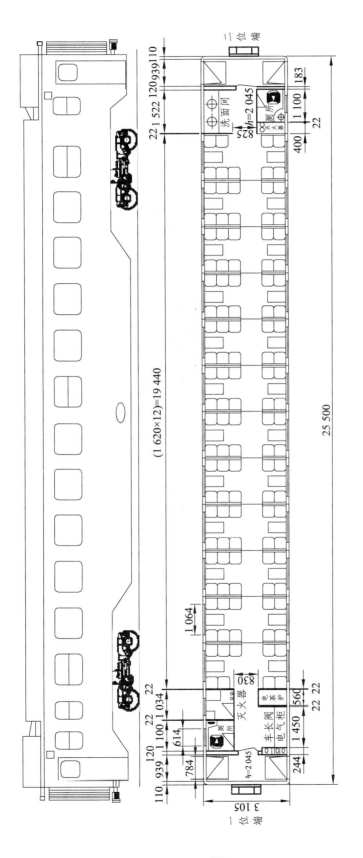

图 6-38　25T 普通硬座车外观及平面布置图

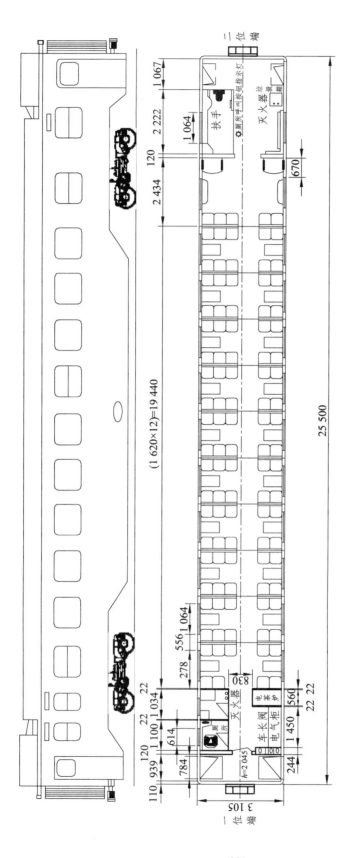

图 6-39　25T 无障碍硬座车外观及平面布置图

中部客室设座椅、茶桌、通长灯带、带状电热器、侧向空调出风口和衣帽钩，两侧设铝合金板式行李架、毛巾杆、安全锤，两端间壁上设旅客信息显示器。客室座椅采用高回弹聚氨酯材料，乘坐舒适、牢固耐用。行李架为铝合金板式，与窗帘盒形成一体，造型大方，结构可靠，且便于行李的存放。

厕所采用统型整体玻璃钢产品，内设扶手、护窗杆、便纸架、衣帽钩、镜子、电加热器、排风口、玻璃钢台面柜（洗脸盆为不锈钢）、不锈钢蹲式便器、垃圾箱、手动水阀、角形灯等设施。空调废排风机安装在一位角厕所内，起到强迫通风作用。

残障人士厕所采用整体玻璃钢，内设扶手、护窗杆、便纸架、衣帽钩、镜子、电加热器、排风口、玻璃钢台面柜、坐式便器、垃圾箱、手动水阀、顶灯等设施。

洗脸室采用整体玻璃钢产品，内设双人洗面柜，台面下设统型电热温水箱。间壁上设镜子、梳妆架、衣帽钩等。另设电加热器、照明灯等设施。

乘务员室内设有办公桌、组合控制柜、温水箱控制箱、顶灯、空调送风口、电加热器、扬声器、座椅、安全锤和衣帽钩等。

一、二位通过台设有气动电控塞拉门、手动外端拉门、脚蹬、翻板和顶灯。无障碍硬座车二位端气动电控塞拉门加大宽度，便于残障人士通过。客室与一、二位走廊之间设电动内端单开拉门。一位通过台还设有清洁工具柜。

一、二位走廊设顶灯、灭火器和空调回风口等。一位走廊还设综合电气控制柜和电茶炉。无障碍硬座车二位端设无障碍通道。

车内门拉手采用外敷工程塑料的金属件，其余采用金属喷塑件，且结构尺寸统一。

25T型硬座车如图6-40所示。

（二）硬卧车

25T型空调硬卧车两端设通过台，一位端设配电柜、乘务员室、一个厕所及小走廊，车体中部设11个半敞开硬卧间及侧走廊，二位端设敞开式三人洗脸室、电开水炉间、一个厕所及小走廊。其平面布置如图6-41所示。

残疾人车中部设10个半敞开硬卧间及侧走廊，一位端设一个残疾人厕所、敞开式二人洗脸室、电开水炉间、洁具柜及小走廊。

25T型空调硬卧残疾人车平面布置如图6-42所示。

图6-40　25T型空调硬座车

（三）软卧车

软卧车两端设通过台，一位端设厕所、乘务员室及小走廊，小走廊内设多功能电气控制柜、电开水炉间，车体中部设三人洗脸室、9个软卧包间及侧走廊，二位端设厕所及小走廊。

25T型空调软卧车平面布置如图6-43所示。

软卧车厢

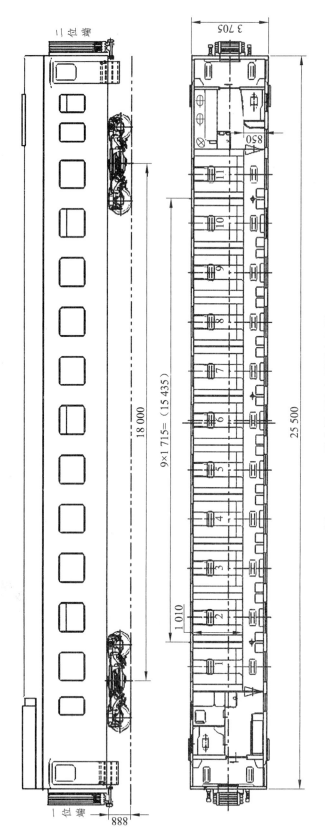

图 6-41 25T 型空调硬卧车平面布置图

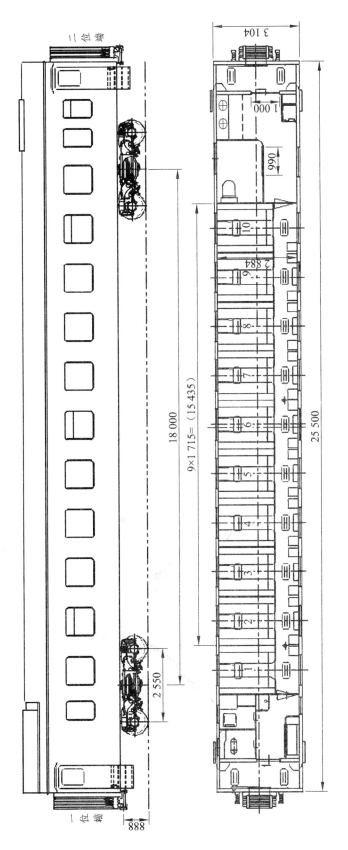

图 6-42　25T 型空调硬卧残疾人车平面布置图

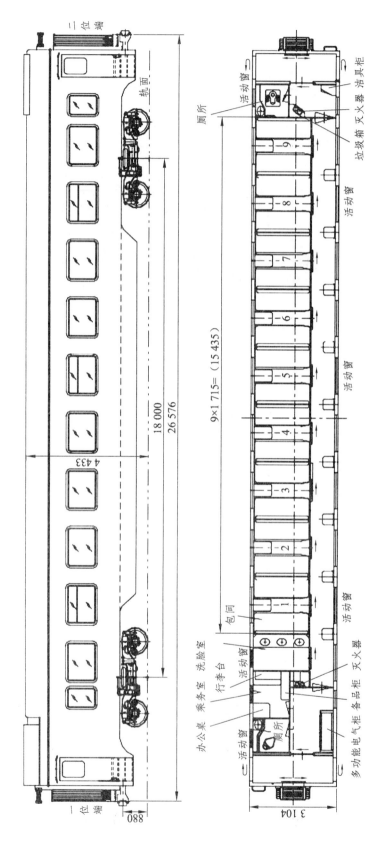

图 6-43 25T 型空调软卧车平面布置图

25T 型空调软卧车包间如图 6-44 所示。

图 6-44　25T 型空调软卧车包间

（四）餐　车

餐车一位端设储藏室、配电柜、小走廊；二位端设电气化厨房、电气控制柜、侧走廊；中部为两种方案，一种方案为 16 人定员，设酒吧、休闲区和餐厅，另一种方案为 40 人定员，设酒吧和餐厅。

一位端小走廊设顶灯、空调回风口、紧急制动阀、总风表、制动管压力表和灭火器等设施。设置存放送餐小车的区域。

16 人定员餐车的中部分为三个部分，即酒吧、休闲区和餐厅，一位端设酒吧、休闲区，配置吧台、酒柜、散席吧凳等设施，二位端设餐厅，配置 4 张餐桌、16 个座椅，另设吸尘器插座、液晶电视机等。40 人定员餐车的中部取消休闲区。25T 型空调餐车（16 人定员）平面布置如图 6-45 所示，25T 型空调餐车（40 人定员）平面布置如图 6-46 所示，25T 型空调餐车如图 6-47 所示。

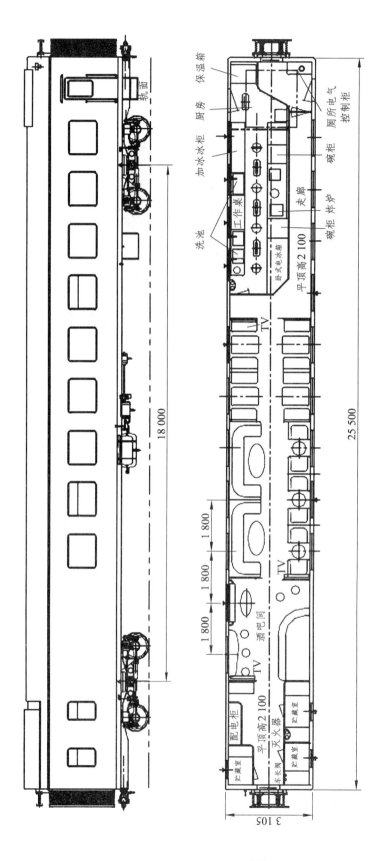

图 6-45　25T 型空调餐车（16 人定员）平面布置图

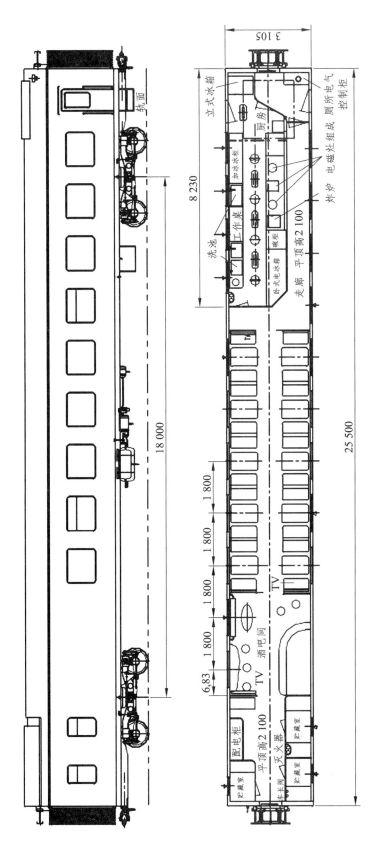

图 6-46 25T 型空调餐车（40 人定员）平面布置图

图 6-47　25T 型空调餐车

四、CR200J 型客车

复兴号 CR200J 动力集中型动车组是一款基于成熟的 25T 型客车及 HXD1G/HXD3G 机车的动力集中动车组，旨在提高既有铁路运输服务品质，满足人们越来越高的出行要求，实现既有电气化铁路中普速车更新换代。该车是以 HXD1G、HXD3G 型电力机车与 25T 型客车为原型，由中国国家铁路集团有限公司和中国中车牵头，中车唐山、浦镇、大连、青岛四方、株洲、大同六家公司联合研制，是中国铁路复兴号系列的一款动力集中式电力动车组，如图 6-48 所示。截至 2021 年 7 月，复兴号 CR200J 型电力动车组为复兴号电力动车组系列中最低等级的产品，最高运营速度为 160 km/h，可用于开行长途列车和中短途城际列车，能在中国约 10 万千米的既有电气化铁路上开行。CR200J 已在京沪线、京九线、沪昆线、兰渝线、京广线、南昆线等多条铁路干线上投入运用。2021 年 6 月 25 日，内电双源型动力集中式动车组正式于拉林铁路运营。

控制车两端设通过台；一位端设有蹲便卫生间、乘务员室、电气控制柜、电热开水器；中部为客室，设置 2+2 一等座椅；二位端设坐便卫生间、

图 6-48　CR200J 型客车

隐藏式垃圾箱、单人洗面间、设备间、司机室；定员 56 人，如图 6-49 所示。

二等座车两端设通过台；一位端设坐便器卫生间、乘务员室、电气控制柜、电热开水器；中部为客室，设置 2+3 普通座椅；二位端设蹲便卫生间、垃圾箱、单人洗面间、大件行李区；定员 98 人，如图 6-50 所示。

二等座餐车一位端设无障碍通过台、垃圾箱和无障碍卫生间；车体中部为客室、机械师室，设置 2+3 普通座椅，客室设有无障碍座位和残障人士轮椅存放区；二位端设配电柜、餐吧区，餐吧区设微波炉、常温及冷藏展示柜、冰箱及储藏柜等；定员 76 人，如图 6-51 所示。

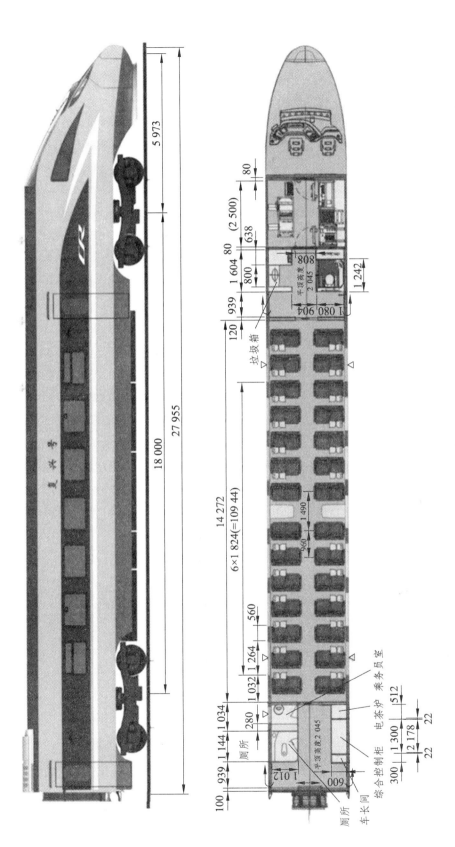

图 6-49　CR200J 型控制车平面布置图

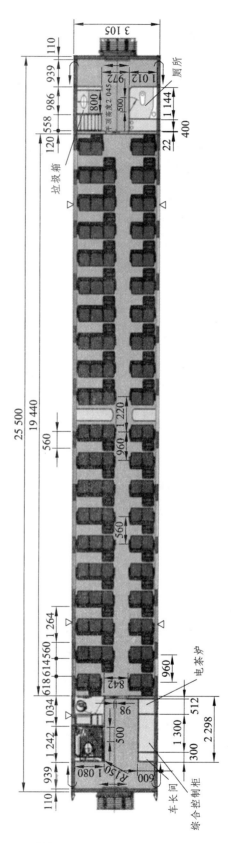

图 6-50　CR200J 型二等座车辆平面布置图

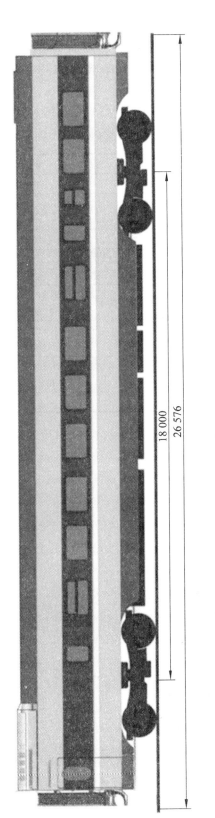
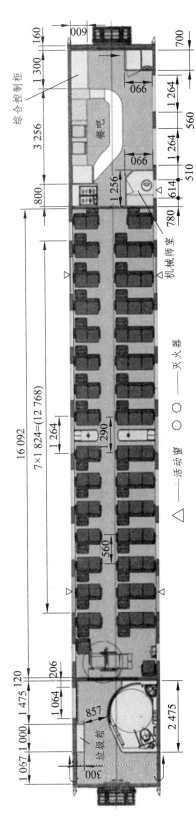

图 6-51　CR200J 型二等座餐车平面布置图

综合控制柜

餐吧

机械师室

△ ── 活动窗　○ ○ ── 灭火器

垃圾箱

该型动车组在内部装饰设计中，同样参考了既有动力分散动车组的设计元素。与 25T 型客车相比，每车仍保留三对可半幅打开的通风窗，但各车窗边缘均改为略向外突出的水平窗台，可以放置较小的物品。车厢侧壁上为每排席位增设了 220V、50Hz 及 USB 电源插座，同时车内为旅客提供无线网络，使旅客乘车体验有所改善。

CR200J 型客车的主要参数如表 6-12 所示。

表 6-12　CR200J 型客车的主要技术参数

项目		参数	项目	参数
定员/人	二等座车	98	车体宽度/mm	3 360
	餐车	76（餐吧式）/ 46（厨房式）	车顶距轨面高度/mm	4 433
	二等卧车	66/57（无障碍）	最高运营速度/（km/h）	160
	一等卧车	40	最高试验速度 /（km/h）	176
	一等座车	76	在平直道上重车（考虑30%超员）紧急制动距离/m	初速 120 km/h 时：不大于 800 m
车体长度/mm	动力车	20 000		初速 160 km/h 时：不大于 1 400 m
	拖车	25 500	设计寿命	不少于 30 年或 900 万千米
	控制车	27 955		

车体钢结构为薄壁筒形整体承载结构，采用模块化和轻量化设计，主要材质为高强耐候钢 Q35OEWR1、Q350EWL1，如图 6-52 所示。

图 6-52　CR200J 型车体结构

侧墙及端墙为乙形或角形梁柱断面，侧墙骨架内部采用弧焊，骨架与墙板采用塞焊，从而提高车体钢结构的平整度及防腐等级。车顶无雨檐，侧墙到车顶圆滑过渡。

车顶圆顶设置活盖，方便整体卫生间等大设备吊入车内。

采用吊装式裙板结构，分活动裙板和固定裙板。

采用双层折棚内风挡，并设置外风挡，取消车端阻尼装置，车端距由1 076 mm 改为 800 mm，车钩安装、风挡等需进行适应性更改。

客车设备

任务四　车体主要损伤形式及检修

任务四课前任务单

一、车体主要故障

车体钢结构承担着车体本身的重量、车体内货物的重量、机车和车辆间的牵引力和冲击力，以及运行时的侧向力等动、静载荷的综合作用，当车辆运行一定时期后，会产生各种故障。车体的主要故障有变形、腐蚀、裂纹和磨耗 4 种类型。

1. 变　形

底架的变形主要表现为中梁和侧梁下垂，牵引梁或枕梁外侧侧梁上翘或下垂，中侧梁左右旁弯及牵引梁甩头；对于端侧墙和车顶来说，主要表现为端侧柱外胀、车体墙板局部外胀和车体倾斜。

2. 腐　蚀

腐蚀常常发生在各梁件或板料的连接处和焊缝处。客车腐蚀的损伤更为严重，它是修车中工作量较大的部分，其腐蚀部位大多在车顶、门窗、端侧墙板下部 300 mm 范围内。

3. 裂　纹

车体产生裂纹的部位大多在梁件断面形状改变处、焊缝附近及铆钉孔周围等处。产生裂纹的原因除设计不合理，使局部应力过大造成损伤外，还可能因基体金属受到烧损、材质发生变化或者在焊接前材质因下料、组装不合乎工艺要求，存在内在的缺陷和弊病，再加上运用过程中超载、过大冲击等因素使结构产生裂纹。此外，梁件过大的腐蚀和变形也会导致车体裂纹。

4. 磨　耗

磨耗主要发生在上心盘、上旁承及牵引梁内侧面与缓冲器上，或前、后从板相接触处。磨耗会降低牵引梁的强度，甚至发生牵引梁胀出凹入的现象，在检修时应加以重视。

二、车体的检修

（一）墙体的损伤形式及检修

1. 墙体的损伤形式

侧、端墙及车顶损伤的主要形式有变形、腐蚀和裂纹。

1）变形

侧、端墙及车顶常见的变形主要有端、侧柱外胀，车体墙板局部外胀，车体倾斜三种现象。

（1）端、侧柱外胀：多发生于敞车等车体上。当端、侧柱根部发生腐蚀、焊接不良或本身刚度不够，运行中的振动使车体各连接部分发生松弛，在散装货物的侧压力以及运行中的冲击力作用下都会使端、侧柱发生外胀，如图 6-53 所示。端、侧柱外胀后，将影响与底架的连接，降低原有强度，在端、侧柱根部发生焊缝开裂现象。严重的会造成货物失散，或超出车辆限界。

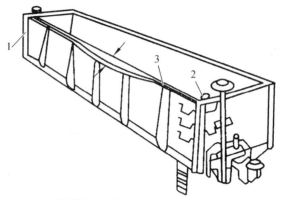

1—端角柱；2—铅垂线固定钉；3—测量线。

图 6-53　侧柱外胀

（2）车体墙板局部外胀：常发生于钢质敞、棚车车体，一般是因为局部货物的冲击作用造成侧、端墙板局部胀出的现象。

（3）车体倾斜：一般由于装载偏重以及纵向冲击力过大造成。另外，钢骨架腐蚀变形、底架扭曲不平、心盘偏磨、旁承游间过大等也可能造成车体倾斜。车体倾斜的段修限度为 30 mm，辅修限度为 50 mm，运用限度货车为 75 mm，客车为 50 mm。

2）腐蚀

侧、端墙及车顶的腐蚀常发生在各梁件或板料的连接处和焊缝处。对于保温车、棚车和客车，腐蚀更严重，是修车工作量较大的部分。腐蚀多发生在车顶门窗端侧墙板下部 300 mm 内。

3）裂纹

侧、端墙及车顶的裂纹常见于焊缝附近，主要由于焊后有较大的内应力、变形或材料变质等原因造成，再加上运用中使用不当等使结构产生裂纹。

2. 墙体的检修

（1）侧、端墙板检修。墙板不允许贴补，补板表面不得有锈蚀；施焊后应表面平整，焊缝严密；25 型挖补截换时，应使用与母材相同钢种及对应焊条，表面锈蚀或防锈漆不良时，必须除净锈垢，更换的板材清洁度必须达到 S2.5 级（相当于 P3 ~ P4 级），并涂刷高性能的防锈漆及沥青浆。

对墙板腐蚀穿透的地方进行挖补处理。墙板挖补作业前，清除墙板表面周围油漆和锈垢，拆除内侧墙板和防寒层。截换时以长方形条块截下竖线与地面垂直，横线与下边梁平行。选用与原板厚度一致的补板，将补板点固后在四周进行满焊，焊后将焊缝打磨平整，涂刷高性能防锈漆，并将防寒材修复。25 型客车涂丙烯酸改性醇酸防锈漆。

（2）防攀盒检修。局部腐蚀截换，严重者更换；安装牢固，使用螺栓紧固结构者，螺栓加弹簧垫；锁闭牢固，开口销齐全，作用良好。

（3）端梯、爬梯检修。无腐蚀、无裂纹，安装牢固。

（二）底架的损伤形式及检修

1. 底架的损伤形式

常见的底架损伤主要有变形、腐蚀、裂纹和磨耗 4 种。

1）变形

底架的变形主要有底架中、侧梁下垂，牵引梁、枕外侧梁上挠或下垂，中、侧梁左右旁弯变形，牵引梁甩头及扩胀。

底架中、侧梁下垂：底架受垂直载荷作用后，会发生一定的变形，一般中央部分较大，其次是两端。运用中的车辆由于承受垂直及水平方向载荷的综合作用和风雪雨淋、日晒夜露，加之使用不当（如超载、偏载或集中装载过大等），而发生一定的永久变形。若变形过大，梁件会早期发生裂纹，降低车辆的使用期限；同时，会影响车辆其他部件的正常工作，如使制动缸过分倾斜，影响制动等。中、侧梁在枕梁间下垂量的段修限度为 30 mm，要求调至水平线以上。中梁不过限、侧梁过限时，可将侧梁调到中梁现有挠度以上。

牵引梁、枕外侧梁上挠或下垂：是由于车端部的载重及运行中的纵向冲击力所造成的，多发生于运用时间较长，车端部腐蚀较多的车辆上。它将影响底架与车体的连接强度以及车钩连挂尺寸，若过大，会造成两连接车钩中心高度差值过大，以致在运行中使车钩和底架产生附加弯曲，严重时会因车辆振动而发生脱钩事故。牵引梁或枕外侧梁上挠或下垂的段修限度为 20 mm，要求以两枕梁中心线为基准调至水平。

中、侧梁左右旁弯变形：在正常运行中，由纵向力引起的车端变形很小。但在调车冲击、紧急制动、变速运行等情况下，会使冲击力过大，加上缓冲器容量不足，就造成中、侧梁发生失稳现象（即水平弯曲）。中、侧梁左右旁弯的段修限度为 30 mm。

牵引梁甩头及扩张：冲击力过大时，牵引梁部分也会丧失稳定，即发生牵引梁部分水平弯曲，向一侧弯曲称为牵引梁甩头。单侧或双侧凸出称为牵引梁扩张。牵引梁甩头的段修限度为 20 mm。一侧扩张的段修限度为 20 mm，两侧扩张时段修限度为两侧之和 30 mm。

2）腐蚀

对于普通碳素结构钢制作的底架结构，当防腐措施不当时，能较快地产生腐蚀损伤。在车辆检修中，底架各梁件，金属地板等要铆、焊加强或截换、更换的大都是由于腐蚀造成的。

3）裂纹

底架产生裂纹的部位大多在梁件断面形状改变处、焊缝附近及铆钉孔周围等处。产生裂纹的原因除设计不合理，使局部应力过大造成损伤外，也可能是因基体金属受到烧损、材质发生变化，或者在焊前材质因下料、组装不合工艺要求，存在内在缺陷和弊病，再加上运用中超载、过大冲击等使结构产生裂纹。此外，梁件变形过大或腐蚀到一定程度后强度削弱也将导致裂纹产生，这种情况多发生在运用已久的旧车上。因在运行中裂纹会继续扩大，甚至延及整个梁件断裂，车辆底架各梁件不允许发生裂纹后继续运行。

4）磨耗

底架上产生磨耗的地方不多，但在上心盘、上旁承、牵引梁内侧面与缓冲器或前、后从板相接触处会产生磨耗。由于牵引梁内侧面磨耗会减弱牵引梁强度而产生裂纹，或发生牵引梁胀肚凹入的现象。

2. 底架的检修

（1）车底架各梁及铁地板检修。铁地板破损者修补或截换，同时进行防腐处理。地板挖补截换允许搭接，搭接量不大于 10 mm，地板、地板梁、侧梁搭接处必须满焊。铁地板表面须涂刷防锈漆；25 型客车底架应涂丙烯酸改性醇酸防锈漆，清除车底架各部锈垢，在底架各梁、下层铁地板等表面锈蚀或防锈漆不良处涂防锈漆，并用沥青浆封闭断面防腐；检查底架各梁有无腐蚀破损、裂纹及开焊情况；在中侧、横梁裂纹处进行焊修处理，焊前在裂纹末端钻直径 $\phi 8 \sim 10$ mm 的孔，呈 V 形坡口，如需加补强板者，将焊缝铲平后再补强，另一面留有 3 mm 左右的增强坡；或在施焊前将坡口间隙适当加大，在焊口的反面补强，对车底架下孔洞处进行封堵。

（2）补强。补强板厚度应与母材厚度相同，其大小应保证在各个方向盖过裂纹或腐蚀部分的 50 ~ 100 mm。

参考文献

[1] 袁清武，于值亲. 车辆构造与检修[M]. 2 版. 北京：中国铁道出版社，2016.

[2] 何文乔. 车辆构造与检修：客车篇[M]. 北京：北京交通大学出版社，2015.

[3] 中国国家铁路集团有限公司. 铁路货车段修规程[M]. 北京：中国铁道出版社，2021.

[4] 中国铁路总公司. 铁路技术管理规程[M]. 北京：中国铁道出版社，2015.

[5] 陈雷，杨绍清. 铁路货车性能评价概论[M]. 北京：中国铁道出版社，2010.

[6] 中国国家铁路集团有限公司机辆部. 铁路货车段修检测技术[M]. 北京：中国铁道出版社，2022.

[7] 黄毅，陈雷. 铁路货车检修技术[M]. 北京：中国铁道出版社，2010.

[8] 中华人民共和国铁道部. 25T 型客车检修规程[M]. 北京：中国铁道出版社，2004.

[9] 严隽耄. 车辆工程[M]. 北京：中国铁道出版社，2004.

[10] 孙灵军，李军. 25T 型铁路客车[M]. 北京：中国铁道出版社，2008.

[11] 陈雷，黄毅. 铁路货车段修检测技术[M]. 北京：中国铁道出版社，2009.